Liebe Leserin, lieber Leser,

„Wenn heute ein Kind schreiben würde wie Goethe, stünde es in Deutsch auf einer glatten Fünf." Der das sagt, Rudi Keller, ist Professor für Germanistik. Munter habe der Dichterfürst zum Beispiel zwischen den Schreibweisen „Mädchen" und „Mädgen" gewechselt, sogar „wegen" mit dem Dativ gebraucht. In unserem Streitgespräch (ab Seite 24) vertritt Keller die These, dass die deutsche Sprache keineswegs vom Verfall bedroht ist, sondern sich lediglich wandelt. Eine Formulierung wie „Ich muss gehen, weil die Läden machen gleich zu" entspreche zwar nicht der heutigen Norm, sei aber womöglich die Regel von morgen. Wie sehen Sie das? Unter www.geo.de/sprachdebatte haben wir ein Diskussions-Forum eröffnet.

Unbestritten ist hingegen, dass das gesprochene Wort die bedeutendste Errungenschaft der Menschheit ist. Eine Fähigkeit, die *Homo sapiens* von allen anderen Spezies unterscheidet, eine unverzichtbare Kulturtechnik.

Im Einsatz für GEO WISSEN: Der Fotograf Enno Kapitza porträtiert den Redenschreiber Thilo von Trotha vor dem Paul-Löbe-Haus in Berlin; die Autorin Anke Sparmann interviewt für ihre Reportage über bedrohte Sprachen eine Okuro-Frau in Nigeria; der habilitierte Linguist und GEO-Redakteur Jürgen Broschart moderiert das Streitgespräch zum Wandel unserer Sprache

Die Stimme eines jeden Einzelnen wiederum ist ein höchst charakteristisches Merkmal. Fahnder des Bundeskriminalamtes machen sich dies zunutze und haben mittels der Analyse von Stimmprofilen Verdächtiger etliche Kriminalfälle aufgeklärt (Seite 112).

Sich näher mit Sprache zu beschäftigen, kann auch höchst erheiternd sein. Etwa wenn man erfährt, dass für Cayuga-Irokesen der Begriff „Flugzeug" wörtlich „etwas, was normalerweise abhebt" bedeutet. Und wie es dazu kommt, dass man mitunter „aus allen Socken fällt", wenn von „Kussverletzungen am Schopf" die Rede ist oder vom „Fass, das den Tropfen zum Überlaufen bringt" (Seite 157).

Konzipiert und betreut hat diese Ausgabe mein Kollege Jürgen Broschart, der selbst ein Jahr lang auf den Tonga-Inseln im Südpazifik Sprachforschung betrieben hat und genauestens zwischen Konjunktion und Präposition zu unterscheiden vermag. Die Bodenhaftung hat er dennoch nicht verloren, wie der von ihm entwickelte Denglisch-Test zeigt (Seite 30). Was bedeutet „pimpen"?, lautet eine der Fragen. Hätten Sie es gewusst?

Herzlich Ihr Claus Peter Simon

Claus Peter Simon

36

Nachahmung ist wichtig für das **Sprechenlernen,** ebenso wie Zuwendung. Vieles über Sprache wissen Babys aber schon von selbst

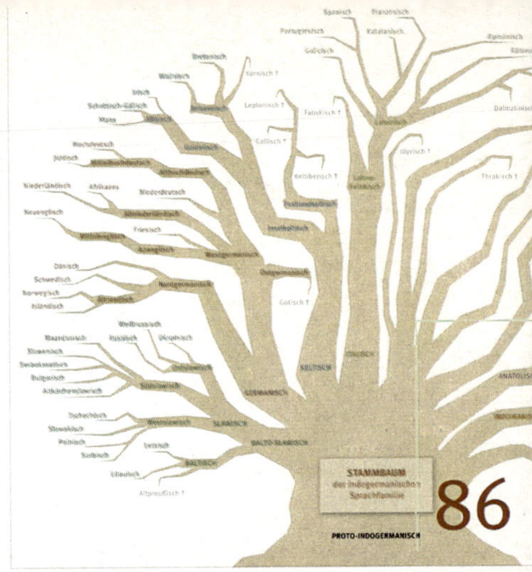

86

58

Der Linguist Joseph Atoyebi interviewt die Nigerianerin Helen Aimola. Sie ist eine von nur noch 20 000 Menschen, die **Oko sprechen**

76

Mit kühner **Wortakrobatik** hat sich Anja Käckenmeister alias »Pyranja« in der männerdominierten Rapperszene Respekt verschafft – und nebenbei ein Wirtschaftsdiplom erworben

136

Damit jeder EU-Politiker in seiner Landessprache reden kann, stehen **Hunderte Dolmetscher** bereit, wenn das Straßburger Parlament tagt. Ihre Arbeit erfordert eine ebenso hohe Konzentration wie die von Piloten oder Ärzten

94

INHALT

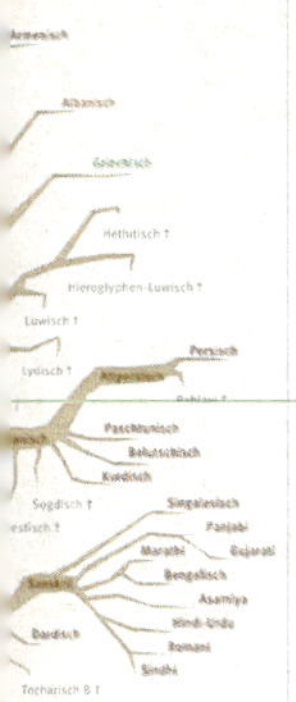

Alle Sprachen gehen vermutlich auf **eine Ursprache** zurück. Wie sah sie aus, und wer sprach das erste Wort? Die Suche nach den Wurzeln führt zum Anbeginn der Menschheitsgeschichte

Platzhirsche haben schon immer auf den Monolog gesetzt. **Kommunikationsratgeber** sind ihnen ein Graus – oft aus gutem Grund. Eine Glosse von Hans Zippert

Jede menschliche Stimme hat ein typisches Klangspektrum. **Ermittler des Bundeskriminalamts** nutzen das, um Straftaten aufzuklären

Ein Bonobo und seine Lehrerin Sue Savage-Rumbaugh unterhalten sich mithilfe von »Lexigrammen«. Mittels dieser Symbole haben Tiere erstmals die **Sprachbarriere zum Menschen** überwunden

WORTE ALS AUGENWEIDE 6
Sprache, in Bilder gefasst

13 FRAGEN, 13 ANTWORTEN 20
In aller Kürze: Was Sie schon immer über das Thema Sprache wissen wollten

IST DAS DEUTSCHE BEDROHT? 24
Das GEO-WISSEN-Streitgespräch

TESTEN SIE IHR »DENGLISCH« 30
Sollte man beim Benchmarken chillen – oder lieber den Workflow nicht aufhalten? Verstehen Sie, um was es geht?

WAS IST EIGENTLICH SPRACHE? 32
Weshalb sie mehr ist als nur Kommunikation und was sie mit dem Lügen gemein hat

GROSSES EXTRA: SPRACHERWERB
Report: Wie Kinder sprechen lernen 36
Mehrsprachigkeit: Neue Lernformen 46
Wolfskinder: Das große Schweigen 50
Schülerservice: Wichtige Begriffe der Grammatik auf einen Blick 56

DER BEWAHRER DES OKO 58
Wie ein afrikanischer Linguist in Nigeria daran arbeitet, Sprache und Kultur des kleinen Volkes der Okuro zu retten

ANARCHIE IM SPRACHENREICH 72
Kaum eine Regel der Schulgrammatik hat weltweit Bestand. Eine sprachliche Kuriositätensammlung

DIE SPRACHE IST IHR SCHICKSAL 76
Vier Menschen, die von Worten leben – und einer, der bewusst auf sie verzichtet hat

EVOLUTION 86
Wie der Mensch zum Wort kam

GESPRÄCH UNTER VERWANDTEN 94
Azy, Kanzi, Panbanisha: Primaten, die mit Menschen reden können. Doch was haben Orang oder Bonobo uns zu sagen?

GEBÄRDEN 102
Die lautlose Verständigung

STIMMEN 112
Sprach-Detektive auf Täterjagd

WENN DIE SÄTZE ZERFALLEN 118
Urplötzlich verlor Professor Langhanky sein Sprachvermögen. Tag für Tag muss er sich die Welt der Wörter zurückerobern

FANTASIE-SPRACHEN 128
Flirten auf Elbisch: Der »Herr der Ringe«-Autor J. R. R. Tolkien war auch ein genialer Spracherfinder

IM BABEL DER NEUZEIT 136
Als Dolmetscher im EU-Parlament: Dauerstress in 23 Sprachen

KOMMUNIKATION 146
Glosse: So überleben Sie ohne Ratgeber!

WISSEN KOMPAKT
Moderne Mund-Propaganda 154
Nachhilfe für das Amtsdeutsch 156
Wie Versprecher entstehen 157
Die Tricks der Call-Center 160
Wenn Computer übersetzen 161
Namen für Aufsteiger 163
Fremdsprachen über Nacht? 164
Warum Amerikaner Deutsch lernen 165
Buchtipps 166
Glossar: Begriffe der Linguistik 168
Denglisch-Test: die Auflösung 168

EDITORIAL 3
BILDNACHWEIS 169
IMPRESSUM 169
VORSCHAU 170

GEO.de

Ein Online-Dossier zum Thema Sprache finden Sie unter **www.geo.de/sprache**. Mit einem Test »Konservativ oder progressiv: Was für ein Sprachtyp bin ich?« und einem Forum »Denglisch und Co.: Ist die deutsche Sprache am Ende?«

Titelbild: Anne Ackermann
Redaktionsschluss: 10. September 2007

ÖSTERREICH

MITREISSERS ERZÄHLUNGEN

Der brasilianische Mime Antonio Rocha begeistert sein Publikum mit symbolhaften Geschichten und gestischen Mitteln, die überall verstanden werden, wie hier beim weltgrößten Erzählkunstfestival in Graz. Die reiche Bildsprache ist verbunden mit einem Minimum an technischer Staffage – als Gegenentwurf zu opulenten Broadway- oder Fernsehproduktionen. Damit will Rocha die Vorstellungskraft der Zuschauer anregen: „Ich glaube, dass Menschen heute weniger in der Lage sind, ihre Kreativität anzuzapfen, weil alles für sie schon vorgefertigt wird." Das Festival „Graz erzählt" findet in der Hauptstadt der Steiermark einmal jährlich statt.

SPRACHE, SCHÖNER GÖTTERFUNKE

TEXTE VON JÜRGEN BROSCHART

In vielen Kulturen gilt die Sprache als Himmelsgeschenk. Der US-amerikanische Autor William S. Burroughs bezeichnete sie hingegen als Virus aus dem Weltall. Ansteckend ist sie allemal – zuweilen aber auch fremd, aufdringlich oder unerwünscht

CHINA

DER KAMPF UMS ÜBERREDEN

Wer in China einen Platz für ein Werbeplakat ergattern will, muss gegen seine Konkurrenten gelegentlich sogar die Fäuste gebrauchen. Der Fotograf Wang Qingsong hat dieses Streben nach Aufmerksamkeit, Macht und Einfluss monumental in Szene gesetzt. Eine 14 Meter hohe und 40 Meter breite Mauer wurde dafür mit 600 Plakaten und alltäglichen Werbeslogans beklebt. 20 Mitarbeiter waren beschäftigt, neue Botschaften heranzuschaffen, um damit die alten zu überdecken. Wang Qingsong: „Der Kampf um Werbeplätze gleicht einem Schlachtfeld: Heute gewinnt die eine Marke, am Tag darauf wird sie von einem Wettbewerber aus dem Feld geschlagen.“

MIQUEL
evian
KRAFT
NEC
Häagen-Dazs
Corona Extra
MICHELIN
米其林轮胎
ZIPPO
PHILIPS
IBM
IBM
IBM
Pampers
Energizer
英雄
老外家教
国际商报
Salem
durex
Dettol
太古taikoo
SanDisk
Metro
KFC

DEUTSCHLAND

KINDER STUMM ZU HAUS

Nützen oder schaden die neuen Medien der kindlichen (Sprach-)Entwicklung? Der Fotograf Wolfram Hahn nimmt Stellung: Seine Porträts zeigen drei- bis zwölfjährige Jungen und Mädchen, denen vor dem Fernsehgerät ihr kindliches Aussehen, ihre Spontaneität und Agilität abhanden gekommen sind: „In ihrer Konzentration, körperlichen Inaktivität und ihrer Verschlossenheit gleichen sie jungen Erwachsenen.“ Dem Medienkritiker Neil Postman zufolge erlaubt Fernsehen kein verzögertes, analytisches Entziffern einer Botschaft. Das so zur Passivität verdammte Kind lernt Sprache schlecht – trotz der Informationsfülle auf allen Sinneskanälen.

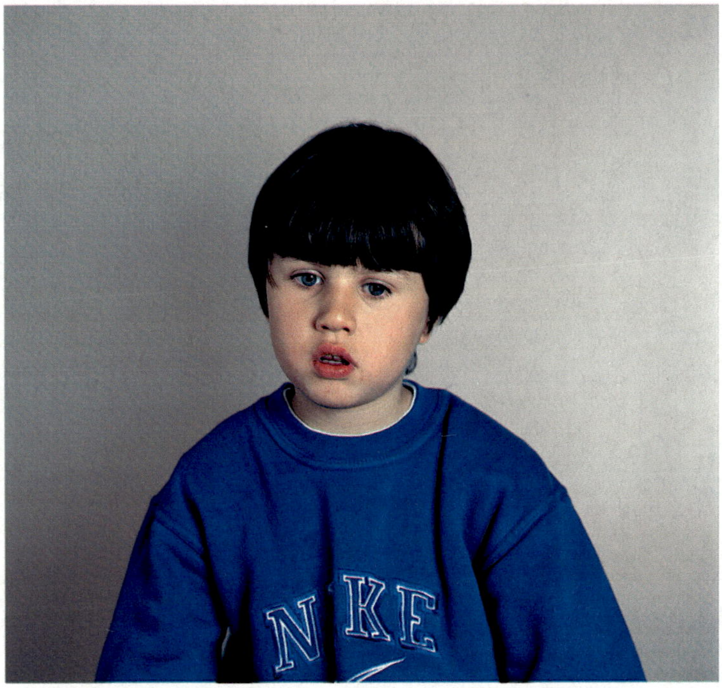

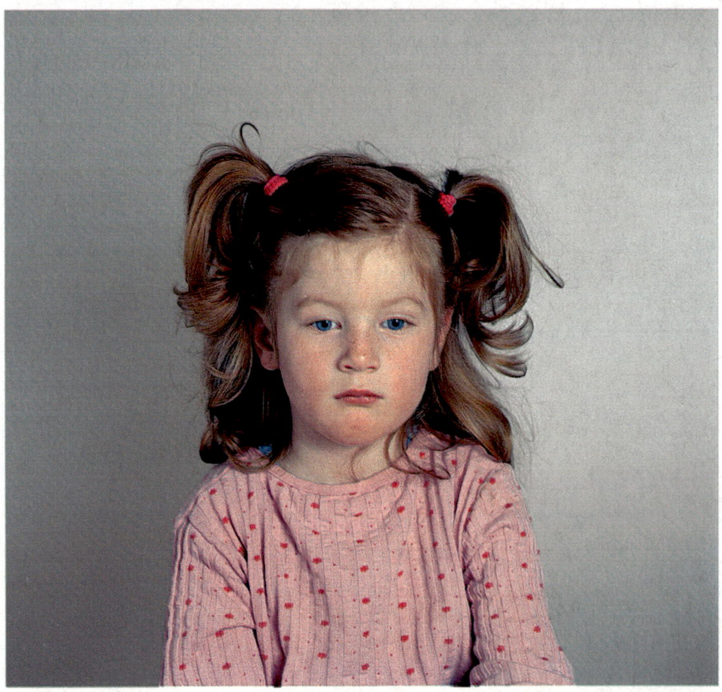

USA

WENN WÄNDE REDEN KÖNNTEN

Können wir Sprache je entkommen? Wer hört uns zu, wer will uns beeinflussen? Wie ein Gefängnis aus Worten mutet den Besucher die Installation der US-amerikanischen Künstlerin Barbara Kruger in der New Yorker Mary Boone Gallery an. Die Wände scheinen Ohren und Münder zu haben, Spruchbänder drängen sich auf wie obszöne Graffiti in verlassenen U-Bahn-Schächten. In der globalen Kommunikation wird es immer schwerer, Informationen für sich zu behalten, das vertrauliche Gespräch wird öffentlich. „Alles, was taub schien, hört Sie. Alles, was stumm schien, legt Ihnen Worte in den Mund", heißt es in dem Bodentext.

hebe kike yid hymie
spic wop dago mex
cunt gash snatch
pussy spook sambo
nigger boogie slant
nip chink jap faggot
All violence
is the illustration of a pathetic
stereotype
homo fairy hebe kike
yid hymie spic wop
dago mex cunt gash
snatch pussy spook
sambo nigger boogie
slant nip chink jap
Who will write the
Who prefers questions to answers? Who picks pleasure over desire?
All that
through
All tha

MAROKKO

IN EIGENE WORTE GEKLEIDET

Frauen als schönes Dekor? Die marokkanische Fotografin Lalla Essaydi spielt bewusst mit östlichen und westlichen Stereotypen zum Bild des Islam. Die fließenden Stoffe der baumwollenen „haiks", welche die Frauen umhüllen, sind für Essaydi „ein Sinnbild für die Spannung zwischen Begrenzung und Veränderbarkeit". Die Fotografin will Einfluss nehmen und das Bild ihrer Kultur neu erfinden. Provokativ verwendet sie Henna, die Kosmetikfarbe der Frauen, für arabisch-kalligrafische Motive – die eine traditionell männliche Kunstform sind.

USA

IM DICKICHT DER SPRACHEN

Aufregend ist New York auch in sprachlicher Hinsicht. Begriffe aus 250 in der nordamerikanischen Metropole gesprochenen Sprachen – rund fünf Prozent aller Idiome der Welt – hat das Projekt „Wordsearch" zusammengetragen. Die Frage: „Sprechen Sie eine weitere Sprache außer Englisch?" stand am Anfang von 1000 Interviews, die die Künstlerin Karin Sander, unterstützt von der Deutschen Bank, mit Einwohnern New Yorks geführt hat. Diese sollten auf einem Blatt Papier jeweils einen Begriff niederschreiben, der bislang noch von keinem anderen „Wortsucher" genannt worden war und keiner schon verzeichneten Sprache entstammte. Die beliebtesten Begriffe – Gott, Liebe, Frieden, Freiheit – waren rasch vergeben: So mussten sich die Befragten auf Spezialitäten ihrer Heimatsprachen besinnen. Oder passen, wenn die Sprache nicht verschriftlicht war – etwa die der Tsou in Taiwan.

Auge | Oromo

kalt | Französisch

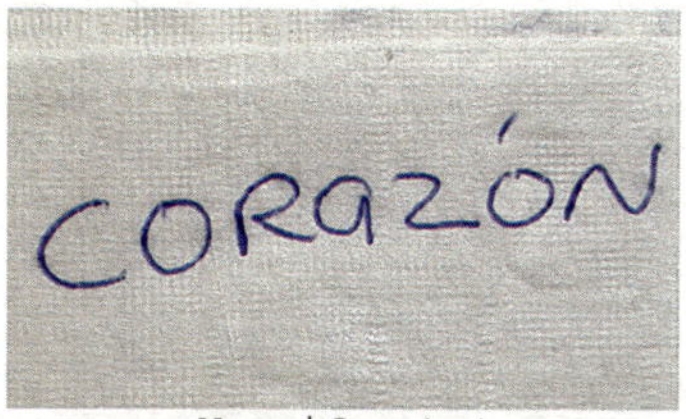

Herz | Spanisch

Ozean | Maledivisch

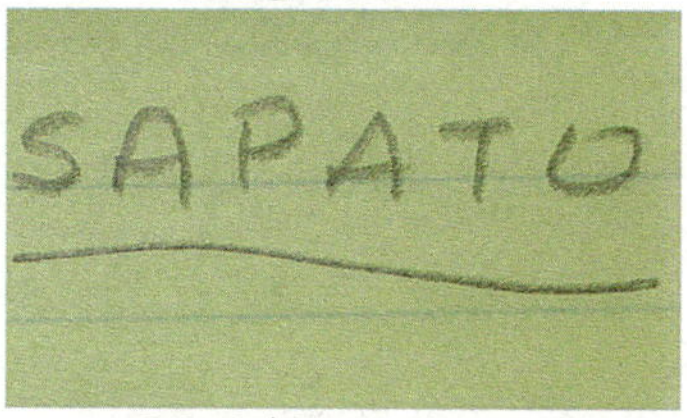

Schuh | Portugiesisch

Straße | Lingala

Lächeln | Thai

Weiß | Irisch

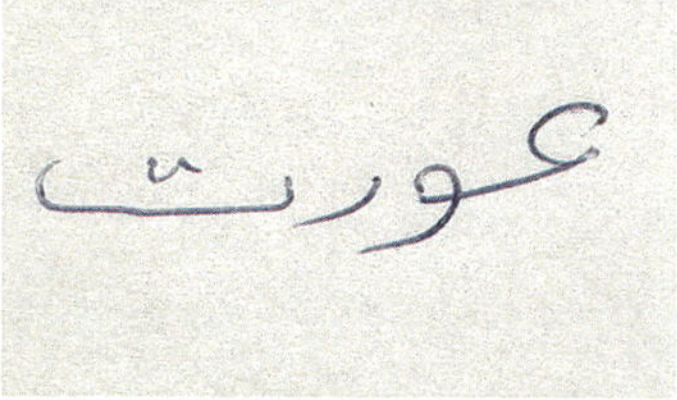
Frau | Urdu

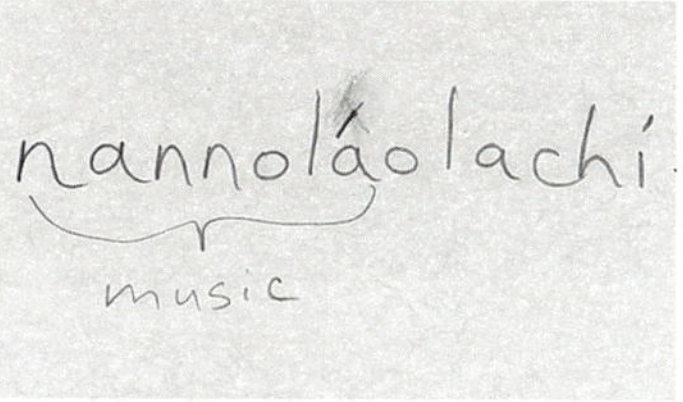

Musik | Chickasaw

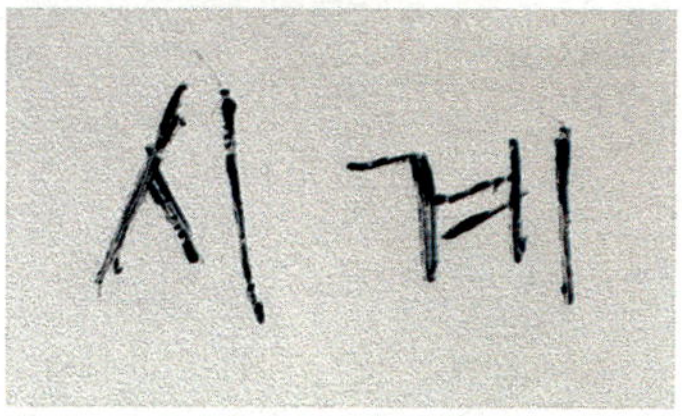
Uhr | Koreanisch

Fenster | Tschechisch

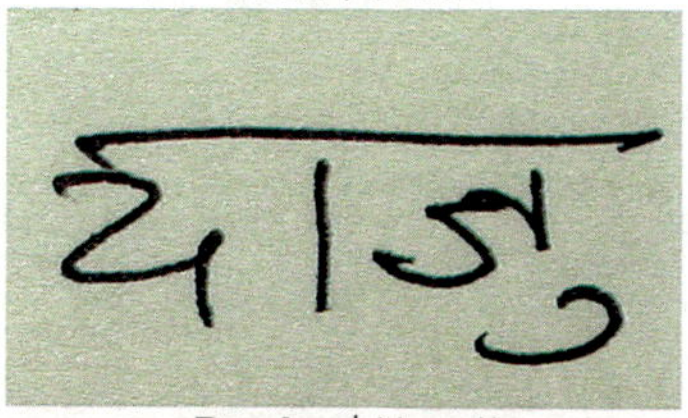
Bruder | Nepali

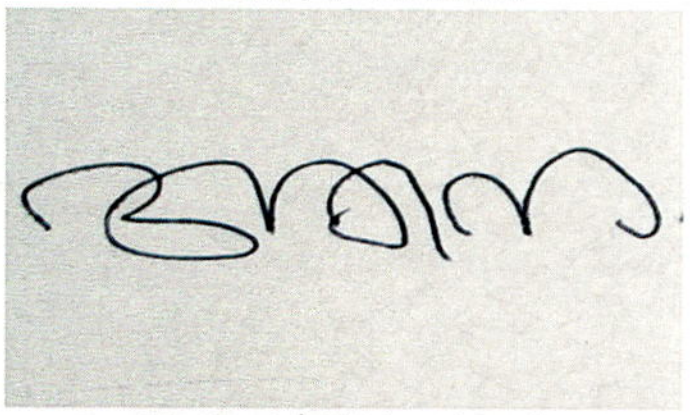
Elefant | Malayalaml

Ort | Garifuna

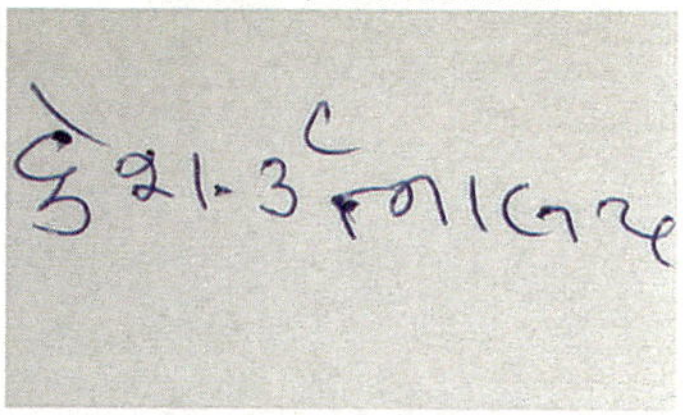
Friseurladen | Gujarati

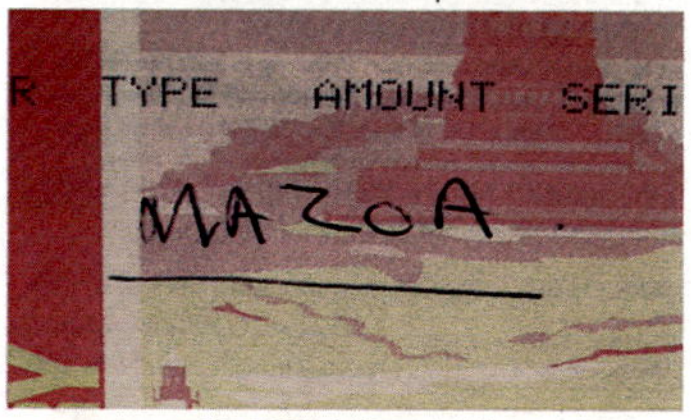

Schiff | Swahili

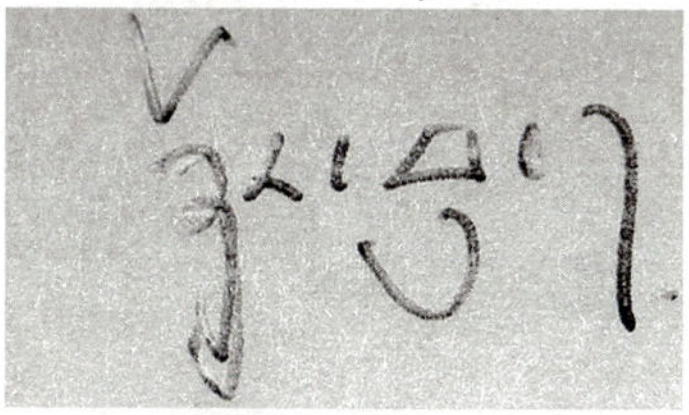
Juwel | Bhutanisch

Blume | Griechisch

Land | Aramäisch

gut | Italienisch

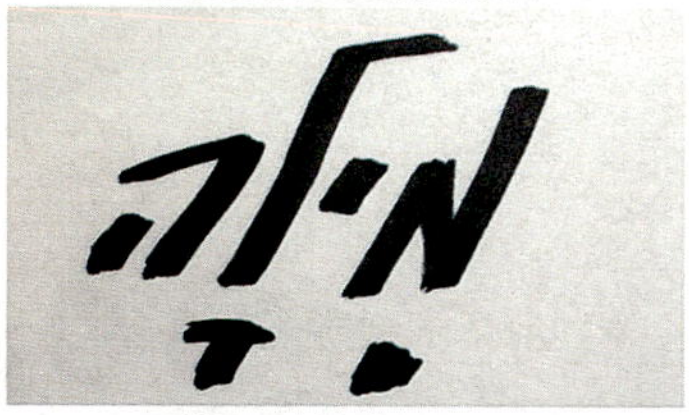
Wort | Hebräisch

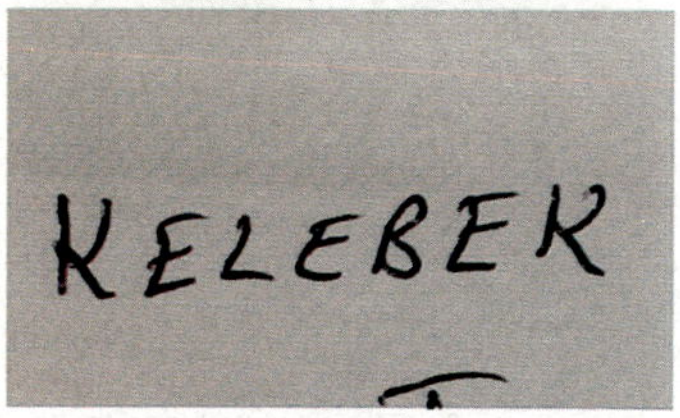

Schmetterling | Türkisch

Stuhl | Tibetisch

Morgen | Patois

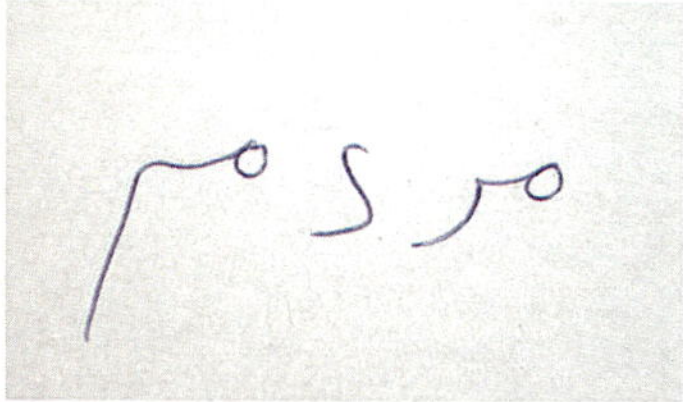
Leute | Farsi

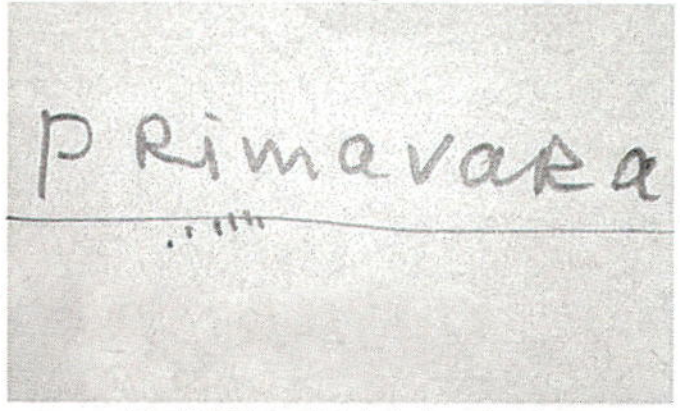

Frühling | Moldawisch

Hut | Fuuta Jalon

Frage | Schwedisch

Kichererbsen | Panjabi

Gott | Ibo

Freunde | Bengali

ITALIEN

VERGÄNGLICHE LIEBESMÜH

Möchten Sie Ihren Gefühlen Ausdruck verleihen? In Verona wird Ihnen geholfen. Unterhalb des Balkons in der Via Cappello, wo sich Shakespeares Romeo und Julia ewige Liebe geschworen haben sollen, steht die vermutlich meistbenutzte Pinnwand der Welt. Da Heftzwecken auf dem Mörtel nicht halten, kommt für das Kleben der Zettel meist Kaugummi zum Einsatz, der mit der Zeit so hart wird wie das Mauerwerk. Weitgehend verschont von Schmierereien sind nur die gebührenpflichtigen Horchposten der wahren Gefühlskultur. Sie übermitteln Szenen und Texte der Tragödie. Der Verfasser unsterblicher Liebesverse: Das ist eben Shakespeare und nicht der Schmierer. ☐

1 EURO
1 €
ITALIANO
DEUTSCH
CASA DI GIULIETTA
HAUSES DER JULIA
JULIET'S HOUSE
ENGLISH
ESPAÑOL
1 €
1 EURO

DIE 13 WICHTIGSTEN

Von den Urlauten der Menschheit bis zum Segen des Dialekts.

1 Wie viele Sprachen werden auf der Welt gesprochen?

Eine genaue Zahl ist nicht bekannt. Noch in unseren Tagen werden Völker entdeckt, die bislang nie gehörte Idiome sprechen. So stieß man erst 2007 auf die Sprachgemeinschaft der Metyktire-Indianer in Brasilien. Eine Zählung ist auch deshalb schwierig, weil sich in manchen Fällen nicht bestimmen lässt, ob man es mit unterschiedlichen Sprachen oder mit Varianten derselben Sprache zu tun hat. Dabei spielen häufig politische Gründe eine Rolle: Sprechen Serben und Kroaten „Serbokroatisch" oder Serbisch beziehungsweise Kroatisch? Fachleute schätzen, dass es derzeit zwischen 6000 und 7000 Sprachen gibt. Davon ist ein Drittel nicht näher erforscht. Die Hälfte der derzeit gesprochenen Sprachen könnte schon am Ende dieses Jahrhunderts ausgestorben sein (S. 58).

2 Gibt es »primitive« und »höher entwickelte« Sprachen?

Nein. Diese These, die von der „Völkerpsychologie" des 19. und frühen 20. Jahrhunderts vertreten wurde, haben Linguisten längst ad acta gelegt. Vielmehr hat jede Sprache Stärken und Schwächen. Der Satzbau des Nama etwa – einer „Buschmann-Sprache" aus Namibia – stellt an Komplexität das klassische Latein in den Schatten; andererseits verfügt das Nama nicht über einen weltumspannenden Wortschatz wie etwa das Englische. Das im Amazonasgebiet gesprochene Pirahã kennt angeblich weder Relativsätze noch Zahlwörter. Dennoch ist die Sprache so kompliziert, dass ihr Erforscher Dan Everett Jahre gebraucht hat, sie zu erlernen. In den Augen der Pirahã ein Aufstieg: Für sie sind Idiome anderer Völker schlicht „lächerlich primitiv" (S. 72).

3 Soll ich meinem Kind den Dialekt austreiben?

Die deutsche Standardsprache in Schrift und Rede zu beherrschen, wird heute von fast allen Berufsanfängern und von allen Studenten verlangt – Hochdeutsch zu lernen, ist daher unabdingbar. Doch niemand sollte gezwungen werden, deshalb seinen Heimatdialekt aufzugeben. Denn den Nachteilen der Mundart – etwa dass sie in einem hochdeutschen Umfeld provinziell wirkt – stehen klare Vorzüge gegenüber: Der Dialekt bekräftigt die Bindung an eine Region; Dialektsprecher wirken authentischer und freundlicher. Strukturell sind Dialekte genauso komplex wie die Hochsprache: Auch sie haben eine Grammatik mit festen Regeln. Ein Kind, das früh Dialekt und Standardsprache beherrscht, ist faktisch zweisprachig. Das hilft beim Erlernen weiterer Sprachen (S. 112).

4 Schadet es einem Kind, wenn es mehrsprachig aufwächst?

Nein. Dass, wie in Deutschland, eine einzige Sprache dominiert, ist weltweit gesehen nicht die Regel. In Nigeria zum Beispiel gibt es über 400 unterschiedliche Sprachen, die meisten Menschen dort sind polyglott. Auch Skandinavier beherrschen oftmals mehrere Sprachen. Kindern bereitet Mehrsprachigkeit kaum Probleme. Zuweilen brauchen sie etwas mehr Zeit, wenn Vater und Mutter unterschiedlich reden, aber diesen Rückstand holen sie bald auf. Und hat ein Kind erst einmal eine Zweitsprache erworben, lernt es weitere deutlich leichter als jene Altersgenossen, die monolingual aufgewachsen sind. Nicht zu empfehlen ist es hingegen, dass Eltern mit ihrem Nachwuchs etwa auf Englisch kommunizieren, wenn sie es selbst nicht richtig beherrschen (S. 46).

FRAGEN ZUR SPRACHE

Antworten von Jürgen Broschart

5 Welche Sprache ist am einfachsten zu erlernen?

Die Antwort mag viele überraschen: Von ihrer Struktur her ist die Sprache der Mathematik beziehungsweise der Logik (von griechisch *logos*, „Sprache") besonders einfach gebaut, verfügt über einen vergleichsweise kleinen Wortschatz – Zahlen und logische Verbindungen – und kennt keine Ausnahmen von ihren Regeln. Schwierig sind dagegen die Inhalte. Für Kinder mühelos zu erwerben ist die jeweilige Muttersprache, und wer Fremdsprachen lernt, tut sich besonders leicht mit jenen, die seiner Muttersprache ähnlich sind (S. 165).

6 Wozu sollen Schüler Grammatik pauken?

Der Lernstoff „Grammatik" ist so unbeliebt wie Integralrechnung. Und anders als Kenntnisse in Mathematik, so scheint es, sind solche in Grammatik zu nichts nutze. Johann Wolfgang von Goethe schrieb Meisterwerke, ohne sich mit linguistischer Theorie zu quälen. Dennoch: Wer etwas von der Struktur der Sprachen versteht, weiß mehr über die Art und Weise, wie unser Gehirn die Welt in Kategorien einteilt, und lernt zu schätzen, welch ein Wunderwerk die menschliche Kommunikation ist. Mit Pedanterie und Rechthaberei hat die moderne Grammatikforschung nichts zu tun. Denn je mehr Sprachen man untersucht, desto mehr zeigt sich: *Die* einzig richtige Art und Weise etwas zu sagen, gibt es nicht. Jede Sprache hat eigene Konventionen (S. 56).

7 Bestimmt unsere Sprache das Denken?

Der Anthropologe Benjamin Lee Whorf hat bei der Untersuchung der Sprache der Hopi-Indianer festgestellt, dass deren Kultur einen anderen Zeitbegriff hat als jene der Europäer. Die Hopi, so behauptet Whorf, besäßen eine zyklische und keine geradlinige Vorstellung vom Ablauf der Ereignisse. Da diese kulturellen Konzepte sprachlich vermittelt werden, so Whorf, sei es unmöglich, sich in eine fremde Kultur hineinzudenken, ohne deren Sprache zu beherrschen. Das ist umstritten. Doch Farbexperimente deuten auf eine enge Verbindung zwischen Kultur, Sprache und Denken hin: Die Berinmo auf Neuguinea etwa benennen das Spektrum anders und nehmen deswegen Farben nicht so wahr wie wir (S. 72).

8 Funktionieren alle Sprachen nach denselben Regeln?

Nein – zumindest nicht nach jenen, die bis heute in den Schulen im Grammatikunterricht gelehrt werden. Diese Regeln sind ursprünglich für Griechisch und Latein entwickelt worden und passen auch recht gut für andere europäische Sprachen. In „exotischen" Kulturen ist es viel uneinheitlicher. Selbst ob es überall auf der Welt Nomina und Verben gibt, ist unter Experten umstritten. Auch im Lautinventar und bei der Ordnung von Wörtern im Satz sind die Sprachen der Welt stark verschieden. Zum Beispiel verwenden „Buschmänner" (Khoisan) in ihren Sprachen Schnalzlaute in den Wörtern; das macht fast keine andere Sprachgemeinschaft. Von den sechs Möglichkeiten, Subjekt (S), Prädikat (P) und Objekt (O) im Hauptsatz zu ordnen, sind sämtliche Möglichkeiten vertreten. Besonders selten ist jedoch die Folge O-S-P; sie findet sich in einigen Sprachen Amazoniens. Und bei einem Jedi-Meister aus „Star Wars": „Diese Reihenfolge der weise Yoda benutzt" (S. 72).

9 Wie viele Wörter gibt es im Deutschen?

Die einfache Antwort lautet: so viele, wie im Wörterbuch stehen. Das sind im Wahrig-Wörterbuch rund 250 000. Aber theoretisch gibt es unendlich viele Wörter, die durch die wiederholte Anwendung von Wortbildungsregeln geschaffen werden können: etwa Donaudampfschifffahrtsgesellschaftskapitänswitwenfonds. Schon die Anzahl der Einträge in einem Wörterbuch übertrifft bei weitem den aktiven Wortschatz einer Einzelperson. Die größten Dichter haben in ihren Werken rund 20 000 Wörter verwendet, chinesische Schriftgelehrte brachten es auf 30 000 Zeichenbegriffe. Zum Lesen einer Zeitung genügt ein Wortschatz von etwa 3000 Wörtern.

10 Wie klang die Ursprache der Menschheit?

Vermutlich klang sie überhaupt nicht. Forscher nehmen an, dass die ersten Symbole primitive Gebärden waren, und dass sich die Lautsprache erst viel später entwickelt hat. Dann hat es wohl lange gedauert, bis der Mensch in der Lage war, deutlich unterschiedliche Sprachlaute von sich zu geben. Dass, wie manche vermuten, die Schnalzlaute der Khoisan ein Relikt der Frühzeit sind, ist Unsinn: Es erfordert viel Können, einen „Klick" mit anderen Lauten zu kombinieren (S. 86).

11 Können Tiere sprechen?

Tiere sind durchaus in der Lage, sich zu verständigen. Eine Sprache im engeren Sinne hat hingegen wohl nur der Mensch entwickelt – virtuos verwendet er willkürlich verabredete Symbole. Aber ebenso wie einst die These von der angeblich dem Menschen vorbehaltenen Option des Werkzeuggebrauchs bröckelt auch das linguistische Dogma der Sprachunfähigkeit bei Tieren.
In Affenhirnen wurden Areale identifziert, die beim Menschen den Broca- und Wernicke-Sprachzentren entsprechen. Bei wild lebenden Primaten ist der Einsatz von bewussten Gesten zur Verständigung beobachtet worden. Und einige Menschenaffen haben zweifelsfrei im Labor gelernt, mit abstrakten, verabredeten Zeichen zu kommunizieren (S. 94).

12 Wieso sprechen nicht alle Menschen dieselbe Sprache?

Auch in der Sprache herrschen Gesetze der Evolution. Dazu gehört, dass es zu jeder Zeit neben einer Norm Abweichungen gibt – vergleichbar jenen durch biologische Mutationen. Solange ausreichend Kontakt zwischen Sprechern besteht, spielen diese gelegentlichen Abweichungen keine Rolle. Trennt sich eine Gruppe jedoch von einer anderen – zum Beispiel durch Wanderungsbewegungen –, bildet sich meist eine neue Sprachgrenze, wie einst zwischen Isländisch und Norwegisch. Umgekehrt führt Sprachkontakt dazu, dass sich sogar kaum verwandte Sprachen einander angleichen. Das Norwegische zum Beispiel hat sich in der Hansezeit dem Niederdeutschen angepasst. Heute beeinflusst das globale Englische andere Sprachen nachhaltig (S. 86).

13 Ist Gebärdensprache dasselbe wie Pantomime?

Nein. Allerdings ist die Erkenntnis, dass es sich bei der Gehörlosenkommunikation um eine vollwertige Sprachform neben der Lautsprache handelt, noch relativ jung. Erst seit 2002 ist sie in Deutschland offiziell anerkannt. Im Gegensatz zur sogenannten Körpersprache, die vorwiegend unbewusster Natur ist, stehen die Gebärden für Wörter und Begriffe. Die Gebärdensprachen – von denen es viele verschiedene gibt – haben allesamt grammatische Kategorien und Regeln für die Reihenfolge von Wörtern im Satz (S. 102).

Geht die deutsche Sprache vor die Hunde?

Heimische Firmen werben hierzulande oft auf »Denglisch«, wissenschaftliche Publikationen haben auf Deutsch kaum eine Chance, Schüler offenbaren erschreckende Ausdrucksschwächen. Was ist zu tun?

MODERATION: JÜRGEN BROSCHART UND CLAUS PETER SIMON; FOTOS: ARNOLD MORASCHER

Rudi Keller, 65,
ist Professor für Germanistik an der Universität Düsseldorf und Verfasser des Buches »Sprachwandel. Von der unsichtbaren Hand in der Sprache«. Keller meint, dass sprachliche Veränderungen von Einzelnen nicht zu steuern seien – was ihm in der Presse den Vorwurf des »Laisser-faire« eingebracht hat

Walter Krämer, 59,
ist Professor für Wirtschafts- und Sozialstatistik an der Universität Dortmund und Vorsitzender des Vereins Deutsche Sprache. Als solcher stemmt sich Krämer vehement gegen die Flut englischer Fremdwörter und deren Vermischung mit der deutschen Sprache – was ihm oft als Deutschtümelei angelastet wird

Alexander S. Kekulé, 48,
ist Professor für Mikrobiologie an der Universität Halle-Wittenberg. Der Arzt und Naturwissenschaftler tritt dafür ein, Englisch in unserem Land zur offiziellen Zweitsprache zu erheben, damit Deutschland im globalen Wettbewerb mithalten kann. Kritiker des Vorschlags sagen, dies werde zu einer Schwächung des Deutschen führen

GEO: Wir sitzen hier mit Blick auf den Hamburger Hafen, über den neuerdings die „Port Authority" wacht. „Hafenbehörde" ist „out", klingt offenbar nicht international genug. Im „Coffee-Shop" bestellen junge Leute „eine talle Latte to go" – einen großen Becher Latte macchiato zum Mitnehmen. Ähnliche Beobachtungen kann man an vielen Orten machen. Steht die deutsche Sprache vor dem Aus?

RUDI KELLER: Bedroht war das Deutsche tatsächlich einmal – im 16. und 17. Jahrhundert. Damals sprachen der Adel Französisch, die Gelehrten Latein und nur die Bauern Deutsch. Es gab zu der Zeit sogar den ernst gemeinten Vorschlag, in Deutschland das Französische als allgemeine Umgangssprache einzuführen, anstatt mühsam zu versuchen, die deutsche Sprache zu kultivieren. Heute sehe ich dagegen keine Bedrohung; die deutsche Sprache ist gut in Schuss. Was wir als Sprachverfall wahrnehmen, ist nichts anderes als der allgegenwärtige Sprachwandel. Und den hat es immer schon gegeben.

WALTER KRÄMER: Beispiele wie die „talle Latte" sind die Pest. Und sie stehen für eine Umwälzung: Die Zahl der Fremdwörter im Deutschen hat seit 15 Jahren dramatisch zugenommen, wie zum Beispiel der „Spiegel" schreibt. 1985 war nur einer der 100 am häufigsten verwendeten Begriffe englisch, heute sind es 23 – fast ein Viertel! Der vom Verein Deutsche Sprache herausgegebene Anglizismen-Index umfasst inzwischen rund 6000 englische Wörter, die allesamt Eingang in den Sprachgebrauch gefunden haben. Der „Personalchef" wird zum „Human Resource Manager". Was bitte soll das?

KELLER: Den möchte ich sehen, der den Anteil bestimmter Wörter an der gesprochenen Sprache ausrechnen kann. Wie wollen Sie das für 80 Millionen Deutsche überprüfen, die täglich Hunderte von Sätzen sprechen?

KRÄMER: Das geschieht durch repräsentative Erhebungen.

KELLER: Repräsentativ für wen? Für Werber, für Punker? Ich habe eine Magister-Studentin alle Wörter unter „A" im Duden von 1892 und jenem von 1996 durchsehen lassen. Ergebnis: Der Anteil an Fremdwörtern dort ist in 100 Jahren nahezu gleich geblieben – dem Zuwachs an Anglizismen steht ein großer Schwund an französischen Lehnwörtern gegenüber. Wer von einer „Überfremdung" des Deutschen redet, vergisst meist, dass nicht nur neue Wörter hinzukommen, sondern viele alte sang- und klanglos verschwinden. Zum Beispiel das Wort „ablaktieren" für abstillen. Ich bin auch absolut sicher, dass in 20 Jahren kein Mensch mehr „cool" sagen wird, so wie man heute nicht mehr „knorke" oder „dufte" sagt.

KRÄMER: Ich beklage nicht, dass sich Sprache verändert, sondern wie sie sich verändert. Mich ärgert, dass dafür vor allem flache Geister in Werbeagenturen und Konzernen verantwortlich sind, die uns mit ihrem „Denglisch" belästigen.

KELLER: Wir müssen deutlich unterscheiden zwischen dem, was irgendein beliebiger Sprecher sagt und dem, was tatsächlich in den normalen Sprachgebrauch eingeht. Wenn ein Friseur „Cut and go" auf sein Firmenschild schreibt oder RWE mit dem Slogan „One group, multi utilities" wirbt – inzwischen heißt es übrigens „Alles aus einer Hand" –, dann bestimmt das nicht den Lauf der Dinge. Lesen Sie deutsche Literatur, Günter Grass zum Beispiel, eine Zeitung wie „Die Welt", ein Magazin wie GEO, hören Sie die Nachrichten der „Tagesschau". Dort finden Sie überall ein vernünftiges Deutsch. Das, was Sie Denglisch nennen, ist ein Nischenprodukt bestimmter Branchen oder Aufschneider.

ALEXANDER KEKULÉ: Ich glaube schon, dass der Einfluss des Englischen gestiegen ist. Nehmen wir den Begriff der „Corporate Identity". Den haben Amerikaner in die Welt gesetzt, und er wurde gar nicht erst ins Deutsche übersetzt – weil es keine Entsprechung dafür gibt. Jene Nation, die führend auf bestimmten Gebieten ist, egal ob es um die Wirtschaft oder Wissenschaft geht, dominiert die Sprache. Oder anders gesagt: Wes Geistesgut ich übernehm, des Sprach ich sprech. Die Konsequenz, die wir daraus ziehen sollten, ist nicht, über die Globalisierung zu schimpfen und „Laptop" durch „Klapprechner" zu ersetzen. Wir sollten stattdessen Englisch ebenso gut beherrschen wie Deutsch.

KRÄMER: Wie wollen Sie das denn erreichen?

KEKULÉ: Der Weg dorthin ist lang. Aber die Bessergestellten in Deutschland haben ihn ohnehin schon eingeschlagen, viele schicken ihre Kinder zur sprachlichen Frühförderung. So etwas muss für jeden möglich werden. Das geht nur über die Kindergarten- und Vorschulausbildung. Diesen Zeitrahmen für das Alter zwischen vier und sechs Jahren gilt es nicht zu versäumen, denn da öffnet sich ein kognitives Fenster für den Erwerb einer Fremdsprache. In dieser Phase muss das

»Heute wird sogar vor Buchhandlungen übernachtet, um den neuen ›Harry Potter‹ als Erster in den Händen zu halten.«
Rudi Keller

Kind eine Zweitsprache nicht mühsam erlernen, wie später im Leben. Es bekommt sie quasi geschenkt. Vor allem, wenn es gut geschulte Erzieher hat.

KRÄMER: Wenn sich ein Knopf drücken ließe und alle Deutschen plötzlich perfekt Englisch könnten, dann würde ich den Knopf drücken. Aber wenn man das Englischlernen derart forciert, wie Sie sich das vorstellen, müssten wir andere Dinge aufgeben, die wichtiger sind, etwa die eigene Sprache zu fördern, eine gründliche Ausbildung in Mathematik oder die musikalische Früherziehung. Dazu wäre ich nicht bereit. Außerdem gibt es Sprachwissenschaftler, die bezweifeln, dass das Erlernen einer Fremdsprache vor dem sechsten Lebensjahr positive Auswirkungen hat, außer das Kind wächst von Geburt an bilingual auf.

KELLER: Zweisprachigkeit lässt sich durchaus erreichen, das hat schon im Mittelalter geklappt. Luther hat den überwiegenden Teil seiner Briefe auf Latein verfasst, nur wenige auf Deutsch, darunter die an seine Familie. Und oftmals hat er sogar in ein und demselben Satz willkürlich zwischen Deutsch und Latein gewechselt.

KEKULÉ: Das ist kaum mit heute zu vergleichen, denn im Mittelalter war Latein nur die Sprache der Gelehrten. Heute kann fast jeder mit jedem auf Englisch reden. Außerdem ist Englisch inzwischen die Sprache der Befreiung, zum Beispiel für die Chinesen, die Zugang zum Internet haben. Vor allem im World Wide Web ist Englisch die Lingua franca, die allgemeine Verkehrssprache.

KRÄMER: Vorsicht! Der Anteil des Englischen im Internet ist in letzter Zeit sogar zurückgegangen, und viele Chinesen lernen neuerdings Deutsch. Entscheidend für den Erwerb einer Fremdsprache ist doch, dass man zunächst einmal die Muttersprache gut beherrschen muss.

GEO: Aber genau daran hapert es. Viele Kinder können nicht einmal gutes Deutsch.

KEKULÉ: Sie spielen auf die nicht Deutsch sprechenden Zuwandererkinder an. Da haben wir wirklich ein Riesenproblem. Daher sollte es eine deutsche Sprachpflicht für Zuwanderer und deren Kinder geben. Beispielsweise könnten die Kinder mit vier Jahren einen Sprachtest machen – was im Übrigen auch für deutsche Kinder nicht von Nachteil sein dürfte. Bei einem erkennbaren Mangel müssten sie dann eine Vorschule besuchen, damit beim Schulstart alle Kinder zumindest ähnliche Voraussetzungen haben. In Frankreich und anderen Ländern wird das längst so gehandhabt. Aber in Deutschland scheut man sich bislang, in die Erziehungshoheit der Eltern einzugreifen.

KELLER: Auch dieses Problem ist nicht neu. Im Ruhrgebiet lag im 19. Jahrhundert der Anteil der polnischen Zuwandererkinder in einigen Klassen bei 80 Prozent. Die sprachen anfangs fast kein Wort Deutsch. Sie haben den Dialekt der Region beeinflusst, untergegangen ist die Hochsprache nicht. Und natürlich wäre es wünschenswert, die Sprachfähigkeit der Kinder zu verbessern. Aber stand es darum früher jemals besser? In der Zeit des Nationalsozialismus etwa? Oder im 18. Jahrhundert, als die Analphabetenquote 60 bis 70 Prozent betrug? Mein Opa war Eisengießer in Mannheim und sprach perfekt Mannheimerisch; ein Buch hat er nie gelesen. Heute werden mehr Bücher gelesen als je zuvor, da wird sogar vor Buchhandlungen übernachtet, um den neuen Harry Potter als Erster in den Händen zu halten – oftmals sogar im englischen Original.

KRÄMER: Nichts gegen gute Fremdsprachenkenntnisse. Aber mir geht es um Dominanz durch Sprache. Amerikaner benutzen das Englische derzeit ganz brutal als Werkzeug, um Einfluss auszuüben. Das lässt sich vor allem in wissenschaftlichen Disziplinen beobachten, in denen es auf Rhetorik ankommt, etwa in der Ökonomie und in den Geisteswissenschaften. Viele Konferenzen finden heute ausschließlich auf Englisch statt, selbst wenn Englischsprechende in der Minderheit sind. Daher wird auch meist ein Amerikaner den Vorsitz in den „Sessions“, den Sitzungen, führen. Und deswegen wird ein Amerikaner einen Deutschen immer in Grund und Boden reden.

KEKULÉ: Ich stimme Ihnen zu, dass ein durchschnittlich begabter US-Forscher sich bei Konferenzen besser verkaufen kann als ein hervorragender deutscher Forscher, der durchschnittliches Englisch spricht. Aber es gibt nun einmal die Weltsprache Englisch, und die großen Firmen siedeln sich lieber in englischsprachigen Gebieten an.

KRÄMER: Englisch ist zweifellos die Lingua franca, um weltweit einen Kaffee zu bestellen. Aber in der Wissenschaft ist das eine andere Sache.

KEKULÉ: Wollen Sie ernsthaft sagen, dass Wissenschaftler in aller Welt Deutsch lernen sollen, damit sie deutschsprachige Publikationen lesen können?

KRÄMER: Sicher nicht. Aber es gibt noch einen anderen Weg. Am Eliteinstitut für Wirtschaft in Toulouse redet und diskutiert man im Entstehungsprozess einer wissenschaftlichen Publikation ausschließlich französisch. Erst die Abschlussarbeit wird ins Englische übersetzt und steht damit einem großen Leserkreis offen. Bei uns in Dortmund redet man dagegen schon auf Fakultätssitzungen Englisch, noch dazu auf schlechtem Niveau à la „Equal goes it loose". Dadurch sind viele deutsche Wissenschaftler nicht mehr in der Lage, wissenschaftlich stringent in ihrer Muttersprache zu denken – das Deutsche verliert seinen Status als Wissenschaftssprache.

KEKULÉ: Ich bin gebürtiger Franzose und kenne das französische Gesetz, dass jede wissenschaftliche Arbeit und jede Zusammenfassung auf einem Kongress auch auf Französisch vorliegen muss. Das meiste davon landet direkt im Müll, französische Wissenschaftler empfinden die Übersetzungspflicht als Schikane.

KRÄMER: Dennoch, die Feinheiten einer Argumentation kann auch ein fremdsprachlich versierter Deutscher oder Franzose nur in seiner Muttersprache ausdrücken. Jede Sprache hat ihre eigene Qualität: Englisch ist gut für Rock- und Popmusik, die Botschaft ist kurz und linear. Im Deutschen stellt man Wörter um und muss bis zum Ende des Satzes warten, bis man weiß, ob beim Satz „Der Zug fährt nach langer Wartezeit ..." das Wort „ein" oder „ab" folgt. Das strengt an, ist aber womöglich ein Grund, warum Deutschland so viele Mathematiker und Logiker hervorgebracht hat.

KELLER: Auch ich kann auf Englisch einfach nicht so gut denken wie auf Deutsch. Ich schreibe daher auf Deutsch und lasse es dann übersetzen. Doch ich bedauere, nicht schon früher auf Englisch publiziert zu haben. Man spielt plötzlich in einer ganz anderen Liga. Für mein ins Englische übersetztes Buch über den Sprachwandel erhalte ich nun auf einmal Briefe aus Serbien und Kalifornien.

KEKULÉ: Die Frage ist doch, ob wir mit der Zweitsprache Englisch das Deutsche verdrängen. Wenn wir gut Englisch können, unsere Patente und wissenschaftlichen Schriften gelesen werden, wenn wir als Englisch sprechende Deutsche wichtig sind – dann werden viele Menschen auch unsere Sprache lernen. Weil sie etwas über unsere Kultur erfahren wollen, die Kultur einer intellektuellen und politischen Führungsnation. Hinzu kommt, dass nur derjenige, der richtig Englisch kann, davor gefeit ist, die unsäglichen Denglisch-Begriffe für bare Münze zu nehmen. Meine These lautet: Wir stützen das Deutsche, indem wir besser Englisch können!

KRÄMER: In diesem Punkt gebe ich Ihnen teilweise Recht. Aber es gibt noch einen anderen, der wichtig ist: Uns Deutschen fehlt es an Sprachloyalität. Die Londoner „Times" schreibt zu Recht, wir krankten an „linguistic submissiveness", an „sprachlicher Unterwürfigkeit", oder auf gut Deutsch: Arschkriecherei. Dafür schäme ich mich.

GEO: Woher kommt diese Eigenart? Hat das historische Gründe?

KRÄMER: Natürlich. Die Leute flüchten nicht aus ihrer Sprache, sie flüchten vor allem aus ihrer nationalen Identität als Deutsche. Nach dem Motto: Lieber ein halber Ami als ein ganzer Nazi sein. Sie stellen sich mit ihrem Englisch als Weltbürger dar und merken nicht einmal, wie peinlich das dem restlichen Universum ist.

KEKULÉ: Wenn sie schlecht Englisch reden, meinen Sie?

KRÄMER: Nein, ich bekomme Achselschweiß, wenn jemand in Italien auf Englisch einen Cappuccino bestellt, obwohl die Kellnerin Deutsch spricht.

KELLER: Der Vorwurf hat nicht nur mit der Nazizeit zu tun. Bereits im 19. Jahrhundert sagte man, der Deutsche sei der Affe der anderen – zum Beispiel ein Französisch-Nachäffer. Dahinter steht aber im Grunde etwas sehr Positives. Fremdsprachen zu können, hat in Deutschland ein hohes Sozialprestige – vielleicht weil das Land von vielen Sprachnationen umgeben ist. Mit Fremdsprachenkenntnissen lässt sich deswegen auch glänzend imponieren. Das wirkt und wirkte zuweilen unfreiwillig komisch, etwa beim Küchenlatein im 18. und 19. Jahrhundert; das war ein unbeholfener Versuch, den Akademiker herauszukehren.

KRÄMER: Wir Deutsche neigen dazu, uns im Ausland fremden Kulturen anzupassen – dagegen habe ich nichts. Aber selbst im Inland vermeiden wir unsere Mutterspra-

che so oft wie möglich. Ein prägnantes Beispiel: In Spanien hatte Siemens die Werbebotschaft „La fuerza de innovacíon" plakatiert – auf Spanisch. In Frankreich habe ich sie auf Französisch gesehen, in Italien auf Italienisch. Und in Deutschland? Da hieß es „The power of innovation". Was soll das bloß?

GEO: Das übliche Argument ist, dass sich ein Produkt so besser verkauft.

KRÄMER: Das stimmt nicht. Eine Diplomandin von mir hat Emotionen per Hautwiderstand gemessen – bei Personen, die englischen und deutschen Werbesprüchen ausgesetzt waren. Ergebnis: Deutsch erregt Interesse und erzeugt Emotionen. Bei Englisch passiert nichts. Das scheint sich auch langsam herumzusprechen, viele Unternehmen sind zu deutschen Formulierungen zurückgekehrt.

KEKULÉ: Warum regen Sie sich also auf? Es ist ein Riesenunterschied, ob die Menschen hervorragend Englisch und Deutsch können, oder ob das Deutsche mit englischen Wörtern „kontaminiert" ist, wie ich es nenne. Die Beispiele sind ja berühmt: Der Slogan der Parfümeriekette Douglas „Come in and find out", der bei Befragungen als „Komm rein und versuche, wieder herauszufinden" gedeutet wurde, heißt heute „Douglas macht das Leben schöner". Und bei Sat.1 heißt es nicht mehr „Powered by emotion", was wahlweise mit „Kraft durch Freude" oder „Gepudert mit Gefühlen" fehlübersetzt wurde, sondern „Sat.1 zeigt's allen". Wenn alle gut Englisch könnten, hätten wir uns von den Denglisch-Kontaminationen nicht so lange blenden lassen. Ich glaube, dass ein Vierjähriger, der frühzeitig weiß, dass es für „Flasche" auch das Wort „bottle" gibt, für Sprachfragen ein feineres Gefühl entwickelt. Wer früh gut Englisch spricht, spricht letztlich auch ein besseres Deutsch.

KRÄMER: Mir geht es um etwas anderes. Ich schaue, wem eine Entwicklung nützt. Neuerungen in Medizin und Technik entstehen mitnichten hauptsächlich in englischsprachigen Ländern. Deutsche Ingenieure sind auf vielen Gebieten weltweit führend. Auch der „Airbag" kommt aus Deutschland. Aber er heißt eben nicht „Prallkissen", sondern „Airbag", obwohl er gar keine Luft enthält, sondern Stickstoff. Wir geben einen Wettbewerbsvorteil in vorauseilendem Gehorsam auf, indem wir uns zu schnell englische Begriffe oktroyieren lassen.

KELLER: Versuchen Sie mal, eine Fernsehserie namens „Geschlechtlichkeit und die Stadt" zu vermarkten – „Sex and the City" klingt einfach pfiffiger.

KRÄMER: Zusammen mit Wolf Schneider, dem ehemaligen Leiter der Henri-Nannen-Schule, habe ich die Einrichtung „Lebendiges Deutsch" geschaffen, die Anglizismen darauf prüft, ob sie die deutsche Sprache bereichern oder nicht. Von den genannten 6000 Wörtern sind nur etwa 100 ein echter Gewinn, zum Beispiel „foul" oder „fair". Und unsere Vorschläge, Anglizismen durch bessere deutsche Wörter zu ersetzen, kommen sehr wohl an: In einem Gesetzentwurf von Frau Zypries ist aus dem „Stalker" ein „Nachsteller" geworden; das ist verständlich und drückt gut aus, was gemeint ist.

GEO: Frankreich geht viel rigider gegen Fremdwörter vor. Was halten Sie von Verboten für bestimmte Ausdrücke?

KRÄMER: Ich bin gegen Verbote, aber sehr wohl für einen kreativen, besonnenen Umgang mit dem Deutschen. Franz Kafka schrieb 1909 den Beitrag „Die Aeroplane in Brescia". Dann ist irgendjemand darauf gekommen, Aeroplane auf Deutsch „Flugzeuge" zu nennen. Das war kreativ – und hat sich durchgesetzt. Ähnlich bei „Schauspieler" für den Begriff „Acteur" und „Leidenschaft" für den Begriff „Passion".

KELLER: Die Geschichte des Sprachpurismus und der Verdeutschung ist eine Geschichte des Scheiterns. Denn was überflüssig ist, kommt letztlich auf den Kontext an. Wenn Sie von den Kindern mit den Baseballkappen reden, kann es sinnvoll sein, sie „Kids" zu nennen; die Wiener Sängerknaben sind hingegen eindeutig keine „Kids". Ähnlich bei „Girls": Es gibt einen neuen Roman der saudischen Autorin Rajaa Alsanea, der in Deutschland unter dem Titel „Girls from Riad" verkauft wird. Wäre es besser gewesen, ihn „Mädchen aus Riad" zu nennen? Nein, „Girls" ist passender, weil es sich nicht um Kinder, sondern junge Frauen handelt, mit einer bestimmten Lebenshaltung. Die Frage, ob das Wort „Girl" im Deutschen überflüssig ist, lässt sich nicht anhand eines Lexikons entscheiden. Man sollte sich vielleicht eher fragen, warum das Englische so attraktiv ist.

KEKULÉ: Englisch hat den Vorteil, dass sich damit mehr machen lässt. Es ist morphologisch formbarer als das Deutsche oder Französische. Es erlaubt kurze prägnante Sätze wie „go public", die im Deutschen so nicht möglich sind oder in ihrer Kürze gar sinnlos erscheinen. Im Übrigen hat das Englische durchaus darunter gelitten, dass es eine so globale

Sprache geworden ist und für die Werbung verbogen und vereinfacht wurde. In englischsprachigen Ländern spricht man schon von BSE – „bad simple english". Eigentlich müssten wir heilfroh sein, dass es dem Deutschen erspart worden ist, eine Weltsprache zu werden.

KELLER: Etwa 30 bis 40 Prozent des englischen Wortschatzes sind französischen Ursprungs. Aufgrund der normannischen Eroberung, und weil englische Adlige bis ins 18. Jahrhundert hinein untereinander Französisch geredet haben. Kein Geringerer als der deutsche Germanist Jakob Grimm hat bereits 1851 über die englische Sprache geschrieben, an „Reichtum, Vernunft und gedrängter Fuge lässt sich keine aller noch lebenden Sprachen ihr an die Seite setzen, auch unsere deutsche nicht". Sie werde deshalb „künftig noch in höherem Maße an allen Enden der Erde" gesprochen werden. Das Deutsche mit seinen wunderbaren Wortbildungsfähigkeiten ist deutlich komplizierter. Heißt es „brustgeschwommen" oder „gebrustschwommen" oder, in einem „denglischen" Beispiel, „downgeloaded" oder „gedownloaded"?

GEO: Noch einmal zurück zur Grammatik. Herr Keller, erschreckt es Sie nicht, wenn Sie einen Satz hören wie: „Ich muss gehen, weil die Läden machen gleich zu"?

KELLER: Das entspricht nicht der heute gültigen Norm, doch ich halte es für einen ganz regulären Sprachwandel. Das Wort „weil" gleicht sich grammatisch dem „denn" an. Die systematischen Fehler von heute sind oft die Regeln von morgen.

KRÄMER: „Hier werden Sie geholfen". Der Werbespruch aus dem Munde von Verona Feldbusch, heute Pooth, hat mir gefallen, weil der für alle Fernsehzuschauer erkennbar falsch war.

> **»Das Hauptproblem, auf das ich immer wieder stoße, ist die mangelnde Zuneigung zu unserer Sprache.«**
>
> *Walter Krämer*

KEKULÉ: Da muss ich Sie korrigieren. Laut einer Umfrage haben 70 Prozent der Deutschen nicht erkannt, was daran falsch sein soll.

KELLER: Jeder registriert zwar irgendwie, dass der Satz falsches Deutsch ist. Aber kaum jemand vermag zu sagen, weshalb er falsch ist. Die korrekte Form ist ja „Hier wird Ihnen geholfen". Dabei steht die Hauptperson, die normalerweise im Nominativ auftritt, im Dativ – das wird durch die falsche Konstruktion „repariert".

KRÄMER: Der Satz hat mir trotzdem gefallen. Er zeigt, dass ein Interesse an Grammatikgrundkenntnissen besteht. Natürlich hatte der Spruch die Absicht aufzufallen. Aber er spielt gekonnt mit den Normen unserer Sprache und bezeugt auf diese Weise eine Zuneigung zum Deutschen. Das Hauptproblem, auf das ich immer wieder stoße, ist die mangelnde Zuneigung zu unserer Sprache.

KEKULÉ: Große Literaten waren auch immer Sprachanarchisten. Man setzt sich über die DIN-Bestimmungen der Sprachpuristen hinweg und macht etwas aus der Sprache. Es gibt in Bayern eine Band namens Haindling. Die Musiker singen Bayrisch, bis an die Grenzen des Zumutbaren. Beispiel: „Momadu – Jamadenapatera" („Mann, mähe du!" „Ja, mäht denn ein Pater auch?"). Das klingt fast Japanisch. Wir müssen es zulassen, dass Sprache bearbeitet wird. Nicht dirigistisch von oben, sondern als Bewegung auch von unten. Es ist doch wunderbar, wenn das Volk die Möglichkeit hat, etwas aus seiner Sprache zu machen.

KELLER: Das Interesse an Sprache – besonders der eigenen – war schon immer groß. Die Menschen interessieren sich für Sprachgeschichte, für Grammatik, oder dafür, wie ein chinesisches Schriftzeichen funktioniert. Dieses Bedürfnis haben Linguisten, die in diesen Dingen oft die Nase zu hoch tragen, leider noch nicht so recht entdeckt. Was mich stört, ist die Normierungswut. Goethe hat sich keinen Deut um Standardisierung bemüht – weder in der Orthographie noch in der Grammatik. Er hat munter zwischen „Zucker" und „Zukker" oder „Mädchen" und „Mädgen" gewechselt. Und er konstruiert „wegen" mit dem Dativ – statt dem Genitiv. Wenn heute ein Kind schreiben würde wie Goethe, stünde es in Deutsch auf einer glatten Fünf.

KEKULÉ: Um das Deutsche zu retten, so es denn tatsächlich nötig sein sollte, müssen wir vor allem die Liebe zur eigenen Sprache entwickeln. Sprache sollte ein Objekt der Zuneigung werden. Das kann bei Kindern wunderbar gefördert werden. Gerade sie haben oft eine ganz natürliche Begeisterung für intelligente und witzige Wortspiele. Letztlich ist die Liebe zur eigenen Sprache und Kultur das einzige Mittel gegen die komplette Auflösung im globalen Englisch. □

Testen Sie Ihr »Denglisch«. Bitte umblättern ▶

TESTEN SIE IHR DENGLISCH

Sind Sie up to date? Hier haben Sie die Opportunity, sich der Final Challenge zu stellen. Ob Sie sich bei dieser Occasion als Winner oder Loser outen, bleibt confidential bis zur Auflösung auf S. 168

1. Chief Executive Officer
A. Geschäftsführer
B. Henker
C. Gerichtsvollzieher

2. Facility Manager
A. Fakultätsleiter
B. Gesichtschirurg
C. Hausmeister/-verwalter

3. Hype
A. Übertreibung, Zuspitzung
B. Antikes Fabelwesen
C. Medienrummel

4. Dumping-Preis
A. Schleuderpreis
B. Müllgebühr
C. Sonderangebot

5. Pimpen
A. Anschaffen lassen
B. Aufmotzen
C. Anpumpen

6. Briefing
A. Briefzustellung
B. Anweisung, Einweisung
C. Abkürzung

7. Anchorman
A. Bänkelsänger
B. Seemann
C. Chef-Nachrichten-sprecher

8. Facelifting
A. Gesichtsstraffung
B. Enthauptung
C. Gewichtheben

9. Accounting
A. Rechenschaftsbericht
B. Buchführung
C. Ritterschlag

10. Benchmarking
A. Wasserstandsmessung
B. Bankdrücken
C. Leistungsvergleich

11. Chairman
A. Sitzungsteilnehmer
B. Vorsitzender
C. Platzhalter

12. Dragqueen
A. Transvestit in schriller Kleidung
B. Drachenweibchen
C. Zugpferd

13. Dresscode
A. Salatsosse
B. Preisschild
C. Kleiderordnung

14. Outlet
A. Abfluss
B. Fabrikladen
C. Entlassung

15. Ghostwriter
A. Horror-Autor
B. Anonymer Verfasser
C. Auftragsschreiber

16. Paperback
A. Papiercontainer
B. Taschenbuch
C. Papiertüte

17. Primetime
A. Erwachsenen-sendung
B. Urzeit
C. Haupteinschaltzeit

18. Sixpack
A. Waschbrettbauch
B. Sechserpack
C. Sechser im Lotto

19. Understatement
A. Schwaches Argument
B. Untertreibung
C. Unterstellung

20. Chillen
A. Ausspannen
B. Foltern
C. Würzen

21. Buzzword
A. Busfahrplan
B. Modewort
C. Schimpfwort

22. Couchpotato
A. Kartoffelchip
B. Ofenkartoffel
C. Stubenhocker

23. Dinks
A. Stinktier
B. Kinderlose Doppelverdiener
C. Der Dingsbums

24. Filofax
A. Terminplaner
B. Faxpapier
C. Liebesbrief

25. Joint Venture
A. Drogenerfahrung
B. Gemeinschaftsunter-nehmen
C. Künstliches Gelenk

26. Outsourcing
A. Auslagerung
B. Verausgabung
C. Ausbeutung

27. Mobbing
A. Bodenreinigung
B. Schikane
C. Lynchjustiz

28. Workflow
A. Fliessgeschwindigkeit
B. Arbeitswahn
C. Arbeitsablauf

29. Kiss and Ride
A. Kurzparkplatz
B. Ponyhof
C. Sadomaso-Club

30. Charity
A. Holzkohle
B. Wohltätigkeit
C. Prominente(r)

Nicht alles, was wie Englisch aussieht, ist es auch. Über einen „Talkmaster" kann sich der englische Muttersprachler nur wundern. Der heißt für ihn nämlich „talk show host". Der „Trainer" ist nur ein Übungsleiter; einen Strategen wie Ottmar Hitzfeld nennt ein Engländer „coach". Auch ein „Handy" (richtig: „mobile" oder „cell phone") gibt es im Englischen nicht – allenfalls als Adjektiv „handlich". Streng genommen ist auch der „ServicePoint" der Deutschen Bahn ein zusammengesetztes Kunstwort: Gemeint ist einfach „Information". Und unter einem „slip" versteht ein Engländer mitnichten Unterhose, sondern Unterrock.

Dafür stammen manche Wörter und Begriffe aus dem Englischen, die mittlerweile als deutsch gelten. Wie zum Beispiel der Streik. Und wenn Sie meinen, Sie beißen in einen Keks, so sind dies eigentlich gleich mehrere „cakes" (Kuchen).

Der Weg in die Fremde hat auch deutsche Wörter oft nicht ungeschoren gelassen. Eine Sammlung „ausgewanderter Wörter" hat das Goethe-Institut herausgegeben. Das daraus gekürte Gewinnerwort hat Charme: Das über das Schwedische nach Finnland gelangte „Kaffepaussi" wurde auf der Anzeige eines Busses entdeckt, der außer Betrieb war. Das Siegerwort belegt, dass die deutschen Auswandererwörter weit hinausreichen über die Exportschlager Kindergarten, Gemütlichkeit, Angst und Sauerkraut. Die Bedeutung beibehalten hat das türkische „haymatlos", das japanische „arubeito" ist aber nur ein Nebenjob. Und wenn ein Norweger vom „forspill" redet, meint er das Alkoholtanken vor dem abendlichen Ausgehen. Deutsch ist nach einer Theorie auch das englische „okay": Die Abkürzung o. k. soll „ohne Korrektur" bedeutet haben.

Fanni Aspetsberger

WAS IST EIGENTLICH

Zu bestimmen, worin das Wesen des Sprachlichen besteht, fällt selbst Fachleuten schwer.

Um das Jahr 1115 verliebt sich der Theologe und Philosoph Peter Abaelard in Héloïse, die Nichte des Domherrn Fulbert von Notre Dame in Paris. Fulbert sieht seine Schutzbefohlene entehrt. Er schickt einen Trupp finsterer Gesellen zu dem Philosophen, um ihn zu bestrafen: Als Abaelard schläft, packen sie den Kirchenmann und schneiden ihm das Glied ab. Der überlebt den Anschlag und zieht sich ins Kloster zurück, wo er sein Hauptwerk über „Einheit und Dreifaltigkeit" verfasst. Auch Héloïse geht in eine Abtei; zeitlebens aber bleiben die beiden in engem Kontakt.

Was hat diese alte Liebes- und Gräuelgeschichte mit Sprache zu tun? Sehr viel, denn Abaelard ist einer der frühen Denker, die geahnt haben, was Sprache eigentlich ist: ein Mittel, um Einheit herzustellen, über alles Trennende hinweg – so wie es die Liebe zwischen ihm und Héloïse vermocht hat.

Ähnlich seinem Lehrer Roscelin, einem Hauptvertreter des sogenannten Nominalismus, wendet sich Abaelard gegen die Annahme, dass die Einheit zwischen den Dingen in ihnen selbst liegt. Zum Beispiel gilt die Aussage „Eine Rose ist eine Rose" nicht in der materiellen Welt: Jede einzelne Pflanze ist ein Individuum, das dem anderen allenfalls ähnlich, aber nicht gleich ist. Im „Namen" der Rose (also durch die Sprache) jedoch werden die von der Natur getrennten Dinge vereint.

Dies betrifft insbesondere die Beziehung zwischen einem sprachlichen Ausdruck und dem Objekt, das er bezeichnet. So gibt es keinen „natürlichen" Grund, warum im Deutschen das Wort „Kuh" auf ein bestimmtes Tier verweist, das im Französischen „vache" heißt. Die Einheit zwischen einem Ausdruck und dem Bezeichneten wird erst über eine willkürliche soziale Konvention hergestellt. Dafür muss ein Sprecher aber erkennen, dass etwas mit etwas anderem in inniger Beziehung stehen kann, mit dem es eigentlich gar nichts gemein hat. Beim Gebrauch der Sprache tun wir folglich so, als ob ein Ausdruck und ein bestimmter Inhalt zusammengehörten, obwohl das eigentlich nicht stimmt. Der Zeichentheoretiker und Autor des berühmten Mittelalterromans „Der Name der Rose", Umberto Eco, bringt es auf den Punkt: Sprache ist alles, womit man lügen kann.

Aber Moment. Wo bleibt in dieser Argumentation denn das, was für jeden Laien die Kernfunktion des Sprachlichen ausmacht? Muss Sprache denn nicht eher über das Kommunizieren erklärt werden?

So einfach ist das nicht. Denn kommunizieren können auch schon Pflanzen oder Maschinen, die Signale austauschen. Eine Sprache haben sie dennoch nicht. Die Absicht eines Menschen lässt sich oft an seiner Mimik und Gestik ablesen. Aber ist all dies bereits Sprache?

Nein, sagen Sprachwissenschaftler, die lange über die „Essenz des Sprachlichen" gegrübelt haben. Von ihrer Definition schließen sie Pflanzen-, Tier- und Maschinenkommunikation ebenso aus wie die „Körpersprache" oder den genetischen Code und beschränken den Begriff auf die spezifisch menschliche Form der Informationsvermittlung. Der Linguist Noam Chomsky vom Massachusetts Institute of Technology geht sogar noch weiter. Er behauptet, dass Sprache im Kern weder mit dem Sprechen noch dem Kommunizieren noch mit Einzelsprachen wie Deutsch oder Englisch zu tun hat. Sprache sei ein abstraktes, genetisch verankertes Regelwissen, das ein Kind folglich auch nicht lernen müsse.

Wie kommt Chomsky zu dieser Annahme? Warum ist es ihm nicht möglich, Sprache so zu beschreiben, wie auch der Laie sie versteht? Dass das Wesen des Sprachlichen eben doch mit dem Kommunizieren zu tun hat. Und dass Kinder erst mit dem Sprechen auch die Sprache lernen.

So absurd wie Chomskys These klingt: Es ist nicht leicht, sie abzulehnen, wenn man die Fragen kennt, die jeder Sprachforscher stellen muss. Denn diese führen rasch an die Grenzen der Alltagsweisheit.

Die erste Frage berührt das Problem, wieso jedes Kind jedes menschliche Idiom erwerben kann, dem es zu einer bestimmten Zeit ausgesetzt ist. Das ist wohl nur möglich, wenn alle Sprachen der Welt eine grundlegende Gemeinsamkeit besitzen – die „Sprache" eben. Damit spielt es für das Wesen des Sprachlichen offenbar keine Rolle, ob ein Kind Deutsch, Englisch oder Chinesisch spricht.

Sprache ähnelt dem Lügen: Sie tut so, als seien Dinge gleich, die von Natur aus verschieden sind

Zweitens entwickeln Tiere Chomsky zufolge kein jenem des Menschen vergleichbares Sprachverhalten. Das liegt nicht nur an ihrer mangelnden Artikulationsfähigkeit. Ein Papagei, der spricht, versteht nicht die Botschaft hinter den Lauten, und das Wauwau eines Hundes ist relativ unstrukturiert gegenüber einer menschlichen Äußerung wie „Verlassen Sie bitte dieses Grundstück!". Aufgrund dieser Besonderheit dürften Menschen über eine artspezifische Sprachveranlagung verfügen.

Drittens, so behauptet Chomsky, seien die sprachlichen Äußerungen, denen ein Kind ausgesetzt ist, zu unvollständig und fehlerhaft, um daraus die Fähigkeit zu entwickeln, korrekte von nicht korrekten Strukturen zu unterscheiden. Umgekehrt wird ein Satz wie „Farblose grüne Ideen schlafen wütend" in keiner normalen Kommunikationssituation geäußert, und trotzdem weiß ein Sprecher des Deutschen, dass dieser Satz zwar inhaltlich unsinnig, aber grammatisch wohlgeformt ist.

Daher, so folgert Chomsky, habe Sprache im eigentlichen Sinne nichts mit der konkreten Anwendung von

»SPRACHE«?

VON JÜRGEN BROSCHART

Sicher ist nur: Sprache ist weit mehr als nur Kommunikation

Äußerungen in der Kommunikation zu tun. Vielmehr bezeichne der Begriff ein abstraktes Vorwissen, eine Art „Handbuch der Sprachregeln", das Kinder in die Lage versetzt, sich jede beliebige Sprache anzueignen und deren Strukturen zu durchschauen.

Schade nur, dass dieses Wissen offenbar nicht bewusst ist: Wie sonst wären die Schwierigkeiten zu verstehen, die es Schülern bereitet, Grammatikregeln zu pauken? Oder ist die chomskysche Vorstellung von Sprache als einer angeborenen „Universalgrammatik" doch nur eine Fiktion?

Zum Beispiel ist mittlerweile bewiesen, dass das Hirn mit seinem neuronalen Netzwerk durchaus in der Lage ist, die Regeln des „Sprachsystems" aus nicht immer korrekten Äußerungen zu destillieren. Für eine Intuition über korrekte Konstruktionen ist ein Vorwissen also unnötig. Im Gegenteil: Menschen, die bereits viel über Strukturen wissen – zum Beispiel Erwachsene, die sich in ihrer eigenen Sprache sehr gut auskennen –, sind weit schlechter in der Lage, komplexe andere Sprachmuster zu erwerben, als „unwissende" Kinder.

Auch die Annahme, Menschen müssten eine genetische Veranlagung für Sprachstrukturen besitzen, ist nur bedingt richtig. Es stimmt zwar, dass schon Säuglinge spezifische Sprachareale im Hirn besitzen, die beim Brabbeln aktiviert werden – aber ähnliche Areale sind jüngst bei Affen ebenfalls nachgewiesen worden. Es stimmt auch, dass sich der Vokaltrakt beim Menschen zum Produzieren von Lauten besser eignet als der von Affen. Aber dass die Struktur aller menschlichen Sprachen im Erbgut hinterlegt ist, ist aus biologischer Sicht unwahrscheinlich: Die entsprechende Genveränderung müsste auf den Menschen beschränkt sein, andererseits aber eine ungeheuer komplexe Funktionslast tragen.

Und was grammatische Kategorien betrifft: Sie sind viel besser zu verstehen, wenn man sie nicht als Abstrakta, sondern als Mittel der konkreten Kommunikation deutet. Zum Beispiel unterscheidet sich der Aktivsatz „Der Hund hat den Mann gebissen" von seinem Passiväquivalent „der Mann ist von dem Hund gebissen worden" darin, dass die Sätze jeweils einen anderen Redegegenstand (Subjekt) besitzen – den Hund oder den Mann. „Sprache" entwickelt sich also erst mit dem Kommunizieren.

Wieso aber haben dann Tiersprachen keine Grammatik, und warum ist kein anderes Lebewesen fähig, so zu reden wie ein Mensch? Dies liegt vermutlich an der einzigen Eigenschaft, die die menschliche Sprache von anderen Kommunikationsformen unterscheidet. Und die erklärt, was Sprache eigentlich ist. Denn das Wesen der Sprache liegt, wie Sprachphilosophen seit Abaelard erkannt haben, in der anfangs erwähnten Einheit zwischen einem willkürlich gewählten „Symbol" und dem Bezeichneten.

Tierkommunikation dagegen ist von anderer Art. Das Wauwau des Hundes oder das Miau der Katze sind keine Symbole, sondern unvermeidbare „Symptome" – wie ein Schmerzlaut, wenn man sich wehgetan hat. Auch die „Bienensprache" ist genetisch unauflöslich mit der Positionsbestimmung einer Futterquelle verbunden – dieselbe Bewegung im Tanz des Insektes könnte unmöglich verwendet werden, um über das Wetter zu reden.

Dass eine willkürlich konventionalisierte Symbolkommunikation so selten ist, hat einen nachvollziehbaren Grund. Denn wenn so getan wird, als ob ein Ausdruck in inniger Beziehung zu etwas anderem stünde, mit dem es von Natur aus nichts zu tun hat, so gleicht dies, wie erwähnt, dem Lügeverhalten. Letzteres nennt der Evolutionsbiologe John Maynard Smith eine „evolutionär instabile Strategie", die sich nicht genetisch niederschlägt,

Kommunizieren können auch Gene, Pflanzen und Maschinen. Eine echte Sprache haben sie dennoch nicht

weil sie kein „übliches" Handeln darstellt. Sprache ist also wohl deshalb so selten, weil sie gegen die „Natur der Dinge" verstößt, und deswegen kann sie nicht genetisch, sondern nur kulturell vermittelt werden.

Um anzuzeigen, dass es sich bei einem sprachlichen Zeichen um etwas anderes als einen „natürlichen" Laut handelt, tragen die Äußerungen in jeder Sprache der Welt besondere Merkmale. Nicht nur, dass Sprachlaute anders klingen als das Knarzen einer Tür. Auch wiederkehrende grammatische Zeichen erlauben die Erkennung symbolischer Äußerungen. Dafür besitzen menschliche Kinder schon ein feines Gehör. Die Details einer Sprache erlernen die Kinder aber erst während des Redens mit anderen.

Was allen menschlichen Idiomen gemein ist – und damit das Wesen der Sprache ausmacht –, ist also die willkürliche, „unnatürliche" Einheit zwischen einem Symbol und dem Bezeichneten. Der Mensch hat durch die Erfindung des Symbols daher auch gelernt, sich von „natürlichen Gegebenheiten" zu lösen und die Welt neu zu gestalten. Und weiter: dass es mithilfe der Symbolkommunikation möglich ist, Gemeinsamkeiten zu erzeugen, selbst wenn das Trennende zu überwiegen scheint. So sind selbst die massiven Unterschiede zwischen dem Deutschen und Chinesischen kein Hindernis für einen guten Übersetzer.

Zwar kann die Sprache auch dazu missbraucht werden, Unterschiede aufzubauen, die nicht wirklich existieren. Denn jeder, der die Sprache zu gebrauchen weiß, ist auch in der Lage zu lügen. Doch verstehen lässt sich die menschliche Sprache nur, wenn man fähig ist, von Unterschieden abzusehen und das Trennende zu überwinden. So wie es die Liebe zwischen Peter Abaelard und Héloïse vermocht hat. □

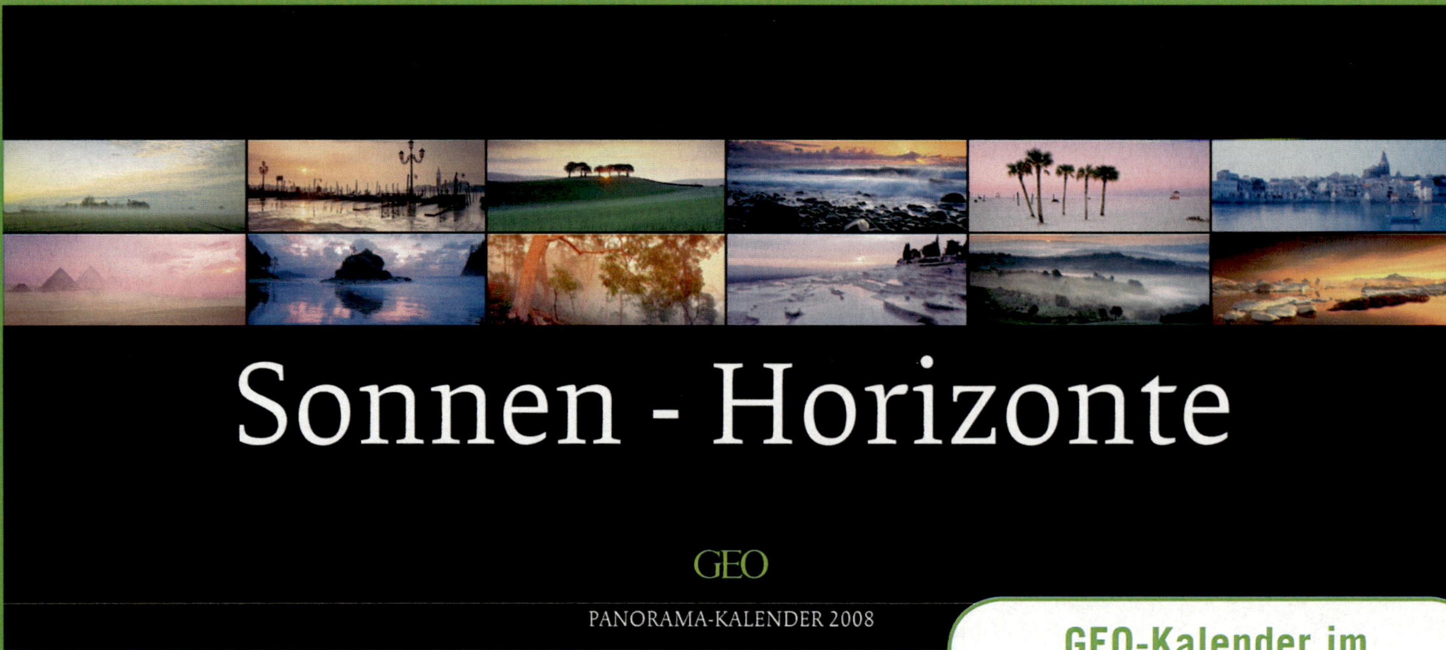

GEO-Kalender im XXL-Panorama-Format!

GEO Panorama-Kalender: Sonnen-Horizonte

Landschaften zwischen Tag und Traum

Schon merkwürdig, dass Sonnenaufgang und Sonnenuntergang als kitschig gelten. Denn schwärmen nicht alle, die sie jemals bewusst erlebt haben, gerade von diesen Zaubermomenten des Tages? Ein Kalender zum Träumen im Breitwandformat!

Format: 137 x 60 cm
Preis: € 99,- / € [A] 102,40 / CHF 164.-
Best.-Nr.: G 609000

10% Rabatt!

- **Für GEO-Abonnenten bei jedem Kalender!**
- **Für Besteller von mehr als einem Kalender auf den regulären Einzelpreis!**

Wundervolle Aussichten

Der zweite GEO-Tischkalender: schon jetzt ein Erfolg!

Immerwährendes Kalendarium!

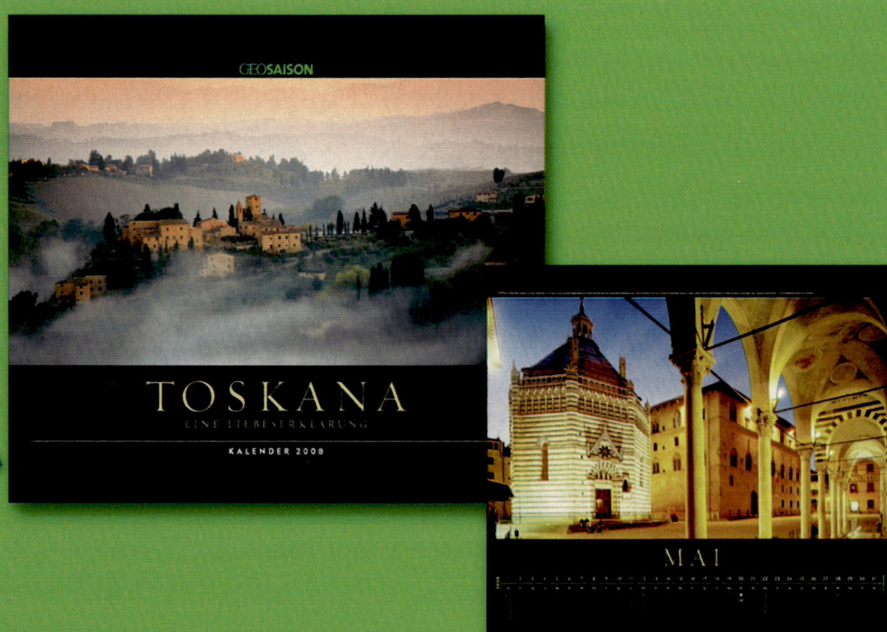

GEO-Tischkalender: Unsere Erde in 365 Tagen

Die schönsten Impressionen unserer Erde, ein ganzes Jahr lang

Der Tischkalender zum Aufstellen bietet jeden Tag ein neues Bild der Erde und einen Kurztext dazu.

Format: 21,5 x 12,8 cm (innen)
Preis: € 19,95 / € [A] 20,50 / CHF 37.95
Best.-Nr.: G 617300

GEO SAISON-Kalender: Toskana

Eine Liebeserklärung

Zwölf großartige Fotografien, die von unbeschwerter Urlaubszeit erzählen und die sich zu einer wunderbaren Reise fügen: durch Landschaften voller Schönheit und Poesie, in Städte und Dörfer, die von reicher Kultur zeugen, zum kulinarischen Genuss und zur feinen italienischen Lebensart. Nicht nur Freunde der Toskana werden vor Sehnsucht seufzen.

Format: 50 x 45 cm
Preis: € 29,- / € [A] 30,- / CHF 53.30
Best.-Nr.: G 609600

Von wegen Muttersprache: Neue Forschungsergebnisse zeigen, dass sich Kinder unter drei Jahren hauptsächlich ihre Väter zum Sprachvorbild nehmen. Der vermutliche Grund: Männer überfordern die Kleinen nicht mit ungehemmtem Redefluss und komplizierten Sätzen – wie es viele Mütter tun

GROSSES EXTRA: **Wie Kinder sprechen lernen** Seite 36-57

DAS A UND O DES NEUEN LEBENS

Für keine geistige Aufgabe sind Kinder von Natur aus besser ausgestattet als für den Spracherwerb. Schon im Mutterleib erkennen Ungeborene Rhythmus und Melodie der Umgebungssprache. Gleichwohl machen sich viele Eltern Sorgen, wenn ihr Nachwuchs sich mit dem Reden Zeit lässt. Zu Recht?

VON FENJA MENS

Um die Weihnachtszeit 1721 ist der kleine Christian Heineken aus Lübeck knapp zehn Monate alt. Liebevoll erklärt ihm seine Amme Sophie Hildebrandt die Bilder an der Wand und auf dem Kachelofen in Christians Elternhaus. „Dat is een Perd, dat is 'n Katt und dat is een Kerkturm", sagt sie auf Lübecker Platt.

Der Säugling erweist sich als erstaunlich gelehrig: Am nächsten Tag wiederholt Christian die Worte der Amme und zeigt mit dem Finger auf die richtigen Bilder. Bald darauf entdeckt auch der Edelmann Christian von Schöneich, der im Hause der Heinekens ein- und ausgeht, die Gabe des Kindes. Ob Platt oder Schriftsprache, ob Deutsch, Französisch oder Latein: Das Baby vergisst einmal Gehörtes nie. Mit 14 Monaten kann es das Alte Testament auswendig vortragen, kurze Zeit darauf 80 Psalmen rezitieren, pro Woche lernt das Sprachgenie 150 lateinische Vokabeln. Nur wenn er erschöpft ist – und das ist er oft –, besinnt sich Christian auf das seinem Alter Angemessene: die Brust seiner Amme. Höflich entschuldigt er sich mit den Worten „Nun will ich nach *nutrix* gehen", und ruft seine Ernährerin herbei: „Sophie! Gef my doch de Titte!"

Schließlich wird das Wunderkind sogar dem dänischen König vorgestellt. Doch bereits mit fünf Jahren, am 27. Juni 1725, stirbt Christian, vermutlich an den Folgen einer Mehlallergie. Was bleibt, ist unter anderem eine Widmung des Komponisten Georg Philipp Telemann, die dieser nach seinem Besuch für den Kleinen verfasst hat: „Kind, deßen gleichen nie vorhin ein Tag gebahr!/Die Nach-Welt wird dich zwar mit ew'gen Schmuck umlauben;/

Warum eigentlich wird die Sprache nicht vererbt, wie der Gesang bei den meisten Vögeln, das Quaken bei den Fröschen?

Doch auch nur kleinen Theils Dein großes Wißen glauben,/Das dem, der dich gekannt, selbst unbegreiflich war."

UNBEGREIFLICH, WUNDERSAM. Gewiss. Aber warum eigentlich? Weshalb findet der Spracherwerb bei einem gewöhnlichen Menschenkind erst viel später und viel langsamer statt als bei Christian? Oder, noch grundsätzlicher gefragt: Wieso müssen Menschen ihre Sprache überhaupt lernen? Warum wird sie nicht einfach vererbt – wie unter Tieren der Gesang der meisten Vögel oder das Quaken eines Frosches? Warum lässt sich die Sprache der Eltern nicht einfach durch einmaliges Vorsprechen im Gehirn des Kindes abspeichern? Weshalb begrüßt ein Kind seine Eltern nicht schon kurz nach der Geburt mit „Hallo Mama" und „Grüß dich, Papa"?

Das Rätsel des Spracherwerbs: Auch heute ist es noch nicht vollständig gelöst. Eines aber scheint inzwischen klar zu sein: Schon jedes ganz normale Baby und Kleinkind weiß in jungen Jahren weit mehr über Sprache, als man lange Zeit für möglich gehalten hat.

DER AMERIKANISCHE Psychologe Burrhus Frederic Skinner glaubte in den 1950er Jahren, dass pure Nachahmung der Weg zur Sprache sei. Kinder würden einfach nachsprechen, was sie von den Eltern und anderen Bezugspersonen aufschnappten – sofern sie für ihre Leistung gelobt würden.

Der Verhaltensforscher hatte durch Tierexperimente demonstriert, dass ein bestimmtes Verhalten häufiger auftritt, wenn darauf ein positiv verstärkendes Ereignis folgt. Diese Erkenntnis übertrug er 1957 in seinem Buch „Verbal Behavior" auf den menschlichen Spracherwerb: einen Ball zeigen; „Ball" sagen; das Kind loben und bestärken, wenn es ebenfalls „Ball" sagt; fertig. An Kindern hatte Skinner seine These nicht überprüft. Dennoch leuchtete seine Ansicht vielen Wissenschaftlern ein und verbreitete sich rasch.

Erst nachdem der amerikanische Linguist Noam Chomsky das Buch in einer Rezension verrissen hatte, setzte ein Umdenken ein. Der Sprachwissenschaftler bestritt, dass Kinder allein durch Imitation Sprechen lernen könnten. Das sei schon deswegen nicht möglich, weil ein Satz sich kaum je genau wiederhole. Zudem seien die Regeln der Sprache so kompliziert, dass diese Prinzipien dem Menschen angeboren sein müssten – als eine Art universale Grammatik, die für alle Sprachen der Welt funktioniere.

Intuitiv wissen die meisten Eltern, wie sie ihre Kleinen beim Spracherwerb unterstützen – etwa durch richtiges Wiederholen

Auch diese Idee war am Schreibtisch ersonnen. Dennoch waren Chomskys Überlegungen der Anstoß für eine hitzige Debatte: Ist dem Menschen Sprache doch schon in die Wiege gelegt? Oder hören wir uns den Gebrauch eines Kasus oder Konjunktivs stets von denen ab, die uns nahe sind?

Eine übergreifende und allgemein akzeptierte Theorie fehlt noch immer, aber inzwischen sind sich die Forscher zumindest darin einig, dass jedes gesunde Neugeborene die körperlichen und geistigen Anlagen besitzt, das Sprechen zu erlernen, und dass dabei auch die Umwelt eine wichtige Rolle spielt. Allmählich erkennen die Experten, was Mütter und Väter längst ahnen: Kinder sind mit Fähigkeiten ausgestattet, von denen Erwachsene nur träumen können.

EIN GELBER KLINKERBAU im Berliner Ortsteil Lichtenberg: In Haus E der Lindenhof-Klinik sind Wissenschaftler des Max-Planck-Instituts für Kognitions- und Neurowissenschaften den Sprachlernmechanismen auf der Spur.

Bei der Suche soll ihnen an diesem Tag Suvi helfen, ein Mädchen von gerade einmal sechs Monaten. „Wir wollen herausfinden, ob und wie schnell Babys grammatikalische Strukturen erlernen", erklärt die Laborleiterin Manuela Friedrich. „Dafür spielen wir der Kleinen zunächst nur korrekte und dann sowohl richtige als auch fehlerhafte Sätze vor."

Ein Rechner zeichnet Suvis Hirnströme auf. Aus Experimenten mit Erwachsenen wissen die Forscher, dass das Gehirn in charakteristischer Weise innerhalb von Millisekunden auf eine falsche grammatikalische Endung reagiert: Die Hirnantwort sei ein Zeichen dafür, dass es die korrekte Form zuvor gelernt hat – und nun versucht, einen Sinn in dem Gesagten zu finden.

Bei Erwachsenen verwundert dies nicht. Aber bei einem sechs Monate alten Kind? Mit Hirnstrommessungen und anderen Methoden haben die Wissenschaftler in den vergangenen 20 Jahren jedoch entdeckt, dass schon die Kleinsten viel mehr mitbekommen, als es den Anschein hat. Ihr Gehirn versteht den Sinn der Laute zwar noch nicht, aber es analysiert sie auf wiederkehrende Strukturen. „Für kleine Babys sind Wörter Abfolgen von Lau-

Big Brother fürs Baby: Kameras in den Zimmerdecken des Privathauses von Professor Deb Roy vom Massachusetts Institute of Technology verfolgen jeden Ton und jede Regung von Roy junior. Mithilfe der gesammelten Sprachdaten will der Forscher künftig Robotern das Sprechen beibringen

Zehn Monate lang können Neugeborene alle Sprachlaute der Welt unterscheiden – dann nur noch die der Umgebung

DIE STUFEN DES SPRACHERWERBS

Kinder lernen das Sprechen unterschiedlich schnell. Im Durchschnitt mit **zwei Monaten** lassen Babys ein „örre" oder „kraa" ertönen; die Laute in dieser ersten Lallphase entstehen durch zufällige Muskelbewegungen in Mund, Hals und Kehlkopf. Ab dem **sechsten Monat** beginnt die zweite Lallphase mit Silbenketten („dadada, gaga, jaja"). Diese Monologe ähneln in Rhythmus und Tonfall bereits der Muttersprache. Im Alter von etwa **neun Monaten** kann das Baby die Mundbewegungen bewusst steuern, sodass es eine einzige Doppelsilbe formt, zum Beispiel „Mama". Loben die Eltern das Kind dafür, begreift es allmählich, sinnvolle Wörter von sinnlosen Lautketten zu unterscheiden. Ab etwa dem **zwölften Monat** folgen die ersten sogenannten Protowörter (z. B. „wauwau"). Zu Beginn werden sie nur kontextbezogen verwendet – nur ein ganz bestimmter Ball ist „Balla" –, in einer späteren Phase kann jeder Mann „Papa" sein. Ab **anderthalb Jahren** kommt es zu einer regelrechten Wortschatzexplosion. Bald darauf bildet das Kind die ersten Zwei-Wort-Sätze, zeitgleich beginnt das erste Fragealter („Tür auf?"). Die Kinder werden geschickter darin, Verben zu beugen und Plural zu bilden, die Sätze werden länger. Mit etwa **drei Jahren** setzt das zweite Fragealter („warum?", „wie?") ein. Mit etwa **vier Jahren** beherrschen die meisten Kinder die grammatikalischen Grundlagen, parallel wächst der Wortschatz stetig. Das Gehirn speichert Begriffe nebst zusätzlichen Aspekten in einem mentalen Lexikon, etwa „Frosch = Tier, quakt, eklig". Mit **sechs Jahren** kann das Kind reimen und Wörter in Silben zerlegen – wichtige Fähigkeiten für das Erlernen von Lesen und Schreiben. Die wesentlichen Grundsteine sind damit gelegt.

ten, in denen immer wieder ähnliche Muster vorkommen", sagt die Oldenburger Spracherwerbsforscherin und Entwicklungspsychologin Gisela Szagun. Die Mustererkennung ist höchst effektiv. Wie lange würde es dauern, sich jede Mehrzahlform einzeln einzuprägen! Viel weniger aufwendig ist es für das Gehirn, Muster abzuspeichern und Ausnahmen über Fehler zu lernen.

Ein Beispiel: Fragt man einen Zweijährigen nach der Mehrzahl von Eimer, ist die Antwort „Eimas" nicht unwahrscheinlich. Erwachsene sprechen ein geschriebenes „-er" meist wie ein „a", also „Eima". An Wörter, die auf „a" enden, hängen wir im Plural in der Regel ein „s": Sofa – „Sofas". Also, folgert das kindliche Gehirn unterbewusst, lautet die Mehrzahl von Eimer „Eimas".

Gebärdensprache, heißt es, kann die Entwicklung der Lautsprache beschleunigen. Klare Beweise dafür stehen aber noch aus

Erwachsene besitzen ähnliche Mechanismen, dennoch lernen Kinder schneller und besser. Szagun: „Ihr Gehirn scheint bis etwa zum siebten Lebensjahr für sprachliche Informationen besonders aufnahmefähig zu sein."

Schon im Mutterleib gehen die Ohren des Fötus auf Empfang. Ab etwa dem fünften Schwangerschaftsmonat kann er durch die Gebärmutterwand zumindest die Sprachmelodie wahrnehmen.

Französische Forscher maßen mit Sensorschnullern die Saugrate von nur vier Tage alten Babys. Dann las ihnen eine Frauenstimme abwechselnd auf Französisch und Russisch vor, und siehe da: Hörten die Neugeborenen ihre Muttersprache, saugten sie mit größerer Verve. Sie hatten das Französische an seiner Melodie erkannt.

Neugeborene halten die mehr als 100 Sprachlaute der Welt zunächst mühelos auseinander. Aber mit etwa zehn Monaten, wenn Babys die ersten Silbenketten brabbeln, schwindet diese Fähigkeit. Das Kind hat sich auf das Lautsystem seiner Umgebung spezialisiert. Als Erwachsene sind wir so an die Laute und Melodiekonturen der eigenen Sprache gewöhnt, dass uns solche aus fremden Kulturkreisen Rätsel aufgeben. Darum etwa verzweifeln Chinesisch Lernende an den vier Tonmelodien des Mandarin.

DIE UMWELT SPIELT beim Spracherwerb eine wichtige Rolle – aber auf andere Art, als Skinner sich das vor 50 Jahren gedacht hat. Nicht nur Imitation führt zur Sprache, vielmehr tun es auch Interaktion und geistiger Austausch. Wenn sie unterbleiben, verkümmert der Spracherwerb. Deshalb kann auch eine Kindersendung wie „Teletubbies" die sprachliche Entwicklung nicht fördern. Das hat eine vor kurzem veröffentlichte Studie der US-amerikanischen Kommunikationswissenschaftlerin Marina Krcmar gezeigt. Der Monolog des Fernsehapparats verdammt das Kind zur Passivität (siehe auch GEO 9/2007).

Wenn fehlende Anregungen den Spracherwerb verlangsamen: Müsste es dann umgekehrt nicht Wege geben, ihn zu beschleunigen? Mitte der 1980er Jahre behaupteten die amerikanischen Psychologinnen Linda Acredolo und

Die Artikulation erfordert das Zusammenspiel vieler verschiedener Muskeln. Der Mühe, sie zu trainieren, unterziehen sich Kinder vor allem dann gern, wenn sie merken, dass ihnen jemand zuhört und zuschaut

Fast jedes Kind erreicht die Meilensteine der Sprachentwicklung – im eigenen Tempo. Eine Therapie ist selten nötig

Susan Goodwyn, dass Gebärdenkommunikation den Spracherwerb voranbringe. Inzwischen gilt der Besuch einer „Baby Sign Class" für engagierte Eltern in den USA fast schon als Pflichtveranstaltung. Neuerdings gibt es die Kurse auch in Deutschland.

IN EINEM GYMNASTIKRAUM in Hamburg-Eppendorf hat gerade die erste Stunde des Anfängerseminars von „Baby Signal" begonnen. Die Kursleiterin Wiebke Gericke, eine ausgebildete Gebärdendolmetscherin, stellt eine Lampe in den Kreis. „Wir machen jetzt die Gebärden für ‚an' und ‚aus'. Das Licht geht AN", Gericke öffnet eine Hand, „das Licht geht AUS." Konzentriert üben die Mütter das Öffnen und Schließen ihrer Hände.

Schade nur, dass die Kinder nicht zuschauen wollen: Lisa zerrt an einer Gardine. Annika beobachtet sie dabei und macht „Uuuuiiiii". Leo sitzt in einer Ecke und jammert. „Was hast du bloß? Hunger? Durst? Langeweile? Sag es doch!" Seufzend beugt sich die Mutter über ihren elfmonatigen Spross. „Die Gebärden sind ja nicht schwer. Aber ob wir das im Alltag durchhalten?", fragt Lisas Mutter, als sich die Frauen am Ausgang die Schuhe anziehen.

Wissenschaftler zweifeln am Nutzen von Babyzeichensprache. „Bei den meisten gesunden Kindern verläuft der Spracherwerb so rasant, dass es nicht unbedingt sinnvoll ist, vorher noch mit Zeichen anzufangen", sagt Etta Wilken, Professorin für Sonderpädagogik an der Universität Hannover. Für Behinderte könnten Gebärden dagegen eine Brücke sein: „Vor allem bei Kindern mit Down-Syndrom sind die Erfahrungen sehr gut. Sie beginnen in der Regel erst zwischen zwei und fünf Jahren zu sprechen. Mit Zeichensprache können sie sich deutlich früher mitteilen."

Wilken glaubt, dass sich vor allem gebildete und engagierte Eltern für die neuen Kurse interessieren. „Dabei müssen sich gerade diese eigentlich keine Sorgen um die sprachliche Entwicklung ihres Kindes machen."

Doch ständig kommen neue Sprachratgeber auf den Buchmarkt, logopädische Praxen offerieren Programme für Anderthalbjährige „mit Sprachproblemen", und manche Kinderärzte heizen die Ängste noch an, indem sie bei der Untersuchung von gerade Einjährigen allen Ernstes fragen: „Und – wie viele Wörter spricht es schon?" Dabei sind in dem Alter die wenigsten Kinder in der Lage, mehr als „Mama" zu sagen.

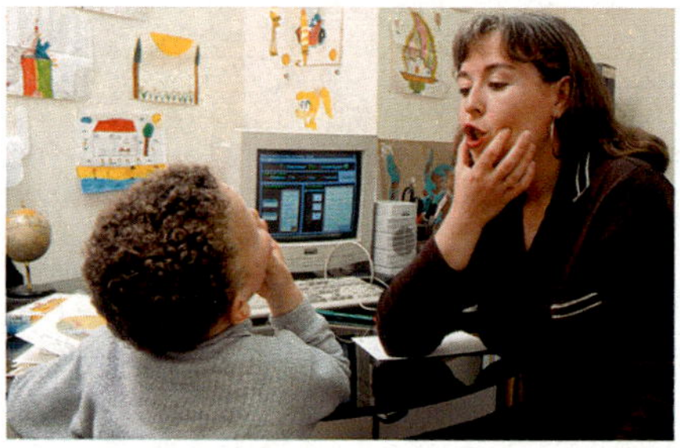

Zur Behandlung von Sprechstörungen genügen oft einfache Übungen. Gravierender sind Sprachverständnisprobleme

Immer wieder geistern Meldungen durch die Medien, dass 30 Prozent oder mehr der Erstklässler in ihrer Sprachentwicklung gestört seien. Lilian Fried, Professorin für frühkindliche Pädagogik an der Universität Dortmund, widerspricht: „Seriöse Forschungen zeigen, dass zwar um die 20 Prozent der Kinder mit deutscher Muttersprache Sprachentwicklungsprobleme haben. Aber nur etwa fünf bis zehn Prozent bedürfen einer Therapie." Die Zahl entspreche dem internationalen Niveau und sei seit Jahren konstant.

Zudem erreicht jedes Kind die Meilensteine der Sprachentwicklung (siehe Kasten Seite 40) in seinem eigenen Tempo. „Ein Kind kann mit 24 Monaten so weit sein wie ein anderthalbjähriges oder ein zweieinhalbjähriges", sagt Gisela Szagun. Die Entwicklungspsychologin hat einen Fragebogen (FRAKIS) entwickelt und damit den Stand der Sprachentwicklung von 1300 Kindern im Alter von 18 bis 30 Monaten ermittelt. Aus einer Liste von 600 Wörtern kreuzten die Eltern diejenigen an, die ihr Kind bereits beherrschte. Der neue Fragebogen ist damit deutlich aussagekräftiger als jener, den viele Kinderärzte verwenden und dessen Liste nur 260 Wörter umfasst. 50 davon, heißt es, solle ein zweijähriges Kind mindestens sprechen, sonst drohe eine Sprachentwicklungsstörung.

SZAGUN WEHRT SICH gegen solche voreiligen Etikettierungen. Ihre eigene Studie zeigt, dass rund zehn Prozent der Zweijährigen höchstens 48 der 600 Wörter sprechen, weitere zehn Prozent mehr als 450. Die restlichen 80 Prozent liegen irgendwo dazwischen.

Eltern von mundfaulen Zweijährigen rät die Entwicklungspsychologin, „alle Sorgen zu vergessen. Die Kleinen können den Rückstand problemlos aufholen". Ein Besuch beim Logopäden sei erst geboten, wenn der Nachwuchs mit drei Jahren noch immer keine Lust habe zu sprechen.

Aufmerksam sein, sich aber nicht verrückt machen, empfiehlt auch die Pädagogin Lilian Fried den Eltern. „Man sollte darauf achten, was dem Kind Spaß macht und wie man es unterstützen kann, aber keine Rezepte abarbeiten – sonst geht die Freude am Sprechen verloren."

Manches machen Mütter und Väter intuitiv richtig: So korrigieren sie ihr Kind fast nie direkt, sondern wiederholen seinen Satz in korrekter Form und

Der Kontakt mit Gleichaltrigen – etwa im Kindergarten – ist wichtig für den Spracherwerb. Dass der Nachwuchs dabei auch Kraftausdrücke lernt, sollten Eltern gelassen hinnehmen; diese Worte stärken das kindliche Selbstbewusstsein

Wenn Kinder schlechtes Deutsch reden, ist das keine Sprachstörung, sondern vor allem ein soziales Problem

SPRICHT MEIN KIND NOCH NORMAL?

Bei 17 bis 20 Prozent der deutschen Drei- bis Fünfjährigen ist die Sprachentwicklung verlangsamt. Vielfach genügen einfache Fördermaßnahmen. Bei weniger als der Hälfte der Betroffenen, die aus allen gesellschaftlichen Schichten kommen, liegt eine **Spezifische Sprachentwicklungsstörung** vor. Diese Kinder haben erhebliche Probleme mit Wortschatz, Grammatik, Aussprache oder dem Verstehen. Die Ursachen sind unklar, denn es bestehen in diesen Fällen keine Anzeichen für Hirn- oder Hörschäden, und nur sehr selten für emotionale Störungen. Auf die Behandlung sprachlicher Probleme sind Logopäden und Sprachtherapeuten spezialisiert. Vergleichsweise leicht zu beheben sind **reine Sprechstörungen**. Hierbei funktioniert die Bildung von Lauten nicht richtig. Hat ein Kind Schwierigkeiten, einen Laut auszusprechen (Dyslalie), haben Logopäden einige Tricks parat: Wem zum Beispiel das „k" schwerfällt, der sollte bei der Artikulation einen Ball kräftig von sich wegstoßen. Hinzu kommen Übungen der Mundmotorik: Smarties mit einem Strohhalm ansaugen oder Nutella von der Oberlippe lecken. Auch **Stottern** ist eine Sprechstörung, dessen Ursache oft psychologisch ist. Im Alter zwischen drei und fünf tritt Stottern im Rahmen der normalen Sprachentwicklung häufig auf; Eltern sollten dann keinen Druck ausüben. Hilfreich ist das Spielen mit Handpuppen – die Kinder schlüpfen in andere Rollen und stottern weniger oder gar nicht mehr. Eine verbreitete Folge einer Sprachentwicklungsstörung ist die **Legasthenie**. Diese Lese- und Rechtschreibschwäche ist meist genetisch bedingt, wird jedoch durch fehlendes Training und zu viel Fernsehen verschärft. Eine Therapie ist dringend geboten, wenn Dreijährige nur wenige Worte beherrschen (Näheres auf www.dgs-ev.de).

ergänzen ihn. Dialoge wie dieser sind typisch: Das Kind – „Nane". Vater/ Mutter – „Ja genau, das ist eine Banane. Möchtest du ein Stück davon?" Geschichten erzählen, um die Wette reimen, Zungenbrecher einüben, einem Märchen lauschen und über die altertümlichen Ausdrücke staunen oder gemeinsam etwas unternehmen und darüber reden – all das fördert den Prozess des Spracherwerbs. Am wichtigsten aber, sagt Fried, seien regelmäßige Gespräche und sensibles Zuhören. Längst nicht in jeder Familie gehört dies zum Alltag.

Im Gesundheitsamt von Berlin-Tiergarten: Die kleine Jelena ist mit ihren Eltern zur Einschulungsuntersuchung gekommen. Der Schularzt gibt Fantasiewörter vor: „Zippelzack, Fangofänger, Kimikiri." Die Fünfjährige spricht sie nach – mit einem Lächeln auf den Lippen und fehlerlos. Anschließend soll sie Buchstaben ergänzen: „Scho-olade, Sonnenschei-, Finger-agel." Kein Problem für Jelena. „Na, du bist ja eine Perle. Ab in die Schule!", verabschiedet sie der Arzt.

Morgendlicher Gesprächskreis ohne Wortführer. In der Runde kann jeder sprechen, wie ihm der Schnabel gewachsen ist

„So etwas erleben wir hier nicht oft", sagt er später und sinkt mit einem Seufzer in den Stuhl. „Viele Kinder im Viertel haben erhebliche Schwierigkeiten mit dem Sprechen. Wörter wie Sonnenschein kennen die gar nicht. Bei denen heißt es zu Hause nur: Heute ist Sonne da."

„Diese Kinder sind nicht sprachentwicklungsgestört, sie sprechen einfach schlechtes Deutsch, jedenfalls aus Sicht der Hochsprache", stellt Gisela Szagun klar. Vor allem Kinder mit Migrationshintergrund und aus sozial schwachen Familien sind darunter.

Die Bundesländer reagieren mit Förderprogrammen für Vorschulkinder. Doch ob Crash-Kurse die Defizite wettmachen können, ist wissenschaftlich längst nicht erwiesen.

MITTEN IM WEDDING, einer der grauesten Ecken von Berlin. Die Rektorin Karin Babbe führt energischen Schritts durch die Flure der Erika-Mann-Grundschule. „Das ist unser Lesewald", ruft sie und deutet an einem rotgelbgrün gesprenkelten Pappmaché-Vogel vorbei aus einem Fenster. In einem ehemaligen Lichtschacht steht ein Holzpodest, umgeben von Kletterhortensien, Dickmännchen und anderem Schattengewächs. Manchmal sitze dort einer der ehrenamtlichen Vorleser mit „seinen" Kindern, erzählt Karin Babbe. 25 von ihnen gebe es – Studentinnen, Freiberufler, Rentner. Sie alle eint der Wunsch zu helfen.

Und Hilfe tut not, wie Babbes Aufzählung zeigt: „52 Prozent Arbeitslose, 72 Prozent Ungelernte, 79 Prozent unterhalb der Armutsgrenze – das ist unser Kiez." Rund 80 Prozent ihrer Schulanfänger haben Probleme mit der deutschen Sprache, wobei die Herkunft unerheblich sei: „Bei uns sind Türken, die brillant Deutsch sprechen, und Muttersprachler mit starken Defiziten. Diese Kinder reden in unvollständigen Sätzen und haben einen sehr kleinen Wortschatz." Und sie könnten weder altersangemessen balancieren noch rückwärts laufen: Zeichen für ein El-

Das freie Reden vor Publikum ist nicht jedermanns Sache. Aber wer es schon in jungen Jahren lernt, gewinnt dadurch enorm an Selbstvertrauen. Der griechische Redner Demosthenes soll mit Kieselsteinen im Mund das stotterfreie Deklamieren gelernt haben

ternhaus, in dem zu wenig Wert auf Bewegung und Gespräche gelegt wird, der Fernsehkonsum aber hoch ist.

Das Gegenrezept der Rektorin: „Ein Unterricht, den die Kinder so wichtig finden, dass sie darüber reden wollen." Zentraler Bestandteil des Sprachlernkonzepts ist der Theaterunterricht, zwei Stunden hat jede Klasse pro Woche. In einem Raum proben Schüler gerade eine Szene: Ein Junge kauert auf einem Stuhl, richtet sich langsam auf. „Er stellt eine Baumkrone dar", flüstert die Theaterlehrerin.

Bei ihr lernen die Schüler Begriffe, die sie nie zuvor gehört haben: ausschlagen, sprießen, welken. Sie entdecken die sprachliche Nuance, die zwischen blühen und erblühen liegt, und festigen ihr Gefühl für Präpositionen: vor, neben und hinter sind auf einer Theaterbühne wichtige Begriffe. Sprache wird so am eigenen Leib erfahren.

Das Konzept geht auf: Im vierten Schuljahr liegt das Sprachniveau der Schüler der Erika-Mann-Schule bereits 20 Prozent über dem Berliner Durchschnitt. Am Ende der sechsjährigen Grundschulzeit erhalten 65 bis 80 Prozent eine Empfehlung für die Realschule oder das Gymnasium.

ZUKUNFTSVISION in einem Eigenheim. Deb Roy, Professor am MIT in Cambridge, Massachusetts, setzt auf geballte Technik. Und auf die totale Überwachung seines zweijährigen Sohnes: Ganz gleich, ob Roy junior Bauklötze stapelt, mit seiner Mama ein Buch anschaut oder trotzig herumspringt – in den Zimmerdecken installierte Kameras halten alles fest, rund um die Uhr. Mikrofone zeichnen jeden Ton auf, den der Knirps von sich gibt.

Was nach einer neuen, schrägen Fernsehshow klingt, ist ein wissenschaftliches Projekt zum Thema Spracherwerb. Aus den Aufnahmen – rund 400 000 Stunden in drei Jahren – soll eine riesige Datenbank entstehen. Mit welchem Ziel? Deb Roy will künftig Roboter die Sprachentwicklung seines Sohnes nachvollziehen lassen.

Allerdings besitzen Menschenkinder Fähigkeiten, die nicht den Regeln einer Maschine entsprechen. Das Verlangen nach Zuwendung, so lässt es die moderne Sprachforschung vermuten, ist nicht nur eine psychologische Beigabe, sondern hilft dem Kind, seine Welt zu strukturieren und Sinnvolles von Sinnlosem zu trennen. Diese Erfahrung ist von Mensch zu Mensch unterschiedlich und kann auch nicht wie bei einem Computer auf eine Festplatte gebannt und kopiert werden.

Das war auch vor fast 300 Jahren bei Christian Heineken nicht anders. Er war hochbegabt beim Erinnern der Worte und lernte einzigartig schnell – doch wie jedes Kind brauchte er Menschen um sich, die ihn liebten und ihm zeigten, was wichtig ist. Ein Roboter, der sprechen lernt wie ein Mensch: Das wäre tatsächlich ein Wunder. □

Fenja Mens, 33, hatte bei ihrer Recherche „professionelle" Begleitung: ihre 13 Monate alte Tochter Mirai. Die staunte in Hamburg über Gebärden und stellte im Babylabor des Max-Planck-Instituts in Berlin das Spielzimmer auf den Kopf.

Integrationskurs an der Hamburger Sprachschule »Independencia«: 630 Unterrichtsstunden muss jeder Einwanderer absolvieren

SPRACHLABOR DEUTSCHLAND

Globalisierung, Einwanderung, europäische Integration – Fremdsprachenkenntnisse sind zunehmend wichtig. Assistiert von Forschern, wird in Kindergärten und Schulen mit neuen Lernformen experimentiert

VON OLAF TARMAS (TEXT) UND RONALD FROMMANN (FOTOS)

„Okay, kids! It's time for our Rock-around-the-Clock-Song!", ruft die Lehrerin Christine Schulze und drückt die Starttaste des Kassettenrekorders. Brav singen die Drittklässler alle sechs Strophen des Bill-Haley-Klassikers mit; und die Muntersten lassen sich morgens um acht die Gelegenheit zu einem kleinen Luftgitarren-Solo nicht entgehen.

„Uhrzeiten" sind das Unterrichtsthema in dieser Woche an der Hamburger Grundschule am Max-Eichholz-Ring – und wie der gesamte Sachunterricht findet auch diese Lektion fast ausschließlich auf Englisch statt.

Ob Englisch ab der ersten Klasse oder bilinguale Kindergärten – Deutschlands Eltern und Schulen entdecken die Mehrsprachigkeit. In Modellprojekten und an Privatschulen wird derzeit erprobt, was schon bald flächendeckend angeboten werden könnte. Bereits 2002 hat der Europäische Rat gefordert, dass sich künftig jeder Europäer in mindestens zwei Fremdsprachen unterhalten können soll. 2009 sollen europaweite Schultests zeigen, wie weit die Mitgliedsländer bei der Umsetzung vorangeschritten sind.

Herrschte noch bis vor einigen Jahren die Sorge, dass das allzu frühe Erlernen einer zweiten Sprache die Kinder überfordere, gilt mittlerweile: je früher, desto besser.

Am Universitätsklinikum Hamburg-Eppendorf untersucht der Neurowissenschaftler Frédéric Isel vom Sonderforschungsbereich Mehrsprachigkeit mithilfe aufwendiger Testreihen im Magnetresonanztomographen, wie das Gehirn in unterschiedlichen Altersstufen den Spracherwerb verarbeitet. „Je früher man zwei Sprachen lernt, desto stärker überlappen die Neuronenverbände, in denen sie abgespeichert werden", fasst der Forscher seine Ergebnisse zusammen.

FÜR FRÜHLERNER seien dadurch auch der Zugriff auf die Sprachen und der Wechsel zwischen ihnen einfacher als für jene, die Sprachen im höheren Alter erwerben. Neurolinguisten wie Isel sprechen von einer „kritischen Phase", die spätestens im Alter von zehn Jahren ausläuft.

Nur wer in dieser Zeit mit einer zweiten Sprache beginnt, hat die Chance, sie sich in nahezu muttersprachlicher Qualität anzueignen. Zwar kann man Grammatik beziehungsweise Syntax auch später noch gut lernen – doch mit dem, was authentische Sprachbeherrschung ausmacht, vor allem Aussprache und Satzmelodie, tut der Mensch sich mit jedem Lebensjahr schwerer.

Das hat neben hirnphysiologischen Ursachen auch tief verwurzelte psychologische Gründe: Spätestens mit Beginn der Pubertät verstärkt sich der Einfluss von Faktoren wie Scham oder Angst vor Fehlern. Der spielerische Umgang mit Sprache, die Lust am Nachahmen, das unbefangene Ausprobieren fremder Laute – all das geht verloren.

Neben der größeren Sprachkompetenz ziehen Kinder aus einer frühen Mehrsprachigkeit auch intellektuell Gewinn: Frühzeitig reflektieren sie über sprachliche Bedeutungen und kulturelle Unterschiede, haben weniger Schwierigkeiten beim Erlernen weiterer Sprachen und tun sich ganz allgemein leichter mit dem Umschalten von einer Tätigkeit zur anderen – mit dem, was in der modernen Arbeitswelt „Multitasking" genannt wird.

Selbst im hohen Alter profitiert das Gehirn noch von häufigem Sprachwechsel: Die kanadische Psychologin Ellen Bialystok hat herausgefunden, dass Altersdemenz bei aktiven Zweisprachlern um vier Jahre hinausgezögert wird.

Angesichts all dieser Vorteile drängt sich die Frage auf, wieso nicht schon längst alle Schulkinder mehrsprachig aufwachsen.

Die Antwort ist naheliegend: Man kann ein Kinderhirn nicht mit einer neuen Sprache „abfüllen". Kinder erwerben diese zwar leichter, aber nach anderen Gesetzmäßigkeiten als Erwachsene: Sie lernen keine Grammatikregeln und pauken keine Vokabeln, sondern erschließen sich eine Sprache intuitiv, durch Zuhören und Nachahmung. Das funktioniert jedoch nur, wenn Kinder der Sprache regelmäßig und intensiv ausgesetzt sind.

Am besten gelingt dies in einer zweisprachigen Familie, in der sich ein Elternteil konsequent in seiner Muttersprache an das Kind wendet. In Grundschulen und Kindergärten hingegen hat man sich lange Zeit schwergetan, entsprechende Lernformen zu finden. Eine Stunde am Tag englische Lieder zu singen oder ein bisschen Alltagskommunikation zu vermitteln, genügt nicht, Kinder dazu zu bringen, eine Sprache auch zu gebrauchen.

DAS ZAUBERWORT lautet „Immersion" (Eintauchen). Dazu gehört nicht nur, dass große Teile eines Unterrichtsfaches auf Englisch abgehalten werden, sondern auch, dass die Kinder in kleinen, an alltägliche Erfahrungen angelehnten Lektionen immer wieder Sprechanlässe finden. Die Methode ist noch neu; sie erfordert gut ausgebildete Lehrer, neuartiges Lehrmaterial und viel Zeit – an Deutschlands Grundschulen und Kitas allesamt knappe Ressourcen.

Experten wie Gila Hoppenstedt vom „German Institute for Immersive Learning" sind dennoch überzeugt, dass sich die Methode spätestens mit einer neuen Lehrergeneration durchsetzen wird. „Es gibt eine Trendwende in der Ausbildung", erklärt sie. Die Modellprojekte in Hamburg und Kiel hätten inzwischen auch Bedenken ausgeräumt, vor lauter Fremdsprachigkeit könne am Ende das Deutsche leiden.

Kinder ziehen aus einer frühen Mehrsprachigkeit intellektuellen Gewinn – sie sind besser im »Multitasking«

Auch in dem Bereich, in dem Mehrsprachigkeit nicht als Vorteil, sondern als Problem angesehen wird, könnte das Immersions-Prinzip eine wichtige Rolle spielen: bei Kindern von Einwanderern, die Deutsch als Fremdsprache lernen. Fast jedes dritte Kind unter fünf Jahren kommt mittlerweile aus einer nicht-deutschsprachigen Familie. Allzu oft lernt es weder seine Herkunftssprache noch das Deutsche richtig. „Doppelte Halbsprachigkeit" – so lautet der Begriff für diese Situation: wenn Kinder auf halbem Wege zwischen zwei Sprachen stecken bleiben.

Die Gründe dafür haben so gut wie nie mit mangelnder Begabung, sondern fast immer mit sozialen Problemen und kulturellen Berührungsängsten zu tun.

Ein Schlüssel zu einer besseren Sprachentwicklung bei Migrantenkin-

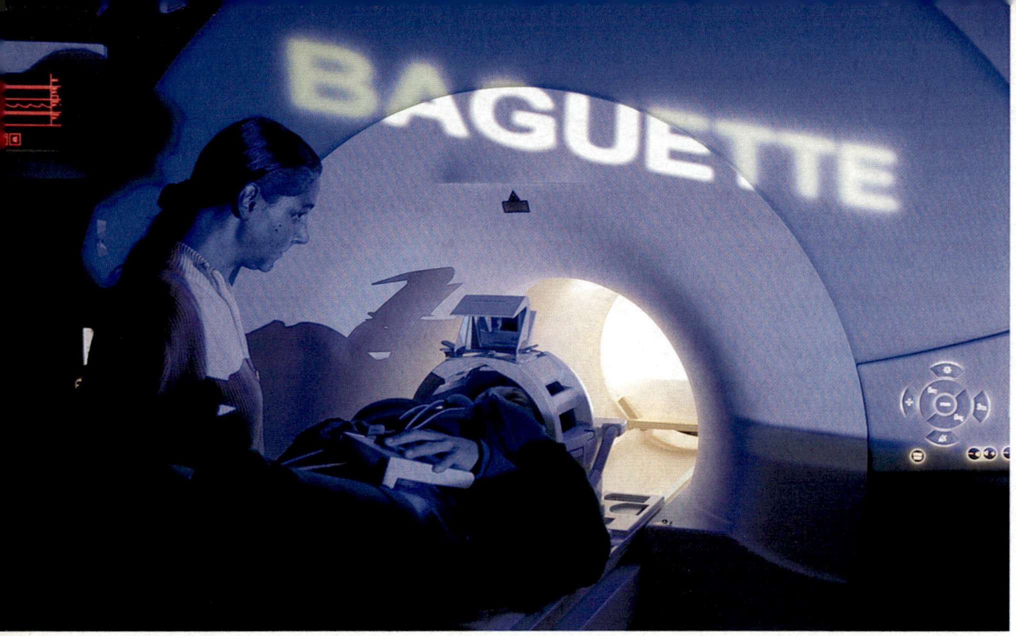

Mithilfe von projizierten Fremdwörtern untersuchen Forscher am Universitätsklinikum Hamburg-Eppendorf, wie das Gehirn verschiedene Sprachen verarbeitet

dern, so die Hamburger Pädagogik-Professorin Ingrid Gogolin, liegt in der engen Zusammenarbeit von Eltern und Bildungseinrichtungen.

In einem bundesweiten Modellprogramm zur „Förderung von Kindern und Jugendlichen mit Migrationshintergrund" sammelt die Expertin seit 2004 Erfahrungen mit Angeboten, die sich auch an jene Eltern richten, die den näheren Kontakt mit Kitas und Schulen scheuen. „Wenn sie den Eindruck haben, dass ihre Herkunftssprache nicht entwertet oder gar unterdrückt wird, nehmen skeptische und ‚bildungsferne' Familien die Förderangebote von Kitas und Schulen oft geradezu enthusiastisch an", erläutert Ingrid Gogolin die ersten Ergebnisse.

Einwanderer, die ihre Muttersprache gut beherrschen, tun sich meistens auch mit dem Deutschen leichter

Heiß begehrt sind etwa die deutsch-türkischen „Lese-Koffer". Sie sollen Eltern dazu bewegen, ihren Kindern Geschichten zu erzählen und mit ihnen zu lesen – seit jeher eine der effektivsten Methoden zur Aneignung von Sprache. Gogolin hält es auch für sinnvoll, parallel zum Deutschen die Herkunftssprache von Migrantenkindern zu stärken.

Türkischunterricht in Kita und Grundschule? Nicht wenige Politiker und Wissenschaftler halten dies für eine Verschwendung wertvoller pädagogischer Ressourcen. Doch Gogolin, Mitglied einer Arbeitsgruppe der Bundesregierung zum Thema Integration, bleibt dabei: Wenn Einwanderer auch in ihrer Erstsprache Lesen und Schreiben lernen, besteht ein größere Chance, dass die Kinder auch im Deutschen besser abschneiden.

Wie sehr Sprache nicht nur ein funktionales Kommunikationsmedium, sondern auch Träger von Identität und Selbstwertgefühl ist, zeigt sich in der türkisch-deutschen Jugendsprache.

MIT FASZINATION blicken Linguisten auf die kreativen Wortschöpfungen der Heranwachsenden. Der Augsburger Soziolinguist Volker Hinnenkamp, der sich seit Jahren mit dem Phänomen des „Gemischtsprechens" beschäftigt, plädiert dafür, Sprachmixturen für ihren „erfinderischen Reichtum" zu würdigen und nicht etwa als defizitär zu betrachten. Schon bei „normalen" Mehrsprachigen ist der Wechsel von einer Umgangssprache zur anderen in einer Unterhaltung oder sogar in einem Satz – das sogenannte Code-Switching – gang und gäbe.

Jugendliche, für die Sprache ein wichtiges Instrument der Selbstfindung und Selbstbehauptung ist, haben das Jonglieren mit Sprach-Versatzstücken zum ästhetischen Stilprinzip erhoben. Dass aus dieser Verschmelzung dauerhaft eine Ghettosprache, ein sogenannter Ethnolekt, hervorgeht, glaubt Hinnenkamp allerdings nicht. Jugendsprachen sind zu flüchtig – die meisten Neuschöpfungen verschwinden, sobald die Sprecher erwachsen werden.

Einer, der das Verschmelzungsprinzip bis auf literarische Höhen gesteigert hat, ist der Schriftsteller Feridun Zaimoglu. In seinem Band „Kanak Sprak" hat er demonstriert, wie bereichernd ein Slang sein kann.

Derzeit ist Zaimoglu im Gespräch mit dem WDR-Fernsehen: Es geht um kleine Alltagsgeschichten, in denen er die sprachlichen und kulturellen Unterschiede zwischen deutschen und türkischen Familien für Kinder ab drei Jahren aufbereiten soll.

Ausgestrahlt werden die Episoden womöglich als Teil der neuen „Sendung mit dem Elefanten". Der Ableger des Klassikers „Die Sendung mit der Maus" wendet sich etwa mit englischen Trickfilmen an deutsch- und fremdsprachige Kinder. Ausgewählte Inhalte der Elefanten-Episoden sollen als Lernmodule in Kitas verwendet werden.

So erscheint die deutsche Bildungslandschaft, dem Pisa-Schock sei Dank, derzeit als Fremdsprachen-Labor. □

Rund 50 Fälle von sogenannten Wolfskindern sind aus den vergangenen 700 Jahren dokumentiert. Ihr Verlies war der Wald, die Wildnis und manchmal auch nur ein Zimmer

EINE KINDHEIT
OHNE WORTE

13 Jahre lang musste Genie in fast totaler Isolation verbringen. Auch nach der Befreiung blieb das Mädchen Opfer; als ein Objekt wissenschaftlicher Erforschung des Spracherwerbs. Wie schon viele »Wolfskinder« zuvor

VON CHRISTIAN STAAS

Ein ruhiges, fast ebenmäßig schönes Gesicht ist auf dem Bild zu sehen. Die Augen blicken mit unverhohlener Neugier an der Kamera vorbei. Eine Haarsträhne hat sich hinterm Ohr gelöst; um die Mundwinkel der Anflug eines Lächelns. Nichts deutet auf die Qualen hin, die Genie, wie sie später genannt wird, durchlitten hat.

„Mädchen, 13, eingesperrt seit frühester Kindheit. Anklage erhoben, Eltern verhaftet". Mit dieser Überschrift und dem Bild des Kindes zog am 17. November 1970 die „Los Angeles Times" die Leser in ihren Bann.

Viele Jahre hatte Genie in fast totaler Isolation verbracht, tagsüber mit einem Geschirr an einen Toilettenstuhl gefesselt, nachts in einem Schlafsack verschnürt wie in einer Zwangsjacke. Ihr Vater, so ein Gutachter, hatte versucht, seine Tochter von der angeblich „bösen Außenwelt" abzuschirmen. Ein Leben ohne menschliche Wärme und Ansprache, ein Dahinvegetieren in einem abgedunkelten Zimmer – bis die nahezu blinde Mutter dem Horror ein Ende bereitete und mit ihrer Tochter dem wahnsinnigen Vater entfloh.

Als Genie damals im Schlepptau ihrer verzweifelten Mutter in ein Empfangsbüro der sozialen Dienste im Bezirk Los Angeles stolpert, kann sie kaum aufrecht gehen. Ihr Gang ist so schwerfällig, als wate sie durch Wasser, ihr Körper krümmt sich, die angewinkelten Arme hält sie nach vorn, als schiebe sie einen Kinderwagen.

Eine kleine, verhutzelte Gestalt, extrem unterernährt, 1,37 Meter groß, 27 Kilogramm leicht, unablässig speichelnd und spuckend.

Und das Kind ist nahezu unfähig zu sprechen – ein Unvermögen, das Genies weiteres Schicksal besiegelt. Sie wird zum Objekt der Forschung, zum „wohl meistgetesteten Kind in der Geschichte", wie es der Psychologe David Rigler formuliert, der das „Genie-Projekt" über Jahre hinweg leitet.

Neben Psychologen und Ärzten nehmen an diesem Vorhaben Neurowissenschaftler sowie – mit der größten Ausdauer – eine junge Linguistin teil: Susan Cur-

Von Hundejungen und Wolfsmädchen

Um 1344 wurde in Hessen ein etwa zwölfjähriger Junge aufgefunden, den Wölfe entführt haben sollten. Er war unfähig zu sprechen und aufrecht zu gehen. Um ihm das Gehen beizubringen, schnallte man ihm gewaltsam Schienen an die Beine. Aus dem Wald kam auch das indische Wolfskind Dina Sanichar (1867); ein Junge, der bald der Haschisch- und Nikotinsucht verfiel. 1920 erregten, ebenfalls in Indien, Amala und Kamala Aufsehen: Sie wurden in einem Wolfsbau gefunden, verhielten sich wie Tiere und hatten eine Vorliebe für rohes Fleisch. Berühmtheit in Deutschland erlangte der „Hundejunge von Mettmann" (1988); das verwahrloste Kind hatte Verhaltenszüge der Schäferhündin seiner Eltern angenommen. Ein gut dokumentierter Fall ist John, der Affenjunge aus Uganda (1991); er lebte mehrere Monate bei grünen Meerkatzen. Der Junge Traian überstand drei Jahre in der Wildnis Transsylvaniens (2002) – angeblich halfen ihm Hunde. Manche der „wilden Kinder" lernten später recht gut zu reden – etwa Memmie LeBlanc (1731) und Kaspar Hauser (1828). In dem mit etwa 16 Jahren in Nürnberg aufgetauchten Findelkind war noch eine frühe Erinnerung an Sprache wach.

Von Legenden umrankt: Kaspar Hauser soll angeblich der Erbprinz von Baden gewesen sein. Missgünstige am Hof – hieß es – hätten ihn jahrelang in einem Verlies gehalten

tiss. Aus dem extremen Ausnahmefall hoffen die Wissenschaftler, allgemeine Erkenntnisse über die Mechanismen des Spracherwerbs zu gewinnen. Wird sich Genie auch noch mit etlichen Jahren Verspätung Wörter und Grammatik aneignen können?

Genies Geschichte ist fortan nicht nur die eines Mädchens, dem in jahrelanger Haft die Welt versagt blieb. Es ist auch die Geschichte von Forschern, die dieses Mädchen unablässig auf die Bühne der akademischen Öffentlichkeit zerren.

Von Beginn an hing dem Unternehmen dabei der Ruch eines Experiments wider die Menschlichkeit an. Damit stand das Genie-Projekt im Schatten einer langen Kette mitunter rücksichtsloser Forschungen.

Ihren Anfang nahmen sie mit einem Experiment des ägyptischen Pharaos Psammetich I. aus dem siebten Jahrhundert vor Christus. Laut dem griechischen Geschichtsschreiber Herodot wollte Psammetich das Geheimnis der Sprache lüften und herausfinden, welche der Sprachen, die zu seiner Zeit gesprochen wurden, die Ursprache war.

Der Pharao ließ dazu zwei Neugeborene in eine abgelegene Hütte bringen. Ein Hirte bewachte die Kinder, und ihm war strengstens untersagt, auch nur ein einziges Wort zu sprechen.

Nach rund zwei Jahren, heißt es, habe eines der Kinder zu sprechen begonnen. Mit dem Wort „Bekos", dem phrygischen Begriff für Brot, begrüßte es den Hirten. Für Psammetich war die Frage nach der Ursprache damit beantwortet.

Was Kaiser Friedrich II. im Mittelalter nicht davon abhielt, den Versuch zu wiederholen – die Kinder starben, bevor auch nur der Ansatz eines „Forschungsergebnisses" vorlag.

Gleichwohl knüpften zahlreiche Wissenschaftler an die Ideen an. Untersuchungsobjekte fanden sie, auch ohne sich verbotener Experimente schuldig zu machen: Immer wieder wurden Geschichten von Kindern bekannt, die – vernachlässigt oder ausgesetzt – in jenen Zustand der Verwahrlosung geraten waren, den Psammetich willentlich herbeigeführt hatte; unter ihnen Jungen und Mädchen, die angeblich von Wölfen und Gazellen, von Affen, ja sogar Panthern aufgezogen worden waren.

Als erstes „Wolfskind" der Moderne erregte in Frankreich um das Jahr 1800 Victor von Aveyron die Aufmerksamkeit der Gelehrten, wenige Jahre später wurde in Deutschland Kaspar Hauser aufgefunden.

Rund 50 Fälle sind aus den vergangenen 700 Jahren dokumentiert, und stets versprachen sich die Menschen von der Untersuchung einen Blick hinter die Fassaden von Kultur und Erziehung: in die Urgründe der Menschennatur.

War der Mensch von Natur aus gut, oder musste er erst durch Erziehung zum Guten geformt werden, fragten etwa die Gelehrten, die um 1800 den Jungen von Aveyron inspizierten. Victor kam ihnen wie gerufen – und sie ließen ihn fallen, als er ihnen zu keiner Antwort verhalf.

Wie und unter welchen Voraussetzungen ist es Kindern möglich, Sprache zu lernen und ihr sprachliches Potenzial zu entfalten? So lautete die zentrale Frage, als rund 170 Jahre später Genie auftauchte.

DIE LINGUISTIN Susan Curtiss, die im Frühjahr 1971 ihre Studien an Genie aufnimmt, wittert ihre große Chance, als sie von dem Fall hört. Die 26-Jährige macht das Mädchen zum Thema ihrer Doktorarbeit – obwohl sie das erste Treffen im Kinderkrankenhaus nicht gerade zuversichtlich stimmt: Genie kratzt, spuckt und rotzt in wortloser Wut. „Sie stellte eine ziemliche

GEO-WISSEN-GRAMMATIKKURS

Es gibt über acht Milliarden Trilliarden Möglichkeiten, die 29 Wörter im Beispielsatz vom Prinzen und Dornröschen zu kombinieren. Dass ein Kind lernt, die richtige Ordnung zu finden, ist eine der größten Leistungen des menschlichen Gehirns. Doch einfache Grundregeln helfen dabei, das Dickicht der Grammatik zu lichten

SATZ UND SATZGLIEDFUNKTION

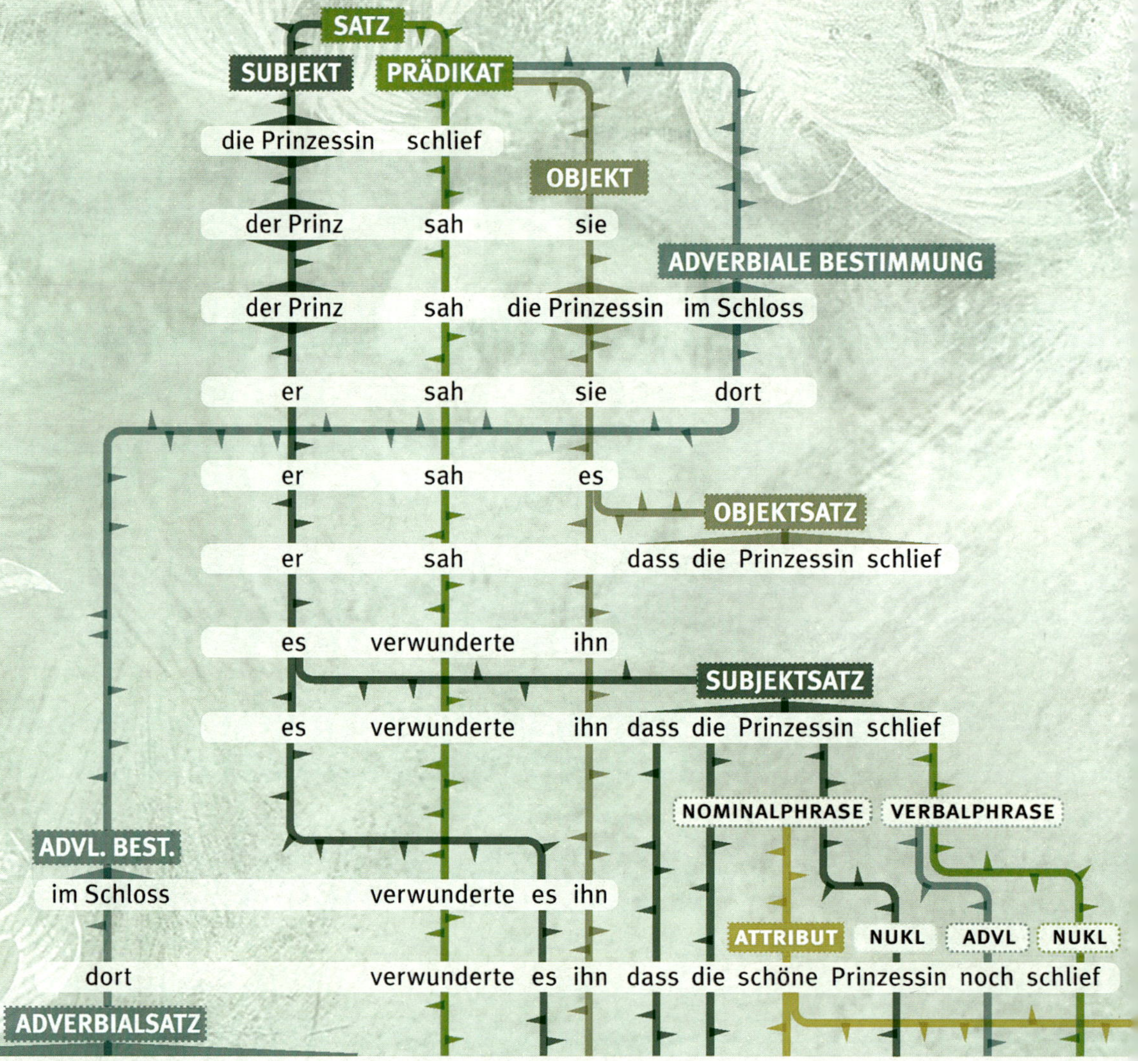

Als der Prinz sie dort in ihrem Bett liegen sah, verwunderte es ihn, dass die schöne Prinzessin noch schlief,

WORTART

GRAMMAT. KATEGORIE

	Als (Konjunktion)	der (Artikel)	Prinz (Nomen)	sie (Pronomen)	dort (Adverb)	in (Präposition)	ihrem (Possessivpronomen)	Bett (Nomen)	liegen (Verb)	sah (Verb)	verwunderte (Verb)	es (Pronomen)	ihn (Pronomen)	dass (Konjunktion)	die (Artikel)	schöne (Adjektiv)	Prinzessin (Nomen)	noch (Adverb)	schlief (Verb)
Modus										Indikativ	Ind								Ind
Tempus										Präteritum	Prät								Prät
Genus		maskulin	M	feminin			F	neutral				N	M		F	F	F		
Numerus		Singular	Sg	Sg			Sg	Sg		Sg	Sg	Sg	Sg		Sg	Sg	Sg		Sg
Person							3.			3.	3.	3.	3.						3.
Kasus		Nominativ	Nom	Akkusativ			Dativ	Dat				Nom	Akk		Nom	Nom	Nom		
Sonstige		definit (bestimmt)							Infinitiv	finit (gebeugt)					definit	schwach			finit

Als Service für Lehrer und Schüler bieten wir diese Übersicht zum Herunterladen an unter: **www.geo.de/grammatik**

DORNENREICH & KINDERLEICHT

VON JÜRGEN BROSCHART

Ein Trick, den Kinder früh beherrschen, ist es, einen Satz in wiederkehrende Muster zu unterteilen. So müssen sie nicht jeden Satz einzeln lernen. Ausgedrückt in linguistischen Begriffen, besteht jeder deutsche Satz aus Subjekt (Redegegenstand oder Handelnder) und Prädikat (Aussage oder Handlungsausdruck). Diese „Satzglieder" enthalten einzelne oder mehrere Wörter („Phrasen").

Das einfachste Prädikat umfasst nur eine Verbform wie *schlief.* Das einfachste Subjekt besteht aus einem Pronomen wie *er* oder *sie*; dieses kann durch eine „Nominalphrase" wie *die Prinzessin* (aus Artikel und Nomen) ersetzt werden. Hat das Kind dies begriffen, kommt es nicht auf die Idee, *die schlief Prinzessin* statt *die Prinzessin schlief* zu sagen: *die Prinzessin* steht stets am selben Platz wie das Pronomen *sie.*

Konstruktionen wie *der Prinz sah die Prinzessin im Schloss* enthalten ein Prädikat, das um ein Objekt-Satzglied (*die Prinzessin*) und eine adverbiale Bestimmung (*im Schloss*) erweitert ist. *Im Schloss* ist eine Kombination aus Präposition und Nominalphrase.

Objekte drücken inhaltlich oft das Ziel der Handlung aus, adverbiale Bestimmungen nennen meist Ort oder Zeit der Aktion. Anstelle des Objekts *die Prinzessin* kann wiederum ein Pronomen stehen: Der Prinz sah *sie.* Die Funktion des adverbialen Satzgliedes kann durch ein einfaches Adverb wie *dort* erfüllt werden (er sah sie *dort*).

Ein Objekt-Satzglied wie *es* in *er sah es* kann auch durch einen untergeordneten Satz (*dass die Prinzessin schlief*) ersetzt werden: *Er sah, dass die Prinzessin schlief.* An die Stelle des Adverbs *dort* in *dort verwunderte es ihn* kann ein Adverbialsatz treten: *Als der Prinz sie sah*, verwunderte es ihn.

Ein weiterer untergeordneter Satztyp ist der Relativsatz: Er ersetzt das Adjektiv in seiner Funktion als Attribut: Zum Beispiel entspricht der Nominalphrase *die schöne Prinzessin* inhaltlich *die Prinzessin, die schön ist.* Jedes Attribut dient zur genaueren Identifizierung des Kernbegriffs (hier *Prinzessin*) in der Nominalphrase.

Eine besondere Schwierigkeit des Deutschen ist die sich oftmals ändernde Wortreihenfolge. Glücklicherweise muss man sich diese Regeln nicht für jedes Wort einzeln merken: Wieder spielt die Satzgliedfunktion eine entscheidende Rolle. So führt jede Voranstellung eines adverbialen Satzglieds auch zur Umkehrung von Subjekt und Prädikat: *Dort/Im Schloss sah er sie* (gegenüber: *Er sah sie dort/im Schloss*).

Sätze werden also durch Satzglieder (Subjekt, Prädikat) strukturiert und nicht durch einzelne Wörter oder Wortarten (Nomen, Verb). Dennoch ist manche Verwendung für eine Wortart besonders typisch: Verbformen stehen meist im Prädikat; ein Nomen bedarf dafür des Hilfsverbs *sein*: *Er ist Prinz* (gegenüber: *Er schläft*). □

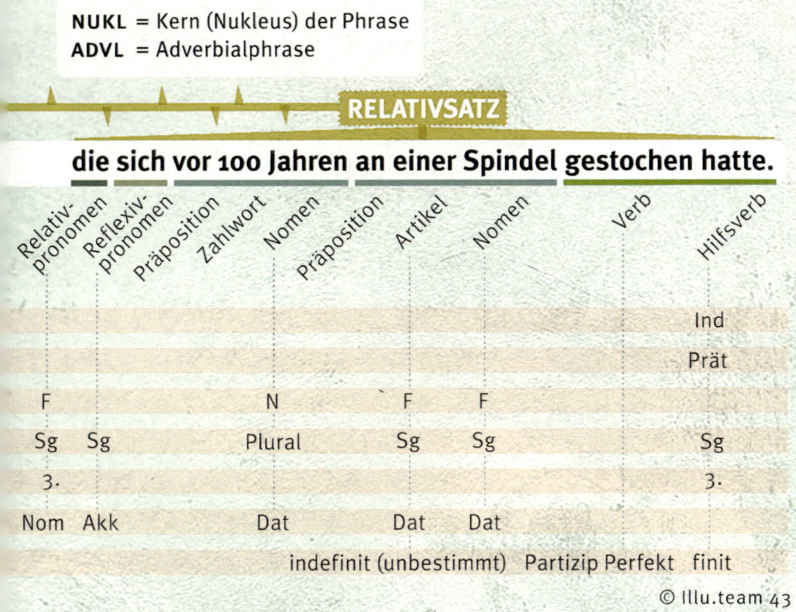

© Illu.team 43

GLOSSAR

Adjektiv: Eigenschaftswort. Wird nach einem definiten Artikel schwach gebeugt.

Adverb: Umstandswort des Ortes, der Zeit oder der Art. *Dort, so, noch,* (rennt) *schnell.*

Artikel: Gelenkwort. Steht vor Nomina. *Der* (vorerwähnt, definit), *ein* (neu eingeführt, indefinit).

Genus: Geschlecht des Nomens: maskulin (männlich), feminin (weiblich), neutral (sächlich).

Hilfsverb: Teil des Prädikats. Steht bei Partizipien, Adjektiven und Nomina. *Haben, sein, werden.*

Infinitiv: Nennform des Verbs. Trägt im Unterschied zur finiten Verbform kein Tempus.

Kasus: bestimmt die Rolle eines Mitspielers im Sachverhalt: Täter (Nominativ), Opfer (Akkusativ), Nutznießer (Dativ), Besitzer (Genitiv).

Konjunktion: Bindewort. Leitet Sätze und Sachverhalte ein. *Als, dass, und.*

Modus: grammatische Kategorie des Verbs. Unterscheidet Reales (Indikativ, *sah*) vom Irrealen (Konjunktiv, *sähe*).

Nomen: Substantiv, Dingwort. Trägt Kasus, Genus, Numerus.

Numerus: Unterscheidet nach Einzahl (Singular) und Mehrzahl (Plural).

Partizip: adjektivartige Ableitung des Verbs.

Perfekt: Ausdruck einer abgeschlossenen Handlung. Mit *hatte* bildet es die Vorvergangenheit (Plusquamperfekt).

Person: Kategorie des Pronomens, auf die sich eine Verbform bezieht. Die erste Person ist der Sprecher (*ich*), die zweite der Hörer (*du*).

Präposition: Bindewort vor Artikel und Nomen. *Für, wegen, in, an, auf.*

Pronomen: Fürwort. *Er, sie, es.* Possessivpronomina (*mein, dein*) sind besitzanzeigend, Reflexivpronomina sind rückbezüglich, und Relativpronomina leiten Relativsätze ein.

Tempus: unterscheidet Vergangenheit (Präteritum), Gegenwart (Präsens), Zukunft (Futur).

Verb: Tun- oder Zeitwort. Kann Tempus tragen.

Oko, die Sprache der Okuro in Nigeria, ist eine von mehr als 400, die in dem Land gesprochen werden. Nur 20 000 Menschen umfasst die Volksgruppe, eine Schrift hat sie nie gehabt. Mit Enthusiasmus und mühevoller Arbeit versuchen ein afrikanischer Linguist und ein Lehrersohn, der Gemeinschaft das Lesen und Schreiben in ihrer Sprache beizubringen – um deren Kultur zu retten.

DER STOLZ DES KLEINEN VOLKES

VON ANKE SPARMANN (TEXT) UND DAVID KLAMMER (FOTOS)

Der Sprachwissenschaftler Joseph Atoyebi interviewt die Oko-Sprecherin Helen Aimola. »Informanten« nennt der Linguist die Menschen, die ihm Wörter und Sätze in ihre Muttersprache übersetzen. Der Lohn für die Helfer: Freude an der Sache

Sie hat den sanftesten Blick und die reinste Stimme, sie hat beim Tanzen die größte Anmut gezeigt, und doch bahnt sich Streit an, ob der 19-jährigen Tibile Fadipe der Titel der schönsten Jungfrau der Stadt gebührt. Tibile trägt das falsche Kleid.

Die Jury, die sich auf dem Vorplatz des Gemeindezentrums von Ogori berät, besteht aus zwei einheimischen Frauen und einem auswärtigen Mann – Joseph Atoyebi. Er fühlt sich überfordert und ist ratlos: Von der Kleidervorschrift hört er in diesen Minuten zum ersten Mal. Atoyebi fragt sich: Worauf kommt es hier eigentlich an? Warum ist das Kleid so wichtig?

Schon der Ruf in die Jury beim Ovia-Osese-Festival hat ihn überrascht. Gewöhnlich nimmt er nur die Rolle des Beobachters ein, des Zuhörers. Er sammelt Dialoge, Lieder, Geschichten, um sie dann in Sätze zu zerlegen, die Sätze in Wörter zu gliedern und die Wörter in Morpheme und Phoneme. Eine abstrakte sprachwissenschaftliche Arbeit. Ovia Osese, das jährliche Festival der Jungfrauen, ist für Atoyebi vor allem eine Gelegenheit, seinen Datenbestand aufzustocken für seine Doktorarbeit über die Sprache der Okuro in Nigeria. Eine der noch unerforschten Sprachen der Welt.

Dafür hat man ihn trainiert, in Deutschland, am mehr als 4500 Kilometer entfernten Max-Planck-Institut

Im Gemeindezentrum von Ogori proben junge Frauen für den Tanzwettbewerb beim Ovia-Osese-Festival. Joseph Atoyebi (oben), Ehrenmitglied der Jury, lernt während der Festtage Oko-Begriffe, die es in keiner anderen Sprache gibt. Etwa den Namen des stabartigen Instruments, das nur in Ogori gespielt wird: Okitoroko

für evolutionäre Anthropologie in Leipzig. Linguisten nähern sich einer unbeschriebenen Sprache nach einem standardisierten Verfahren. Mit Listen von Wörtern etwa, die wahrscheinlich in allen Sprachen der Welt vorkommen – Vater, Mutter, Kind.

Doch auf einen speziellen Moment wie diesen beim Ovia-Osese-Festival in einem abgelegenen Ort namens Ogori in Nigeria hat Joseph Atoyebi niemand vorbereitet: Wenn die Zeit des Beobachtens vorbei ist. Wenn ein Linguist beginnt, ein Mitspieler in der Geschichte einer fremden Kultur zu werden, für die es keinen standardisierten Fragebogen gibt – weil jede Kultur und Sprache einzigartig ist.

OGORI IST EIN FLECKEN von überschaubarer Größe, ein viertelstündiger Fußmarsch trennt das Gemeindezentrum von Atoyebis Unterkunft, dem „Meka Guest House", einem einstöcki-

gen Bau in einer Seitenstraße. Das Festival hat am Morgen um zehn Uhr mit dem Singen der nigerianischen Nationalhymne begonnen, anschließend heben die Zuschauer zur Hymne ihrer Gemeinde an. „Wohin es mich im Leben auch verschlägt“, heißt es darin auf Oko, „ich werde niemals meine Heimat vergessen: Ogori.“

Auf Anhieb ist schwer zu sagen, was Ogori für seine rund 20 000 Bürger so unvergesslich machen könnte. Gewiss nicht sein Gemeindezentrum. Ein Rohbau. Seit Jahren ruhen die Arbeiten. Die Eisenfenster haben bereits Rost angesetzt, das Dach fehlt.

Der Rest der Kleinstadt sieht kaum besser aus. Bauruinen, Müllhaufen, dazwischen hungrige Ziegen. Folgt man der staubigen Straße, die aus Ogori hinausführt, stößt man nach wenigen Kilometern auf das nächste Dorf, die nächsten halb fertigen Hütten, mehr Müll und mehr Ziegen. Nur Oko wird man dort nicht hören, und keine zweite Region in Nigeria finden, in der man Ovia Osese feiert.

Wie jedes Jahr haben sich Tausende von Zuschauern auf dem Vorplatz des Gemeindezentrums versammelt. Vorn, in den ersten Reihen, sitzen die Oberen des Dorfes in zerschlissenen Sesseln und Sofas und trinken Palmwein aus Kokosnussschalen – der Tag wird heiß werden. Und lang. Für die fünf, sechs Stunden vor dem Auftritt der Jung-

frauen sieht das Festprogramm neben Tänzen und Aufmärschen zahlreicher Traditionsgruppen vor allem eines vor: Reden. Der Schirmherr, der lokale Kulturbeauftragte, der Gouverneur des Bundesstaates Kogi, ein muslimischer Geistlicher, ein christlicher, verschiedene Ehrengäste: An der Zahl der Grußworte misst sich in Afrika die Bedeutung eines Ereignisses.

Das Festival markiert für die Mädchen in Ogori die Schwelle zum Leben als Frau. Bis zu der Feier müssen sie Jungfrauen sein; früher gingen sie bald nach dem Fest die Ehe ein. Die meisten der diesjährigen Teilnehmerinnen erzählen, sie wollten zunächst weiter die Schule besuchen, vielleicht studieren.

Für die Eltern verkörpern sich, heute wie gestern, in den heranwachsenden Töchtern die Hoffnungen – und die Ängste. Eine Schwangerschaft vor der Ovia-Osese-Feier, das bedeutet in Ogori noch immer Schande; und frei-

Am Luftstrom deutlich zu erkennen sind Reibelaute (»Frikative«) wie das »F«. Dass sich ein Fremder wie Joseph Atoyebi derart intensiv mit ihrer Sprache beschäftigt, verwundert die Menschen in Ogori – und weckt in ihnen zugleich ein Bewusstsein für das Besondere ihrer Kultur

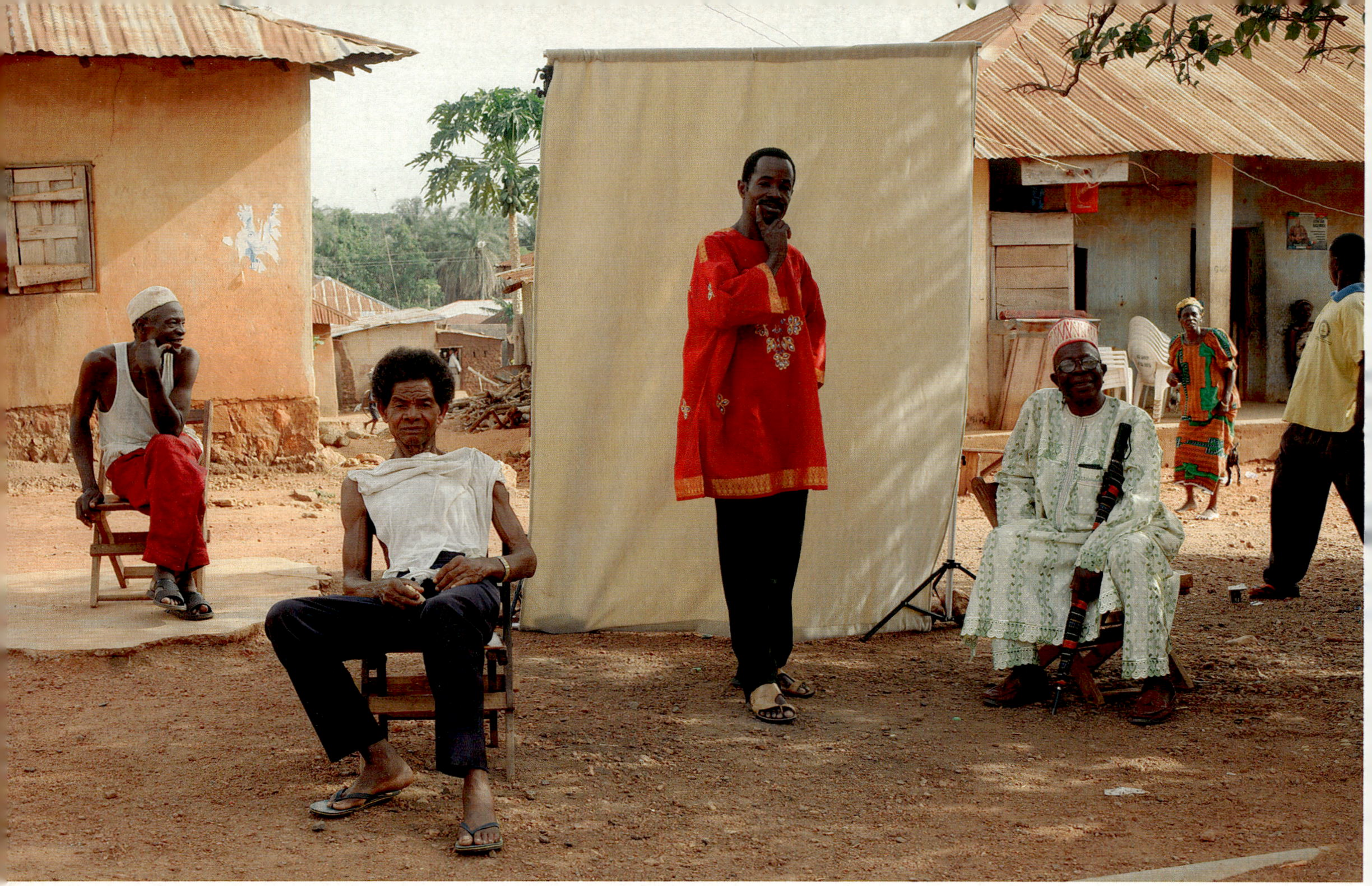

Ein »Informant« Atoyebis ist auch der 48-jährige Alabi Mathew: Gefragt sind Sprecher mit der Gabe, besonders treffende Wörter des Oko zu finden

zügiger Sex birgt inzwischen auch in diesem Winkel Afrikas das Risiko einer HIV-Infektion. Schützen könnten natürlich auch Kondome, aber das ist eine sehr deutsche Sicht der Dinge.

Ihre Töchter am Fest teilnehmen zu sehen, daraus beziehen die Menschen in Ogori ihren Stolz und ihr Glück. Ovia Osese zu feiern ist ein Symbol. Ein Symbol wofür?

WOLLEN SIE SICH EINE WEILE in Ogori mit dem Oko beschäftigen?", hat ihn sein Professor an der Universität von Ibadan gefragt, wo der gebürtige Nigerianer Joseph Atoyebi damals Linguistik studierte.

Aus der Weile sind Jahre geworden, und Atoyebi erhält für seine Forschungen mittlerweile ein Stipendium aus Leipzig. Anfangs hat sich der Nigerianer in Ogori wie ein Ausländer im eigenen Land gefühlt. Redeten die Leute Oko, verstand der Yoruba-Sprecher Atoyebi kein einziges Wort. Oko ist eine von über 400 Sprachen in Nigeria, eine von mehr als 6000 weltweit. Unter diesen ist nur etwa jede dritte so gut erforscht wie die deutsche. Bei einem weiteren Drittel weiß man um die Grundzüge der Grammatik und einen Großteil des Vokabulars.

Von den verbleibenden gut 2000 Sprachen aber ist wenig mehr bekannt als ihre bloße Existenz. In diese Kategorie fällt das Oko. Es gibt weder ein Wörterbuch, in dem man Oko-Begriffe nachschlagen könnte, noch eine Grammatik mit den Regeln, denen diese Sprache gehorcht. Und es gab niemanden, der auch nur ihr Alphabet hätte aufsagen können.

Bis Joseph Atoyebi kam. Dem linguistisch geschulten Fremden fiel es leicht, ein Gefühl für die Laute, den Klang und die Melodie der Sprache zu erlangen. Oko ist – wie Chinesisch oder Atoyebis Muttersprache Yoruba – eine Tonsprache. Feinste Abweichungen in der Höhe eines Lautes verändern die Bedeutung eines Wortes.

Die Buchstabenfolge E-B-A zum Beispiel kann „Danke" heißen. Aber auch „Essen" oder „Brüste", je nach Sprachmelodie. Wer nicht mit einer Tonsprache aufgewachsen ist, kann die Nuancen weder auf Anhieb hören noch wiedergeben – und sollte wohl besser vermeiden, sich auf Oko zu bedanken.

Die Laute des Oko aufzunehmen und in Zeichen umzusetzen, das ist die Aufgabe, der sich Atoyebi seit nunmehr

Helen Aimola ist Jägerin. Als eine der Letzten in Ogori weiß sie noch jene alten Geschichten zu erzählen, mit denen sich die Okuro früher die fernsehlosen Abende verkürzt haben

vier Jahren stellt – und die ihn noch lange beschäftigen wird. Fragt man Atoyebi, weshalb er so viel Aufwand betreibe für eine Sprache, die so wenige Leute sprechen, schüttelt er den Kopf. Was für eine Frage. „Das ist Wissenschaft, reine Wissenschaft. Und…" Atoyebi überlegt kurz. Er will nicht gönnerhaft klingen, sondern eine Selbstverständlichkeit ausdrücken. „Ich möchte den Menschen hier auch etwas geben. Ein Wörterbuch und eine Grammatik ihrer Sprache. Das ist meine Art, Danke zu sagen."

Wenn es einen Menschen in Ogori gibt, der dieses Geschenk zu schätzen weiß, dann Peter Okunola. Er ist der Erste, der morgens an Atoyebis Seite auftaucht, der Letzte, der von ihr weicht. „Meinen Bruder" nennt Okunola, 35, den ein Jahr jüngeren Atoyebi. Dem Aussehen nach könnten die Männer tatsächlich Geschwister sein. Beide sind groß, schlank, beide tragen das Haar kurz geschoren.

Peter Okunola wohnt mit seiner Frau Bunmi und seinen beiden Kindern keine zwei Minuten vom Meka Guest House entfernt. Der Sohn, fünf, und die Tochter, drei Jahre alt, tragen Oko-Namen. Oso heißt der Junge, das bedeutet Licht, und das Mädchen wird Aron gerufen, Reichtum. Okunola hat darauf bestanden, dass Bunmi, die nicht aus Ogori stammt, Oko lernt.

„Ich liebe meine Sprache": Diesen Satz sagt Okunola, wann immer ihm die Gelegenheit passend scheint. Es ist bereits einige Zeit her, dass er das geheime Innenleben seiner Sprache auf eigene Faust ergründen wollte. Er begann, ein Wörterverzeichnis zu erstellen, und zugleich, das Neue Testament ins Oko zu übertragen.

DER LAIENPREDIGER war nahe daran, an der Aufgabe zu verzweifeln. Über die Sprachsituation in Ogori hat er den Vergleich mit dem Autofahren geprägt. Fahren, sagt Okunola, könne in Ogori jeder. Aber mit der Mechanik, dem Innenleben, kenne sich hier leider niemand aus. „Aber dann hat Gott Joseph geschickt, damit er mir hilft."

Sie sind ein seltsames Gespann: Atoyebi, gewandt, kontaktfreudig, der lässige Musikertyp. Okunola, der etwas hölzerne Lehrersohn, der stets noch sein Hemd nachbügelt, bevor er das Haus verlässt.

Gemeinsam bieten sie mittlerweile in Ogori einen Oko-Kurs an: Erwach-

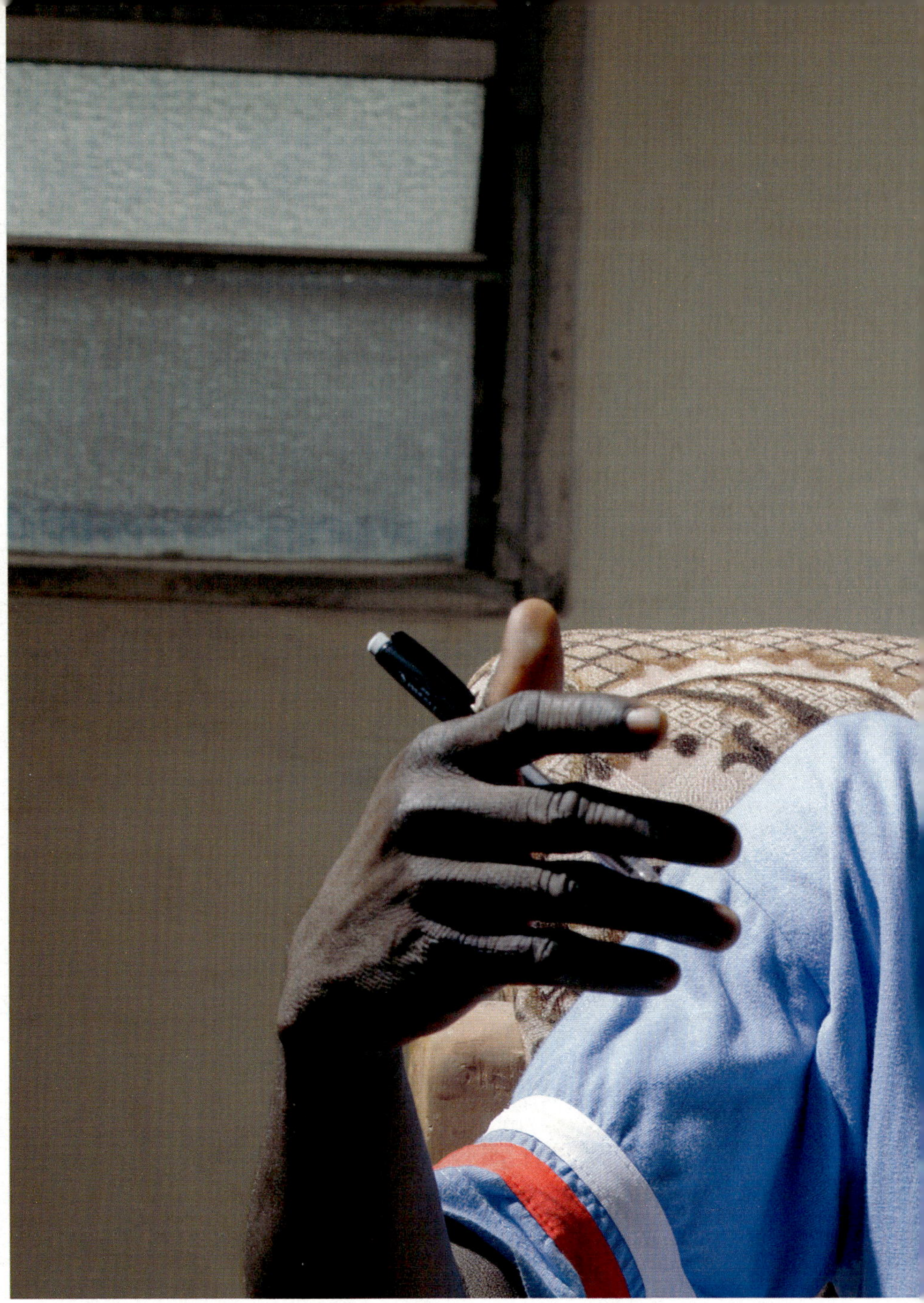

Stets wiederholt der Sprachforscher Joseph Atoyebi die Wörter seines Gegenübers. So vergewissert er sich, dass er alle Laute richtig registriert hat. Abends überträgt er die Tonaufnahmen in den Computer – als Grundlage für eine Oko-Grammatik und ein Wörterbuch. Der Laienprediger Peter Okunola arbeitet parallel an der Übersetzung der Bibel

sene Menschen, darunter hohe Würdenträger, die ihr ganzes Leben lang Oko gesprochen haben, lernen dort, ihre Sprache zu buchstabieren.

Träumt Peter Okunola von der Zukunft, dann träumt er von Oko als Fach in Ogoris Schulen, „als Pflichtfach natürlich".

Doch längst nicht alle im Dorf stimmen ihm bei. Hört man sich unter den jungen Frauen auf dem Ovia-Osese-Fest um, will kaum eine noch ihre Kinder mit der „lokalen Sprache", mit Oko, großziehen. Analphabeten sind die Einwohner Ogoris nur in ihrer eigenen Sprache. Die meisten sprechen und schreiben sowohl Englisch als auch Yoruba. Die erste Sprache der nächsten Generation soll Englisch sein. Die Weltsprache.

Und das Oko? Wird es zu den rund 3000 Sprachen gehören, die nach Schätzungen von Wissenschaftlern schon innerhalb der nächsten 100 Jah-

SPRACHEN IN NOT

Nicht nur Biologen sehen die Artenvielfalt auf unserem Planeten bedroht. Linguisten befürchten ein Sprachensterben nie dagewesenen Ausmaßes. Nach vorsichtigen Schätzungen wird jede zweite Sprache am Ende dieses Jahrhunderts ausgelöscht sein. Der Grund ist meist die wirtschaftliche Not oder politische Unterdrückung von Minderheiten. Die Hälfte der rund 6000 Sprachen hat weniger als 10 000 Sprecher, während sich 50 Prozent der Menschheit in einer der großen elf Idiome wie Chinesisch oder Englisch verständigen. Nähere Informationen finden Sie auf der Seite der Gesellschaft für bedrohte Sprachen **www.uni-koeln.de/gbs**, beim Dobes-Programm der Volkswagenstiftung, **www.mpi.nl/dobes**, und in der Datenbank **www.rosettaproject.org**

re aussterben werden? Weil die Menschen, die sie heute noch sprechen, sie nach und nach aufgeben – aus wirtschaftlicher Not oder einfach deshalb, weil sie ihr nicht genügend Beachtung schenken?

Wird ein ausschließlich Englisch sprechender Bewohner von Ogori dann merken, dass er nicht mehr einer von 20 000 Okuro ist, sondern einer von vielen Millionen Menschen, denen mit der Sprache zugleich die eigene

Oben ohne, kurze Höschen: So treten beim Fest der Jungfrauen heute nur noch die jüngeren Mädchen auf. Die älteren Tänzerinnen verhüllen ihre Brüste

Kultur verloren geht? Und damit unvermeidlich auch ihr Stolz darauf, etwas Besonderes zu sein?

VIEL KOMFORT bietet das Gästehaus nicht. In Joseph Atoyebis Zimmer steht ein zerschrammtes Bett, daneben ein Regal, in das er Jeans, T-Shirts, eine Rolle Klopapier und ein Stück Seife räumt. Dass aus dem Wasserhahn kein Wasser fließt und aus der Steckdose nur selten Strom, daran ist Atoyebi gewöhnt, „das ist Nigeria".

Vier, fünf Wochen verbringt er jedes Jahr in Ogori. Morgens, gegen acht, neun Uhr, verlässt Atoyebi das Guest House und biegt in die Hauptstraße Richtung Marktplatz ein. Er grüßt nach links, er grüßt nach rechts. Wer Sprachen erforscht, muss auch alltägliche Konversation betreiben können. „Wie geht's?", sagt Atoyebi. „Die Kinder? Heute schon was vor?"

„Informanten" nennt Atoyebi die Leute, die ihm Wörter aus Nigerias Hauptsprachen ins Oko übersetzen. Informant: Das klingt nach Detektivarbeit – und so ähnlich ist es auch.

„What is your name?" Joseph Atoyebi stellt seine Fragen auf Englisch oder Yoruba, jedes Interview schneidet er auf Band mit. Antwort: „Mein Name ist Shole Noah Alabi."

„Können Sie Ihr ungefähres Alter angeben?" „47 Jahre."

„Seit wann leben Sie in Ogori?" „Ich bin hier geboren und aufgewachsen."

Verben des Alltags stehen an diesem Tag auf Atoyebis Liste. Sitzen, stehen, laufen, reden, riechen. Shole Noah Alabi übersetzt ohne zu stocken, er spricht langsam, er spricht deutlich, Alabi ist Atoyebis bester Informant.

„Schmecken?"

Alabi zögert. Atoyebi merkt auf. „Aaah, diese wunderschöne Sprache, kennt sie vielleicht verschiedene Ausdrücke für probieren und schmecken?" Er redet von Oko manchmal wie von einem scheuen Wesen, das er aus einer dunklen Ecke locken muss, um es dann von allen Seiten zu beleuchten.

Hören, sehen, kommen, gehen, essen, trinken, kauen, schlucken. Die Farben Afrikas verblassen im Abenddunst, als Atoyebi das letzte Alltagsverb auf seiner Liste abhakt: pinkeln.

Diese Listen. Mit vier Oko-Sprechern geht Atoyebi sie durch. Die Methode ist sicher. Einerseits. Andererseits hat sie Grenzen. Atoyebi kann natürlich nur nach Wörtern und Phrasen

Als »Ovia«, Jungfrau, trägt Tibile Fadipe beim Festival weiße Talkum-Male auf Gesicht und Körper. Für das Ereignis kleiden sich Teilnehmer und Besucher in farbenprächtige Stoffe

fragen, die das Englische oder das Yoruba kennt. Er will das ganze Bild, aber er erhält nur einen vorgestanzten Ausschnitt. Freie Rede bräuchte Atoyebi – aber wie darankommen? Die Idee, Gespräche der Ortsansässigen heimlich aufzuzeichnen, hat er verworfen. Ein Wissenschaftler darf so etwas nicht.

Joseph Atoyebi hat sich früh in sein Zimmer im Meka Guest House zurückgezogen. Eigentlich will er sofort schlafen gehen. Aber als er merkt, dass es Strom gibt, klappt er doch noch seinen Laptop auf. Ein Satz spukt Atoyebi dauernd im Kopf herum: Zeit ist Geld. Die Deutschen zahlen Atoyebis Flug, seine Fahrt ins Dorf, das Zimmer. Er will keine Minute in Ogori ungenutzt verstreichen lassen.

Atoyebi spult das Band mit seinen Interviews zurück. Wort für Wort hört er ab und überträgt es in seinen Rechner. Er hat ein Programm geladen, das ihm ermöglicht, Akzente und Pünktchen zu setzen. Die Markierungen umflattern fast jeden Buchstaben. Das Bild, das Stück für Stück auf seinem Laptop entsteht, gleicht eher dem Notenblatt eines komplizierten Klavierstücks als einem Text. Atoyebi starrt auf den Bildschirm und sucht in dem Chaos nach Konstanten.

Einige Muster des Oko sind sehr simpel. So beginnen etwa alle Oko-Substantive mit einem Vokal. Tückischerweise aber verschiebt sich dieser Laut. Ein Wort, das im Singular mit einem „U" beginnt", kann im Plural plötzlich mit einem „E" anfangen. Kann. Ein klarer Ton kann sich auch auf einmal in einen nasalen Laut verändern. Aber warum nur? Warum?

Es ist schon weit nach Mitternacht, als Atoyebi aus seinem Zimmer auf den Hof des Gästehauses stürmt, die Arme hochreißt und schreit: „Ich bin glücklich! So glücklich!" Er hat eine neue Regel ableiten können. Eine – von wie vielen? Hunderten? Tausenden?

IST OKO IN OGORI DIE ZUKUNFT – oder die Vergangenheit? Der Kaufmann Richard Ayeni fasst diese Frage noch etwas weiter: „Welchen Wert besitzt für uns unsere Tradition?"

Ayeni ist ein fülliger Mann mit breitem Lachen. In schwarzem Hemd und schwarzer Hose sitzt er im Innenhof seines Hauses, das zu den wenigen intakten Gebäuden in Ogori zählt. Gäste bewirtet Ayeni mit Kartoffeln und deutschem Dosenbier. Ayeni ist in

Auf dem Markt von Ogori werden vor allem Neuigkeiten gehandelt – auf Oko. Amtssprache im Dorf ist Englisch, wie überall in Nigeria

Ogori: fern vom kriegerischen Niger-Delta

Ogori geboren. Von hier zog er aus, um in der Welt sein Glück als Geschäftsmann zu machen, „Wuppertal" kann er akzentfrei aussprechen. Ayeni erklärt, je weiter er sich seines Berufes wegen von Ogori entfernt habe, desto wichtiger sei sein Heimatdorf für ihn geworden. Die Sprache, die Bräuche, der Halt in der kleinen Gemeinschaft.

Ayeni hat das diesjährige Ovia-Osese-Festival organisiert. Natürlich habe sich das Fest mit der Zeit verändert, sagt er. Die Kleidervorschrift zum Beispiel sei neu.

Sie ist erst wenige Tage vor dem Festival bekannt gegeben worden. Einteilige Wickelkleider seien zu tragen. Tibile Fadipe hat am Morgen ein zweiteiliges Kleid angezogen und deswegen nicht den Pokal der schönsten Jungfrau gewonnen.

Früher banden die Mädchen einen Schurz um die Hüften, schlangen sich Ketten um Bauch und Hals. Seit kurzem hat sich das Schamempfinden der jungen Frauen in Ogori verändert. Mag sein, dass daran die amerikanischen Filme schuld sind, die zu Tages- und Nachtzeit auf den Bildschirmen in Ogoris Wohnzimmern flimmern, sobald Strom fließt. Keine Frau mag mehr ihre bloßen Brüste zeigen.

„Aber ist das wichtig?", fragt Ajeni. „Ich sage: nein. Wichtig ist, dass wir die Essenz bewahren. Die Tänze, die Lieder, die Sprache, die Freude, die uns dieses Fest bringt."

Auf dem Vorplatz lächelt auch Tibile. Ihre Mutter schließt sie fest in die Arme. „Ich bin stolz auf dich." □

In Ogori waren der Fotograf **David Klammer**, die Autorin **Anke Sparmann** und der Linguist **Joseph Atoyebi** (rechts) jeden Abend bei der Familie Okunola zu Gast. Für das Gruppenbild hat sie sich besonders gut gekleidet: Ihrer dreijährigen Tochter Aron haben die Eltern sogar eigens eine Perücke übergezogen. Die GEO-Reporter beließen es bei lässiger Kleidung. Sie schwitzten – bei Temperaturen von weit über 40 Grad Celsius – auch ohne Kunsthaar.

Filmaufnahmen von Joseph Atoyebis Forschungsreise zu den Okuro, u. a. vom Ovia-Osese-Festival – zu sehen unter **www.geo.de/ogori**

Jetzt im Handel

ANARCHISTEN IM SPR

Linguistische Studien sind Expeditionen voller Abenteuer: In exotischen Kulturen haben

Vielfalt ist ein Kennzeichen der menschlichen Sprache. So stellen etwa unsere französischen Nachbarn ihre Adjektive meist nicht vor, sondern hinter das Nomen – der rote Ball heißt bei ihnen *le ballon rouge* (der Ball rote). In etlichen Sprachen gibt es die Kategorie Adjektiv nicht einmal. Zum Beispiel tragen die „Wiewörter" der Mayasprache Jacaltec die Strukturmerkmale eines Verbs: Der Satz „Das Pferd ist groß" erscheint dort als „Das Pferd großt".

Im irokesischen Cayuga werden sogar manche Hauptwörter unserer Sprachen wie Verben behandelt und zudem mit einem Objekt versehen: Dem deutschen „Er ist mein Großvater" entspricht eine Konstruktion, die wörtlich „er großvatert mich" bedeutet. Ein Flugzeug ist dort „etwas, das normalerweise abhebt". Dafür enthält das Verb des Navajo grammatische Kategorien, die mit penibler Genauigkeit die Eigenschaften des Subjekts benennen: Das Wort *sélá* bedeutet genau übersetzt „ich, groß und dünn, liege seilartig auf dem Boden".

Vor allem ihre gründliche Kenntnis von Indianersprachen bestärkte die Forscher Benjamin Whorf und Edward Sapir in ihrer „linguistischen Relativitätstheorie"; sie besagt, dass sich Sprachen unbegrenzt voneinander unterscheiden können. Doch die faszinierende Vielfalt erfreut Linguisten nur bedingt. Denn als Wissenschaftler sehen sie ihre Aufgabe darin, Regelmäßigkeiten für die Gesamtheit aller sprachlichen Phänomene aufzuspüren.

Alle Sprachen der Welt mittels derselben „Universalgrammatik" beschreiben zu können, ist das Ziel des US-amerikanischen Linguisten Noam Chomsky. Ihm zufolge ist es unter anderem unabdingbar für jede menschliche Sprache, „Rekursion" aufzuweisen – dieselbe Struktur

»Er großvatert mich« statt »mein Großvater«

(irokesische Verwandtschaftsbezeichnung)

lässt sich endlos in eine andere einbetten. Eine Konstruktion wie „Die Katze, die die Maus fing, die den Käse fraß" enthält mehrere eingebettete Relativsätze. Ein solches Verfahren müsse es in jeder Sprache geben.

Der frühere Chomsky-Schüler Dan Everett bestreitet genau dies. In der von ihm untersuchten südamerikanischen Sprache Pirahã finden sich angeblich keine Relativ- oder untergeordneten Sätze. Zudem keine Zahlwörter. Dafür gebe es in der Kultur dieses Stammes auch keinen Grund: Die Pirahã müssten Redegegenstände ihrer Umgebung nicht endlos näher bestimmen; eine genaue Mengenangabe sei für sie ebenfalls unnötig – schon im Deutschen genügt es oft, Ausdrücke wie „ein paar" für Mengen zu verwenden.

Entschieden ist der Streit zwischen den „Kulturrelativisten" und den „Sprachuniversalisten" noch nicht. Fest steht jedoch, dass es kaum eine Regel der in der Schule gelehrten Grammatik gibt, die nicht irgendwo auf der Welt von einer „exotischen" Sprache gebrochen wird.

Täter im Nominativ und Opfer im Akkusativ? In sogenannten Ergativsprachen gilt das nicht: Im australischen Warrungu heißt es statt „Der Mann tötete den Hund" wörtlich „Durch den Mann wurde der Hund getötet". In dieser Sprache besteht ein besonderes Interesse am Ziel der Handlung, ähnlich wie im Deutschen bei Passivsätzen.

Grammatisches Tempus? Im klassischen Arabischen spielt nicht die zeitliche Einordnung der Handlung in Vergangenheit und Zukunft eine Rolle, sondern vor allem die Involviertheit des Sprechers und die Wichtigkeit, die

»Ich, groß und dünn, liege seilartig auf dem Boden«

(Navajo-Verbform)

dem Ereignis beigemessen wird. Das Englische trifft eine ähnliche Unterscheidung beim Gebrauch der „ing"-Form im Gegensatz zur Grundform des Verbs: *While I was reading* (Hintergrundinformation), *the doorbell rang* (wichtige Information). Die deutsche Standardsprache kennt diese grammatische Kategorie (Fachleute nennen sie „Aspekt") nicht. Nur in Dialekten gibt es dafür Ansätze: „Ich bin am essen" (Stör mich jetzt nicht).

Doch obwohl es nicht jede grammatische oder inhaltliche Kategorie in jeder Sprache gibt, lassen sich die meisten sprachlichen Erscheinungen in Regeln der Art „wenn A, dann B" fassen. Zum Beispiel hat eine Sprache, die ein einheimisches Grundwort für die Farbe Blau besitzt, auch eines für Rot. Aber es gibt durchaus Sprachen wie die der Berinmo auf Neuguinea, welche das Farbspektrum völlig anders aufteilen, als wir es gewohnt sind. Die Unterscheidung zwischen *Nol* und *Wor* liegt in einem Zwischenbereich von grünblau bis orangegelb – womöglich spiegelt sich hier der Unterschied zwischen frischen und welken Blättern. Dafür haben die Berinmo Probleme, zwischen grün und blau zu differenzieren.

„Wenn-dann"-Regeln helfen Linguisten auch bei der Vorhersage bestimmter struktureller Eigenschaften. Ein Beispiel: Unkundige sprechen die Hauptstadt Finnlands oft als Helsínki aus – obwohl sie Hélsinki heißt. Einem „Sprachtypologen", auch wenn er kein Finnisch kann, dürfte das nicht passieren, sobald er weiß, dass diese Sprache „agglutinierender" Natur ist. Dieser Sprachtyp reiht grammatische Elemente wie in einer Perlenkette aneinander: Deshalb ist es besonders wichtig, den Anfang eines neuen Wortes zu betonen.

Latein hingegen ist eine „flektierende" Sprache: In dem Wort *am-o* „ich liebe" sind die Hinweise auf Person (ich) und Tempus (Präsens) in einem einzigen

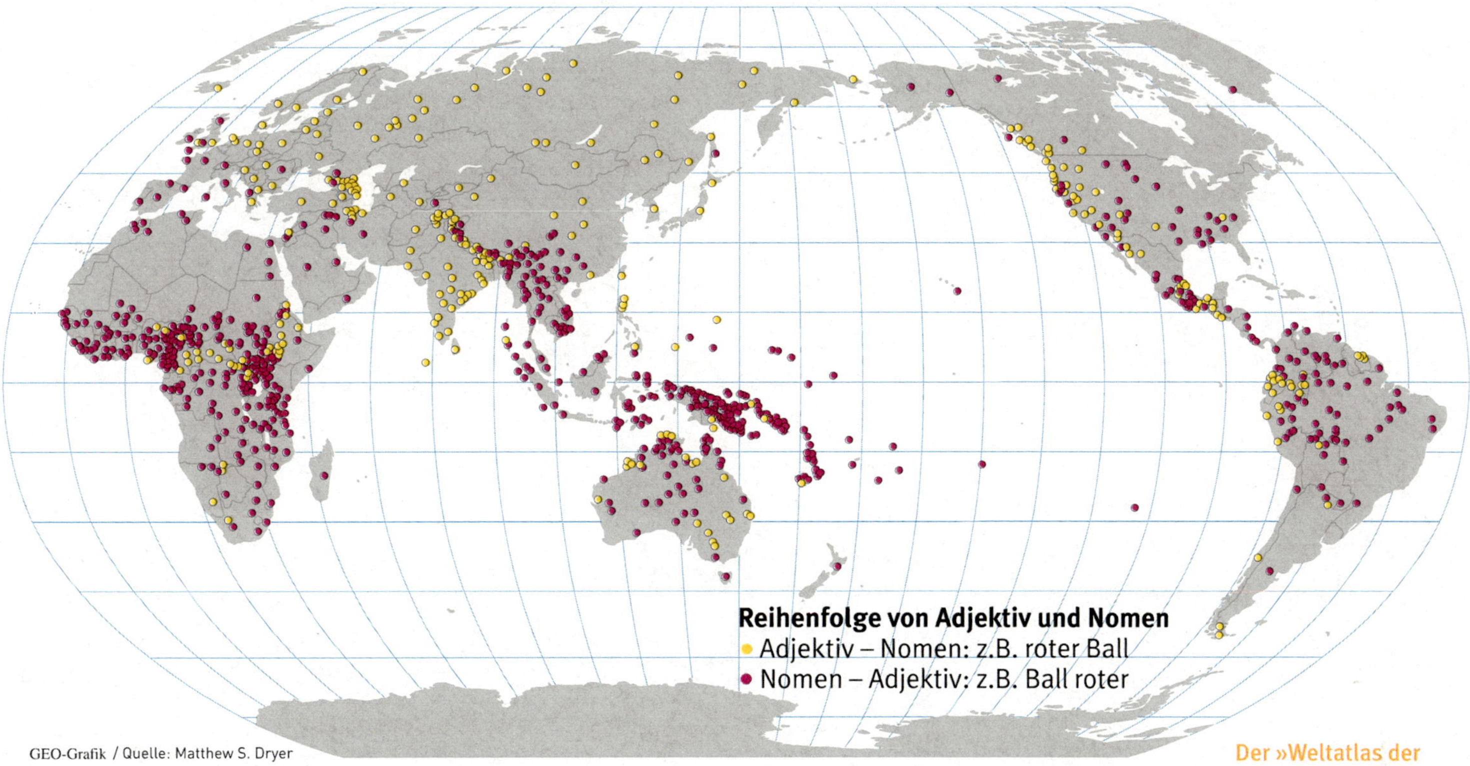

GEO-Grafik / Quelle: Matthew S. Dryer

Der »Weltatlas der Sprachstrukturen« listet die geographische Verteilung sprachtypologischer Merkmale auf. In Eurasien steht das Adjektiv meist vor dem Nomen, in Afrika meist dahinter

Element vereint – o; sie werden nicht wie in agglutinierenden Sprachen getrennt hintereinander gesetzt. Eine „isolierende" Sprache wie das klassische Chinesisch hält dagegen für jedes dieser Elemente ein frei stehendes Wort bereit. Ganz anders die „polysynthetischen" Sprachen wie etwa das Westgrönländische: *Tusaa-nngit-su-*

»Zwei Stück Mensch« statt »zwei Menschen«

(chinesische Art, Personen zu zählen)

usaar-tuaannar-sinnaa-nngi-vip-putit ist ein festgefügter Wortblock, der dem deutschen Satz „Du kannst wirklich nicht so tun, als würdest du die ganze Zeit nichts hören" entspricht.

Über lange Zeit betrachtet, verändern sich die Sprachen der Welt jedoch beständig von einem Typus in einen anderen. So hat das Englische im Laufe seiner Geschichte fast seine gesamte Flexion (Beugung) verloren und isolierende Züge angenommen, während das Chinesische auf dem Weg zu einer flektierenden Sprache ist.

Außerdem: Wenn eine grammatische Endung schwindet, wird sie irgendwann durch freie Wörter erneuert. Zum Beispiel besitzt das Englische keine besondere Zukunftsform des Verbs mehr. Dafür werden Wörter wie „wollen" oder „gehen" in übertragener Bedeutung benutzt: *it will/is going to rain* (wörtlich „es will/geht zum Regnen"). Diese „Metaphern" werden überall auf der Welt in ähnlicher Weise geprägt.

Die Unterschiede zwischen den Sprachen sind meist nur gradueller, nicht absoluter Natur. So gibt es im Französischen Beispiele, in denen das Adjektiv wie im Deutschen voransteht – *La Grande Nation* (die große Nation) –, während bei uns gelegentlich das „Wiewort" nachsteht: Hänschen klein. Ähnliche Aussagen lassen sich für den Gebrauch von Pluralzeichen machen. Wenn mitunter auf die Angabe der Mehrzahl verzichtet werden kann, dann vor allem im Bereich von Nahrungsmitteln: Ein Italiener bestellt *due espressi* – wörtlich „zwei Espressos", Deutsche aber neigen zur Einzahl: zwei Espresso, wie auch zwei Kaffee (nicht Kaffees).

Chinesen wiederum können kein Zahlwort vor einen Begriff setzen, ohne ihn durch Wörter wie „Stück" einzuleiten: „Zwei Stück Mensch" entspricht dem deutschen „zwei Menschen". Ähnlich sind sich die beiden Sprachen bei Tieren: „Zwei Stück Vieh".

Aber überall auf der Welt werden Gegenstände und Tiere grammatisch selten ähnlich und meist ganz anders als Menschen behandelt. Sogar in der Grammatik also nimmt der Mensch eine besondere Stellung ein. □

Das Werk, das Wissen zum Erlebnis macht,

Es ist eine der erfolgreichsten Veröffentlichungen dieses Jahres. Es ist eine der bemerkenswertesten Wissenssammlungen. Und es wird fortgesetzt: das GEO Themenlexikon. Dieses einmalige Werk präsentiert Ihnen die Welt des Wissens fesselnd wie noch nie. Über 132.000 Stichwörter und Fakten werden ergänzt durch beeindruckende Bilder sowie Beiträge und Reportagen renommierter GEO-Redakteure. Gegliedert nach großen Themen, von Astronomie bis Literatur, liefert das

Bitte Bestellnummer angeben:
Band 1–20 für 299,– € (553185), Band 21–35 als Folgebestellung für 199,– € (553186), Band 21–35 als Erstbestellung für 220,– € (553184).

IHR SCHICKSAL IST DIE SPRACHE

Vier Menschen, für die Worte zum Lebensinhalt geworden sind. Und einer, den ein paar Sätze zu viel auf Jahrzehnte verstummen ließen. Sprache als beglückende und gefürchtete Kraft: fünf Porträts von Irene von Hardenberg (Text) und Enno Kapitza (Fotos)

Rainer Herpel, Künstler

EIN MANN. KEIN WORT

Im Jahr 1974 verschlug es Rainer Herpel die Sprache. Der 1,74 Meter große, damals kräftige junge Mann hatte nach dem Abitur ein paar Ölbilder gemalt und beschlossen, seinen Lebensunterhalt als Künstler zu verdienen. Die Familie protestierte: Man besaß schließlich einen angesehenen Schuhladen in Bad Ems bei Koblenz. Als der Vater – autoritär, jähzornig – seinen einzigen Sprössling lautstark beschimpfte, verzog der sich wütend in sein Zimmer. Vielleicht zunächst aus Trotz verweigerte er jegliche Kommunikation. Doch dann verselbstständigte sich sein Schweigen. „Das war kein Vorsatz. Ich fühlte mich einfach zu schwach zum Reden."

Wenn Menschen – meist Kinder oder Jugendliche – in ungewolltes, jahrelanges Schweigen verfallen, spricht die Wissenschaft von „Mutismus". Die seltene, noch kaum ergründete Verhaltensstörung wird unter anderem mit Verhaltenstherapie und Medikamenten behandelt. Rainer Herpel ging nie zum Arzt. Auch mit sich selbst redete er nur still, den Mund öffnete er dabei niemals. Er verstummte komplett. Fast 30 Jahre lang. Seine Eltern waren machtlos.

Der 55-jährige Maler und Zeichner, der seit 2002 wieder redet, empfängt in seinem Atelier. Als späten Triumph hat er es im einstigen Schuhgeschäft eingerichtet. Herpel ist heute eine zarte Gestalt von nur 43 Kilo, das Gesicht durch Pflege und kaum beanspruchte Mimik fast faltenfrei, aber mit unendlich traurigen Augen. Ein Sonderling: Er lächelt nie und versteckt seine Ansichten gern hinter klugen Zitaten von Goethe oder Gandhi. Mit sympathisch hessischem Akzent berichtet er über seine Kommunikationsblockade: „Eine grausame Zeit – es ist nicht schön, als Idiot angesehen zu werden."

Unter seinem rätselhaften Verstummen, sagt Herpel, habe er weniger gelitten als unter panischer Angst vor den Menschen. In deren Gesichtern las er Bosheit. Wenn ein Auto an ihm vorbeifuhr, empfand er das als Gewalttätigkeit. Selbst die anonymen Stimmen im Radio und Fernsehen widerten ihn an. Zum Schutz vor den Menschen setzte er sich auf der Straße Ohrenschützer auf, wie sie Sportschützen benutzen. Flüchtete in die Einsamkeit der Wälder. Kaufte in anonymen Supermärkten ein, wo man Stumme nicht anstarrt.

28 Jahre lang aber lebte der verängstigte Mann hauptsächlich in seinem Kinderzimmer, wo er 150 expressive Gemälde und mehrere zehntausend Zeichnungen verfertigte. Seine Gesprächspartner waren Bücher. Etwa Alexander Solschenizyns Romane über sowjetische Straflager. Abends, wenn seine Eltern schliefen, holte er auf dem Küchentisch sein Taschengeld ab.

Herpel weiß bis heute nicht, wie ihm die Sprache abhanden kam; er vermutet physische Ursachen. Giftige Farben beim Malen vielleicht? Er zeichnete bald nur noch mit Kugelschreiber und Wachskreide, doch sein Mund blieb versiegelt.

Als er bei Epikur las, dass karge Kost gesund und unverzagt mache, klügelte er vitaminreiche Diäten aus. Aß zweieinhalb Kilo Zwiebeln am Tag, Dorschleber, selbst gebackene Haferwaffeln. Machte dazu täglich drei Stunden Gymnastik. Die Selbsttherapie erleichterte ihn um fast 40 Kilo und linderte seine Ängste. Ende der 1980er Jahre fuhr er zum ersten Mal mit der Bahn ins nahe Koblenz, um in der Bibliothek Bücher auszuleihen. Die Kurzdialoge mit Bibliothekaren blieben eine Ausnahme.

Rainer Herpel will es zwar nicht wahrhaben, aber es war wohl erst der Tod seines herrschsüchtigen Vaters im Jahre 2002, der ihn wieder zum Sprechen brachte. Kurz nach der Beisetzung feierte Bad Ems den Bartholomäusmarkt. Magisch zog es Herpel zu den Besuchern, wie im Rausch begann er, mit ihnen zu sprechen. Noch heute glaubt er an „ein Wunder". Er sprach wieder mit seiner Mutter und den Nachbarn. 2004 eröffnete er eine Ausstellung in Düsseldorf. Der Schweigebann war für immer gebrochen. Am Zeichentisch aber denkt er manchmal: „Wenn man nicht redet, wächst die Erkenntnis als Künstler."

Pyranja, Rapperin

DIE BISSIGE MISSES

Ein weiblicher Rapstar aus einem ostdeutschen Plattenbau, mit heller Stimme, blauen Augen und flachsblondem Haar? „Mehr Minderheit als ich kann man nicht sein", sagt die „First Lady des deutschsprachigen Rap", wie die Szene sie respektvoll tituliert.

„Rappen ist eine harte Sache, wie Boxen", erklärt Pyranja. Vor 30 Jahren rappten sich schwarze DJs auf amerikanischen Ghettopartys erstmals ihren Alltagsfrust in Reimen von der Seele und wetteiferten lautstark um die kühnste Wortakrobatik.

Aus dem Sprechgesang der Minderheit wurde ein Massenkult, aber er blieb überwiegend Männersache. Über die deutschen Hip-Hop-Machos mit „Megaorganen", aber ohne Grips, spottet Pyranja: „Deutschlands Rapper reimen gern mit Reclams Reimlexikon: Haus – Maus – Klaus." Die 29-jährige „bissige Misses" aus Rostock punktet von Wismar bis Wien mit Besserem: superschneller Sprechtechnik, „geilen Rhymes", einem langen Atem.

60 Minuten Wettdeklamieren auf der Bühne ohne Unterbrechung erfordert starke Lungen. „Ey, du hast 'ne Scheißstimme, du bis 'ne Frau – hör ma auf", lästerten früher die Szene-Machos über Pyranjas helles Organ. Sie schrieb zwar schon damals gute, „freshe" Poesie über das Leben, die Männer, Politiker, den deutschen Osten. Aber ihre Stimme musste sie – „zehn Jahre lang, ein hammerlanger Weg" – wie eine Sportlerin trainieren.

Für CDs schneiden Rapstars ihre Endlosreime im Studio oft aus Dutzenden einzelner Sprechhäppchen zusammen, weil ihnen bei den Stakkato-Tiraden die Puste ausgeht. Nicht so Pyranja. Beim Rap-Showdown ist jeder Atemzug geplant, jeder Bauchmuskel trainiert. In der DDR gewann ihre Mutter mehrere Rezitationswettbewerbe für klassische Gedichte. Die ehrgeizige Tochter mit Nadeln in Ohr, Nase und Zunge nahm Sprechunterricht bei einer Gesangslehrerin. Lernte, eine Tonlage tiefer als im Normalleben zu sprechen, übte – mit einer Kartoffel im Mund – die deutliche Aussprache ihrer rotzigen Zungenbrecher. „Wenn man etwas wirklich will, schafft man es auch. Rumgejammere geht mir auf die Ketten."

Die ostdeutsche Meisterin spricht im Alltag beinahe so schnell und präzise wie auf der Bühne. Als die Berliner Mauer fiel, war Pyranja elf Jahre alt. Welche Lehre hat sie aus dem politischen Umsturz gezogen? „Im Leben ist alles möglich."

Pionierarbeit nach der Wende: Pyranja gehörte mit zu den ersten Breakdancern in Rostock und führte Stunts auf dem BMX-Rad vor. „Damals gab es bei uns eigentlich nur zwei Möglichkeiten: Entweder du wirst 'ne Torte, 'ne geschminkte Proletenbraut. Oder 'ne Zecke, 'ne Ökobraut mit Tofuwurst im Jutebeutel." Nichts für Pyranja: Mit 16 Jahren griff sie zum ersten Mal – zitternd – zum Mikrofon und rappte vor 200 Jugendlichen.

„Fieberhaft getrieben/wird geschrieben/ich bin nie zufrieden", rappt sie im Song „Reine Nervensache". Meist morgens im Bett mit einem „Latte macchiato" feilt sie über Stunden an Texten. Mal reimt sie ihre Verse auf der letzten Silbe eines Takts, mal auf den Endungen der ersten Wörter, des mittleren Worts, aller zusammen oder – als Gag – auch gar nicht. „Rap" (engl. to rap = klopfen, pochen, beschuldigen) basiert normalerweise auf dem Viervierteltakt. Pyranja hat auch schon mit Walzertakt experimentiert. Nur um eines macht sie einen großen Bogen: Reime aus einem Reimlexikon.

Stattdessen schlägt sie Begriffe mitunter in einem Wirtschaftswörterbuch nach. Die Hip-Hop-Poetin rappt nämlich nicht nur, seit nunmehr 13 Jahren. Unter ihrem bürgerlichen Namen Anja Käckenmeister hat sie Gesellschafts- und Wirtschaftskommunikation studiert – mit Diplom. Nachdem sie gelernt hatte, wie man Joghurtbecher vermarktet, gründete sie 2004 ein Plattenlabel, um nicht mehr von fremden Plattenfirmen abhängig zu sein.

Ein 16-Stunden-Tag: Der Star kommt schon mal vor Müdigkeit aus dem Takt oder verhaspelt sich beim Reden. Egal: „Das Publikum findet einen Versprecher megasympathisch."

Martin Haspelmath, Linguist

DER GRAMMATIKJÄGER

Dass er gegenwärtig der bedeutendste Sprachwissenschaftler der Welt ist, sagen andere. Dem bescheidenen Pastorensohn und Professor am Max-Planck-Institut für evolutionäre Anthropologie in Leipzig würde Selbstlob nie über die Lippen kommen.

Vor zwei Jahren ist der von ihm initiierte „Weltatlas der Sprachstrukturen" erschienen. Eine Sisyphusarbeit auf 712 Seiten mit 142 Weltkarten.

Unter der Ägide des jungen Professors hatten sechs Jahre lang mehr als drei Dutzend renommierte Sprachforscher von St. Petersburg bis Buffalo gut 6000 Grammatiken und Wörterbücher in 2560 der über 6000 Sprachen der Welt gewälzt. Wo wird genäselt und geschnalzt? Wer kennt ein „Ö", wer keines? Wo steht das Verb im malaysischen Semelai, wo im Suaheli? Selbst verstaubte Berichte von Afrika-Missionaren – einst Bibelübersetzer für ferne Völker – wurden zu Rate gezogen. Computer sortierten die mehreren zehntausend Ausprägungen von Sprachmerkmalen aus allen Kontinenten.

Für den Weltatlas spürte Haspelmath persönlich den Ausdrücken für „Etwas", „Irgendwas" und „Nichts" in 326 verschiedenen Sprachen nach. Philosophische Gedanken zum 326-fachen „Nichts"? Daran verschwendet der Grammatikus wenig Zeit. Als Kind sah er sich die „Sesamstraße" nur an, um die Auftritte der verschiedenen Protagonisten säuberlich in Statistiken auszuwerten.

Als Schüler las Haspelmath in der hebräischen Grammatik und Bibel seines Vaters und lernte am Radio Spanisch. In Griechisch und Latein hatte er eine Eins. Nach den Schulaufgaben vergrub er sich in Wörterbücher: Englisch, Altägyptisch, Koptisch, Altenglisch, Althochdeutsch.

Heute, mit 44 Jahren, beherrscht Martin Haspelmath die Grammatik von mehr als 30 Sprachen und besitzt eine Grobkenntnis von 150. Die meisten spricht er nie, doch ein bloßer Bücherwurm ist Haspelmath nicht. Kaum eine linguistische Konferenz, an der er nicht teilnimmt, kaum ein Sprachwissenschaftler, den er nicht persönlich kennt. Haspelmath ist ein unermüdlicher Netzwerker für seine Berufung: „Res severa verum gaudium" – auch Freude ist eine ernsthafte Sache. Dass seine Frau, mit der er eine Tochter und einen Sohn hat, Linguistin ist, verwundert nicht. Doch es freut ihn, dass sie, die sich für Umweltpolitik engagiert, nicht „so einseitig" sei wie er.

Für seine Arbeit am Sprachatlas vertiefte sich der Professor in Hunderte Wörterbücher, sezierte Pluralfinessen, verglich über Monate Konjunktionen. Seine akkurate Handschrift verrät Gründlichkeit: Als Student kompilierte er eine 567 Seiten starke Grammatik des Lesgischen – dem Idiom eines kleinen ostkaukasischen Bergvolks.

Lange galt die Theorie, entstanden in der Mitte des vergangenen Jahrhunderts, dass alle Sprachen der Welt einer sehr ähnlichen Struktur unterlägen und diese Universalgrammatik dem Menschen bereits in den Genen mitgegeben sei. Haspelmath, den Sprachdetektiv, hat das nie überzeugt. Und die geballten Fakten im Sprachatlas haben ihn endgültig bestätigt: „Jede Sprache hat, wie jeder Mensch, etwas Einzigartiges."

Ein Sprecher vermittle seine Eindrücke und Absichten zwar überall auf der Welt mit Grundbausteinen wie Vokalen, Konsonanten, Tätigkeitswörtern. Aus solchen Bausteinen aber konstruiere jede Sprachgruppe höchst eigenständige Gefüge. Hawaiianer benutzen beim Reden acht Konsonanten, ein Volksstamm in Botswana gebraucht 122. Im Deutschen kommt man mit vier Fällen aus, im Kaukasus gibt es bis zu 126. Japaner kennen keinen Plural, Finnen kein grammatisches Geschlecht. Und im nördlichen Australien setzten die letzten 100 Sprecher der Sprache Kayardild nicht nur Verben, sondern auch Hauptwörter in die Vergangenheit. Idiome von Buschmännern, sagt Haspelmath, seien so komplex wie jene in den Industrienationen.

Stundenlang kann der Professor von der Vielfalt der Zungen rund um den Globus schwärmen. Sein Institut hat ein Archiv für bedrohte Sprachen eingerichtet. „Ist es nicht schön", sagt er, „etwas für die ganze Menschheit zu tun?"

THE
WORLD
ATLAS
Oxford

Thilo von Trotha, Redenschreiber

DER SCHATTENMANN

Auf dem Schreibtisch liegen Diktiergerät, Duden, der Brockhausband „GP – IZ" und ein Stapel Drucksachen. Textet Thilo von Trotha gerade für einen Bundestagsabgeordneten oder einen Manager? Der 67-jährige Altmeister der rund 50 000 deutschen Redenschreiber lenkt hastig weg von seinem Arbeitsplatz. „Verschwiegenheit ist für mich so wichtig wie für einen Arzt." Nur so viel verrät der liebenswürdige Herr im Tweedjackett: Die Rede, an der er arbeitet, wird vor gut 1000 Leuten gehalten werden und eine halbe Stunde dauern. Vermutlich werden die Zeitungen sie zitieren. Arbeitsaufwand: zwei Tage. Lohn: 4000 bis 6000 Euro.

Von Trotha hat in seinem Leben schon mehr als 5000 Vorträge formuliert. „Ein Redenschreiber muss in kürzester Zeit jedes Thema so aufbereiten können, dass langweilige Fakten und Zahlen in den Hintergrund treten. Den Zuhörer fasziniert allein die Faktendeutung, der Blick in die Zukunft." In den 1970er Jahren hat er – damals Ghostwriter bei Bundeskanzler Helmut Schmidt – den Slogan „Mut zur Zukunft" erfunden.

Über Tricks seiner klandestinen Kunst spricht der Volljurist freimütig. Müssen Reden innovativ sein? Gequältes Lächeln: „Eine Rede soll Menschen gewinnen und muss glaubwürdig sein. Ausgelutschte Wörter wie ‚innovativ', ‚konsequent' oder ‚solidarisch' verwende ich nie." Wenn ein Politiker unbedingt über „die Solidarität" schwadronieren wolle, füge er ihm immer auch die „Nächstenliebe" in das Manuskript ein.

Ob Manager oder Gewerkschafter: Selten bekommt von Trotha, der seit 1980 freiberuflich textet, mehr als eine halbe Stunde Telefonaudienz bei seinen prominenten Kunden. „Mit voll ausgefahrenen Antennen" erfrage er wie ein Psychologe ihr Wesen, ihre wahren und geheimen Absichten, das Redeziel.

Ein Vorstandsvorsitzender muss seine Führungsriege motivieren? Ein Bankier wird Brautvater? Ein Politiker hält die Traueransprache am Sarg seines Intimfeinds? Die Rede wird in einem Bierzelt gehalten? Im letzteren Falle muss von Trotha seinen Schützling warnen: „Keinesfalls rhetorische Fragen stellen. Es besteht die Gefahr, dass ein Angetrunkener dazwischenkrakeelt."

Intensiv wie ein Schauspieler fühlt sich der Berufsdichter alle paar Tage neu in die „Rolle eines anderen" ein. Sind Leitmotiv und Timbre einer Rede erspürt, oft bei nächtlichem Sinnieren, ist der Rest Routine: Recherche von Fakten und Zahlen, Nachdenken, Formulieren. Eliminieren von „Quallenspeck", sprich: überflüssigen Worten. Schließlich würzt er sein Werk mit wohldosierten Zitaten – neun Regalmeter mit Literatur und Lexika in seinem Berliner Büro liefern Treffendes.

Klar, persönlich, glaubwürdig, bildhaft: Viele Kniffe lernte von Trotha bei Helmut Schmidt. „Ein begnadeter Redner: Wenn der Kant zitierte, hatte er ihn auch gelesen", schwärmt er, das ehemalige SPD-Mitglied. Mit 34 Jahren trat er 1974 als Novize in die „Schreibstube" des Kanzlers ein und blieb sechs Jahre.

Oft sei er mit „Schweiß unter den Achseln" vor den strengen Chef getreten. Der sah sich die Manuskripte seiner Handvoll Ghostwriter häufig erst eine halbe Stunde vor seinen Auftritten an. Korrigierte in Sekunden einen übersehenen Kommafehler und präzisierte mit grünem Chef-Filzstift ein paar Fakten. Auf dem Podium allerdings schob er ein Manuskript dann auch mal demonstrativ beiseite mit der Bemerkung, das hätte sein Redenschreiber verfasst, er aber wolle jetzt eigene Betrachtungen kundtun. Enttäuschung? „Im Gegenteil: Das ist ein wunderbarer Rednertrick", sagt von Trotha. Die Zuhörer seien von der Ehrlichkeit des Vortragenden begeistert, und die meisten übersähen dann, wenn der später doch noch unauffällig zum Fremdfabrikat greife.

Und was hält der Regierungsdirektor a. D. von der Rhetorik der Regierenden heute? Er schweigt mit wehmütiger Miene. Vor zwei Jahren gründete er eine Stiftung, die nach angelsächsischem Vorbild an deutschen Schulen Debattierkurse einrichtet. Juckt es den Profi, öfter selbst ans Rednerpult zu treten? Er grinst verschmitzt: „Wozu? Meine Worte und Gedanken kursieren längst in allen Bereichen der Gesellschaft."

Emine Sevgi Özdamar, Schriftstellerin

DIE BRÜCKENBAUERIN

„Gökkuşağı“, Himmelsgürtel, heißt Regenbogen auf Türkisch. Ein Gedanke, zwei Sprachen. Ein Bindeglied zwischen ihnen ist auch Emine Sevgi Özdamar. Die gebürtige Türkin schreibt seit 25 Jahren mit orientalischer Fantasie preisgekrönte Romane, Erzählungen und Theaterstücke auf Deutsch. „In einer fremden Sprache arbeitet man viel bewusster“, begründet die in Berlin lebende Schriftstellerin ihre Vorliebe.

Die spät erlernten deutschen Wörter – beim Schreiben ringt sie oft lange um die treffenden – schaffen für Özdamar die nötige Distanz, um ihre Gefühle und Beobachtungen formulieren zu können. „Ich mag Zirkusartisten, und in einer fremden Sprache zu schreiben ist ein wenig, wie auf dem Seil zu laufen. Bei jedem Satz besteht die Gefahr, dass man runterfällt.“ Nur wenige große Schriftsteller haben den Seiltanz riskiert: etwa Samuel Beckett und Joseph Conrad.

Özdamar lernte die Sprache, in der sie ihre lebenspralIen, autobiografisch geprägten Bücher verfasst, vor mehr als 40 Jahren im Goethe-Institut in Radolfzell am Bodensee. Zuvor war die Tochter eines Istanbuler Bauunternehmers als 18-Jährige allein nach Berlin gereist. Ihr Großvater, ein Großgrundbesitzer, hatte in seinem Harem fünf Ehefrauen. Die moderne Enkelin wollte Schauspielerin werden und als Gastarbeiterin das Leben ihrer ärmeren Landsleute studieren.

„Nach Art der Existenzialisten“, in Pullover und enger schwarzer Hose, blieb sie in einer Berliner Elektrofabrik Exotin unter den türkischen Arbeiterinnen. Deren Leben zwischen Montagehalle, Frauen-„Wonaym“, Hertie und Bushaltestelle setzte sie im 1998 erschienenen Roman „Die Brücke vom Goldenen Horn“ ein Denkmal.

1967 ging Özdamar zurück nach Istanbul an eine Schauspielschule. Sie engagierte sich in der Studentenbewegung, kam kurze Zeit ins Gefängnis. Schließlich floh sie vor der politischen Enge ihrer Heimat wieder nach Berlin und arbeitete als Schauspielerin und Regieassistentin an der Ostberliner Volksbühne. Mit 35 Jahren bekam sie vom Bochumer Schauspielhaus, an dem sie seit 1979 auftrat, den Auftrag für ihr erstes deutsches Bühnenstück. „Karagöz in Alemania“: eine Posse über einen türkischen Bauern, der als Gastarbeiter nach Deutschland kommt und – wie damals die Autorin – nur holpriges Deutsch spricht.

In Özdamars deutsch-türkischen Sittenporträts lernt man nicht nur den „Himmelsgürtel“, den Regenbogen, kennen, sondern auch viele andere türkische Ausdrücke. Mehrere Germanisten haben bereits über ihre Wortmetaphorik promoviert. Ihre Fabulierlust und ihren Humor hat die Autorin vermutlich von ihrer Großmutter geerbt. Deren Sprachduktus – blumenreiche Floskeln, langatmige Komplimente – war noch geprägt von der höfischen Welt des osmanischen Großreichs. Dschinns, Geister, huschten genauso selbstverständlich durch diese Welt, wie Schatten und Wörter ein Eigenleben entwickelten.

Nicht anders in Özdamars Erzählungen: Da beschimpfen sich auf der Straße die Autos, werden Schiffe „nervös“, Grabsteine gesprächig, und Worte eilen ihren Erzeugern voran allein über die Straße. Haben Wörter eine Seele? „Natürlich“, glaubt die Schriftstellerin. „Es gibt Wörter mit lachenden Gesichtern und welche, die böse schauen – so mit hochgezogenen Brauen und Falten.“

Ganz zu Hause ist Özdamar im Deutschen noch immer nicht. Wohl gelingen ihr mühelos kurze, poetische Sätze wie „Die Liebe ist ein leichter Vogel“. Doch wenn sie längere Passagen komponiert, zweifelt sie manchmal, ob die verschlungenen deutschen Konstruktionen noch verständlich sind. Dann fragt sie ihren deutschen Lektor.

Özdamars Romane sind in rund ein Dutzend Sprachen übertragen worden. Die türkischen Übersetzungen überließ sie anderen. Jetzt möchte sie endlich ein Buch auf Türkisch schreiben. Kürzlich träumte sie von einem Gespräch mit einem Taxifahrer in der Türkei, aber im Traum habe auch der Türke Deutsch gesprochen. Ein Zeichen, dass sie nach Jahrzehnten deutschen Denkens jetzt die nötige Distanz zum Dichten in der Muttersprache hat. ☐

Ein Ausschnitt der Sprachgeschichte. Zum weitverzweigten Stamm der indogermanischen Sprachfamilie gehört das Hindi auf dem indischen Subkontinent ebenso wie das Isländische. Auch das Persische und Kurdische sind Verwandte des Deutschen. Viele andere Sprachen sind inzwischen ausgestorben (†)

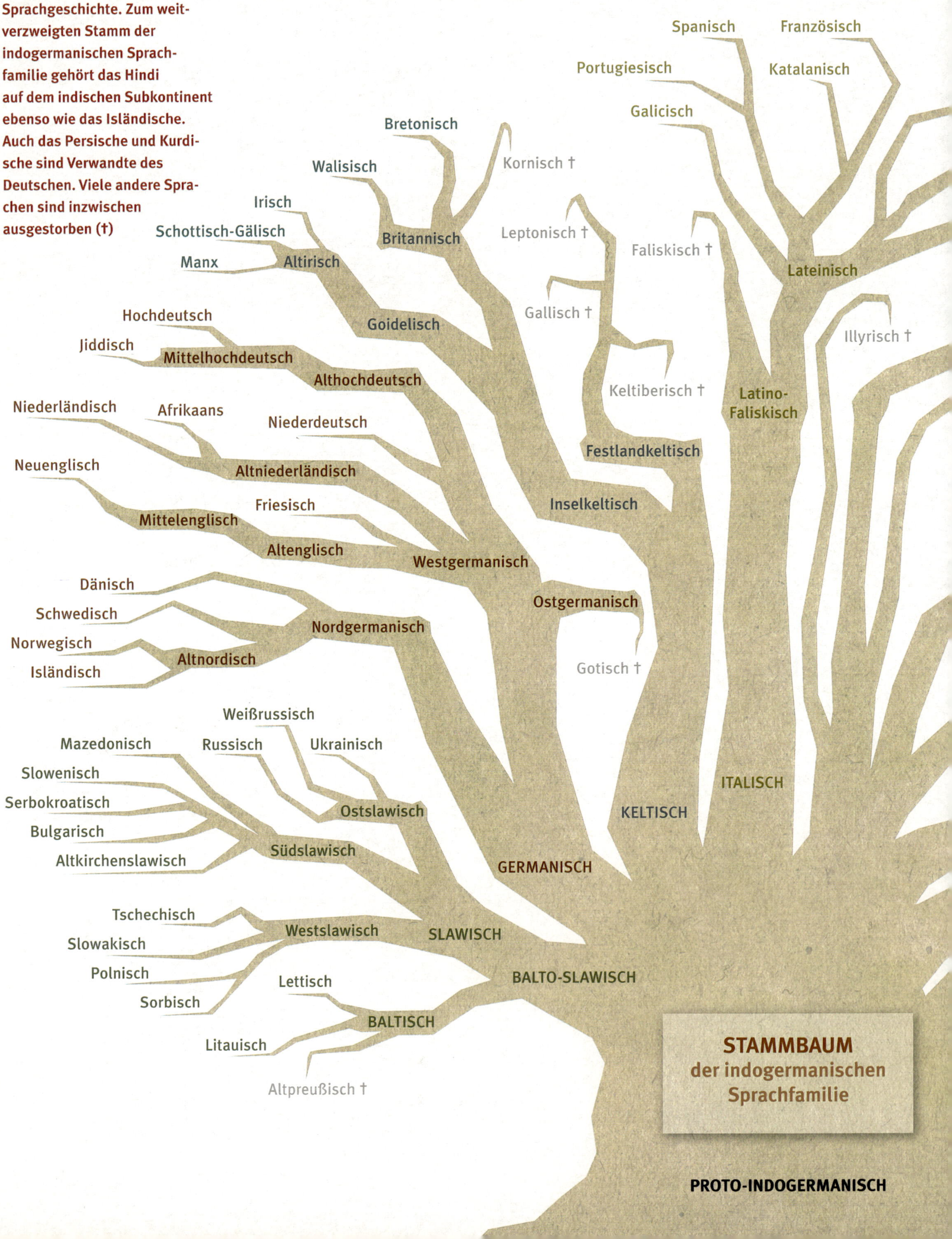

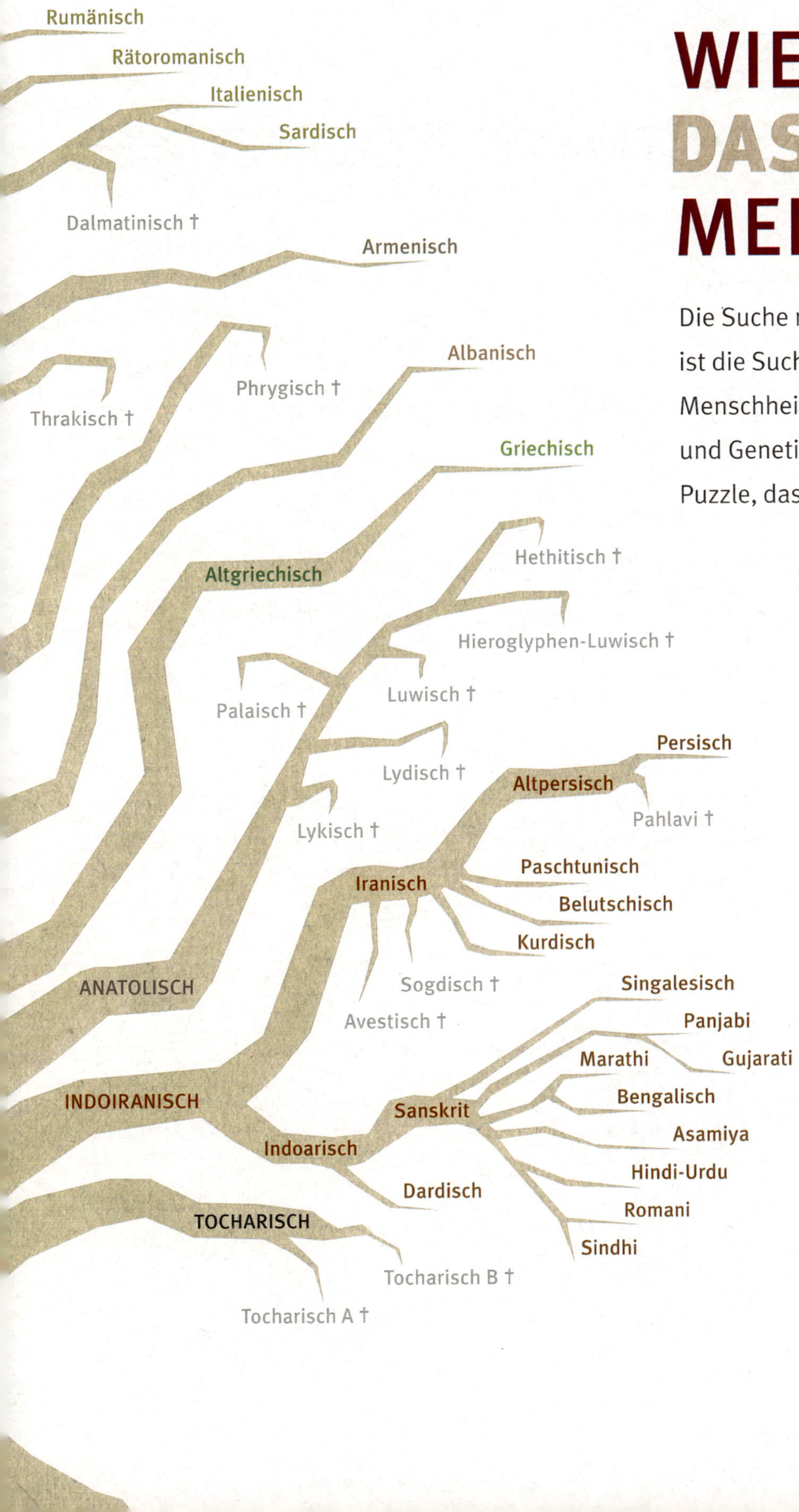

WIE KAM DAS WORT ZUM MENSCHEN?

Die Suche nach dem Ursprung der Sprache ist die Suche nach uns selbst – dem Anfang der Menschheit. Evolutionsbiologen, Linguisten und Genetiker arbeiten an einem gewaltigen Puzzle, das mehr und mehr Gestalt annimmt

VON SEBASTIAN KIRSCHNER (TEXT) UND J. RICHTER/B. WAGNER (INFOGRAFIKEN)

Lobo starrt auf das Plastikflugzeug in der Hand der vierjährigen Sara. Seine Versuche, danach zu greifen, scheitern; eine dicke Glasscheibe trennt den jungen Schimpansen von Sara und den anderen Besuchern des Pongolandes, der weltgrößten Menschenaffenanlage im Leipziger Zoo. Das Mädchen und Lobo rücken etwas näher an die Scheibe und schauen sich eine Weile stumm in die Augen. Dann wendet sich Sara ab und eilt ihrer Mutter hinterher. Warum, so mag sie denken, hat Lobo nicht selbst so ein Flugzeug? Warum bauen sich Affen keine Plastikflieger?

Dass Lobo dazu nicht fähig ist, beruht auf mehr als dem genetischen Unterschied zwischen Affe und Mensch – in nur 1,2 Prozent der Fälle weicht die

Abfolge der Basenpaare des einen Primaten von der des anderen ab. Was Menschen auszeichnet, ist die Fertigkeit, kulturelles und technologisches Wissen in beispielloser Geschwindigkeit von Generation zu Generation weiterzugeben. Das wiederum gelingt mittels einer Erfindung, die so bedeutsam ist wie die Geburtsstunde der DNS oder der Übergang von einzelligen zu mehrzelligen Organismen. Die Spezies Mensch hat das Sprechen gelernt!

DER MENSCH ist erst Mensch durch Sprache." Das ahnte bereits der Philosoph und Sprachforscher Wilhelm von Humboldt Anfang des 19. Jahrhunderts. Zu einer Zeit, als Naturwissenschaftler mit ihren Theorien über die Entstehung der Arten noch im Dunkeln tappten.

Philologen, so schien es, hatten damals die Gesetze der Entwicklungsgeschichte von Sprachen durchschaut. Mit Akribie und Eifer stürzten sich die Sprachwissenschaftler des 19. Jahrhunderts auf jede verfügbare schriftlich erhaltene Botschaft aus längst vergangenen Tagen. Die Erkenntnis, dass der Lautwandel regelhaft verläuft, ermöglichte es ihnen, einen „Stammbaum" der Sprachfamilien der Welt zu erstellen: aus einer gemeinsamen, jahrtausendealten Ausgangssprache hat sich demnach die Vielfalt der heutigen Idiome entwickelt. Von den damaligen Forschern stammt auch die weitgehend bis heute gültige Einteilung der Sprachen in „Familien", wie zum Beispiel das Indogermanische.

Doch es gab ein Problem: Schriftliche Zeugnisse waren kaum älter als 7000 Jahre. Und je mehr Fortschritte Linguisten beim Erforschen konkreter Sprachfamilien machten, desto deutlicher wurde, dass auch deren Geschichte nur ein Bruchteil der gesamten Sprachgeschichte war. Über eine mögliche „Ursprache der Menschheit" konnte die vergleichende Linguistik somit keine Auskunft geben.

Ebenso vergeblich waren die Versuche, in den Sprachen der heutigen Naturvölker Hinweise auf die Sprachentwicklung zu finden. Denn wie sich herausstellte, waren die Sprachen der Jäger-und-Sammler-Kulturen in ihrer grammatischen Struktur ebenso komplex und hoch entwickelt wie diejenigen der „zivilisierten" Welt.

Die Entstehung der ersten menschlichen Sprache blieb daher lange Zeit Gegenstand von zum Teil irrwitzigen Spekulationen. Einer Anekdote zufolge soll ein Sprachforscher das griechische Wort „pyr", mit dem unser Ausdruck „Feuer" verwandt ist, auf das Schnattern („brr") des Urmenschen zurückgeführt haben, der in kalten Höhlen leben musste. Von einem anderen Forscher wird behauptet, er habe das Hochdeutsche daraus hergeleitet, dass den Menschen beim Besteigen von Bergen die Luft wegblieb. Unwillkürlich hätten sie etwa aus einem „P" ein etwas atemloses „Pf" gemacht – so sei aus dem alten Wort „Pund" ein „Pfund" geworden.

Schließlich wurde dem Fabulieren ein Riegel vorgeschoben: 1866 verbot die Linguistische Gesellschaft von Paris ihren Mitgliedern, weitere Diskussionsbeiträge über die Evolution der Sprache einzureichen.

UNTER NATURWISSENSCHAFTLERN keimte indes Hoffnung auf Erkenntnis. Nachdem Charles Darwin im Jahre 1859 neues Licht auf den Ursprung der Artenvielfalt geworfen hatte, wurde seine Evolutionstheorie auch auf den Menschen und dessen Sprache angewendet. Laut Darwins Regeln musste jedes Phänomen der Natur, so komplex es auch sein mochte, im Laufe der Evolution in einem kontinuierlichen Wan-

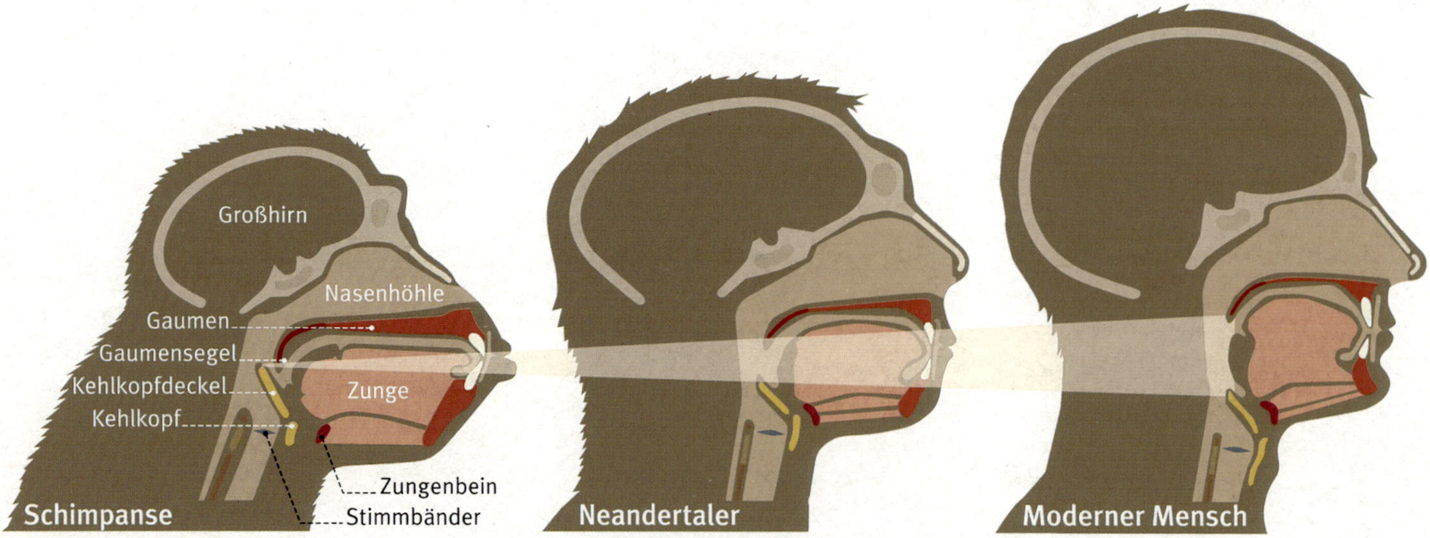

del aus bereits existierenden Formen hervorgegangen sein – also auch die Sprachfähigkeit des Menschen.

Für den Evolutionsforscher Tecumseh Fitch von der schottischen Universität St. Andrews setzt sich unsere Sprachfertigkeit „aus vielen physiologischen und kognitiven Besonderheiten zusammen, die zu ganz verschiedenen Zeiten und dank unterschiedlicher selektiver Kräfte im Laufe der Evolution des Menschen entstanden sind".

Darunter fällt für Fitch auch die Fertigkeit des Menschen, Lautäußerungen von Artgenossen bewusst nachahmen zu können. Biologen kennen diese Fähigkeit zwar von Singvögeln und Walen, nicht aber von Affen. Das heißt, unsere Vorfahren erlernten das stimmliche Imitieren erst, nachdem sich die Entwicklungslinien von Schimpanse und Mensch vor rund sechs Millionen Jahren getrennt hatten.

Aber welche Laute waren es, die zuerst nachgeahmt wurden? Womöglich ging, wie schon Charles Darwin vermutet hat, der menschlichen Sprache eine primitive gesangsartige Kommunikationsform voraus. Solche „Urgesänge" dienten vielleicht dazu, Partner zu werben oder die sozialen Bindungen innerhalb der Urmenschengruppe zu festigen. So könnte auch die besondere Anatomie unseres Vokaltraktes eine Anpassung an einen Urgesang gewesen sein: Beim Menschen senkt sich der Kehlkopf im Laufe der Kindheit im Rachen ab. Und zwar zusammen mit dem Zungenbein, einem Knochen zwischen Unterkiefer und Kehlkopf, an dem der Zungenmuskel ansetzt. Dadurch gewinnt die Zunge beim Sprechen und Singen an Spielraum.

Im Gegensatz dazu liegt der Kehlkopf eines Schimpansen für die Artikulation der für die Sprache notwendigen Vokale zu hoch – ihm fehlt der für die Resonanzbildung notwendige hintere Rachenraum (siehe Grafik S. 88).

HINWEISE DARAUF, wann sich solche anatomischen Veränderungen durchgesetzt haben, liefern Knochenfunde. Ein versteinertes, etwa 60 000 Jahre altes Zungenbein eines Neandertalers aus der israelischen Kebara-Höhle unterscheidet sich anatomisch kaum vom Zungenbein eines modernen *Homo sapiens*. Vermutlich hatte also schon der Neandertaler einen Stimmapparat, der dem des heutigen Menschen ähnlich war.

Ganz anders die Anatomie des Zungenbeins eines dreijährigen Kindes der Vormenschen-Art *Australopithecus afarensis*, das vor 3,3 Millionen Jahren im heutigen Äthiopien zu Tode kam. Dieses Knöchelchen gleicht eher dem eines heutigen Schimpansen. Irgendwann in der Zeit danach muss sich also ein menschenähnlicher Stimmapparat entwickelt haben.

Doch dieser entzieht sich der näheren Erforschung – denn abgesehen vom Zungenbein besteht er lediglich aus Weichteilen, die keine fossilen Spuren hinterlassen.

Den bisher ältesten soliden Hinweis auf eine menschenähnliche vokale Kommunikation fanden spanische Archäologen bei 400 000 Jahre alten Schädeln des *Homo heidelbergensis*, dem wahrscheinlichen Vorfahren des Neandertalers. Die Anatomie des Innenohrs ähnelte bereits jener des modernen Menschen und konnte deshalb möglicherweise Frequenzen zwischen zwei und vier Kilohertz besonders gut wahrnehmen. Genau in diesem Bereich liegen heute viele wichtige Sprachlaute.

Die Lautsprache begann sich vermutlich irgendwann zwischen 1,8 Millionen und 500 000 Jahren vor unserer Zeit zu entwickeln, als noch der letzte gemeinsame Vorfahre von *Homo sapiens* und Neandertaler lebte. Diese *Homo erectus* genannte Spezies stand der Schwelle zum „Menschsein" schon sehr nahe: Es waren große, schlanke Hominiden, die Faustkeile herstellten, das Feuer entfachten und hüteten und gemeinsam auf die Jagd gingen.

Sehr komplex kann ihre vokale Verständigungsform aber kaum gewesen sein: Über eine Million Jahre fertigte *Homo erectus* Steinwerkzeuge auf die gleiche Art und Weise an – ohne Anzeichen jenes raschen kulturellen Wandels, wie er für den sprachgewandten *Homo sapiens* charakteristisch ist.

Zumindest jedoch muss *Homo erectus* bereits vorausplanend gedacht haben. Denn zur Fertigung eines symmetrisch geformten Faustkeils waren viele Arbeitsschritte notwendig – und dafür

Seit 400 000 Jahren ermöglicht die Anatomie des menschlichen Innenohrs das Hören sprachtypischer Frequenzen

Die Anatomie eines Schimpansen ähnelt der des gemeinsamen Vorfahren von Affe und Mensch. Seit der Trennung der Spezies haben sich Körpermerkmale verändert, die für die Sprachfähigkeit wesentlich sind: Kehlkopf und Zungenbein sind bei *Homo sapiens* abgesenkt – und die Zunge gewann Raum zum Sprechen und Singen

brauchte der prähistorische Steinmetz von Beginn an eine Vorstellung vom fertigen Gerät.

Doch stand am Anfang tatsächlich eine Lautsprache? Evolutionsbiologen gehen heute davon aus, dass die Kommunikation mit Gesten und Gebärden der lautlichen voranging. Denn Schimpansen, deren kommunikative Fähigkeiten wahrscheinlich denen des gemeinsamen Vorfahren von Mensch und Affe entsprechen, setzen Rufe meist nur unwillkürlich als Ausdruck von Emotionen ein. Das kann ein erregtes Schreien sein, wenn das Tier eine Futterquelle entdeckt, oder ein ängstliches Kreischen angesichts eines Rangkampfes mit einem Artgenossen. Mit Sprache – der Verwendung konventioneller Symbole – haben diese angeborenen, an konkrete Anlässe gebundenen Rufe aber nur wenig zu tun.

Umso flexibler setzen die großen Menschenaffen ihre Arme und Hände für die Kommunikation ein. Sie verfügen über ein reiches Repertoire an Gesten, deren Bedeutungsinhalte sie erlernen müssen und später je nach Situation variieren können. Es ist also wahrscheinlich, dass Urmenschen wie *Homo erectus* aus der willkürlichen Gestik der äffischen Vorfahren eine erste simple Gebärdensprache entwickelten.

FÜR DIESE THESE SPRICHT AUCH, dass Kleinkinder in den ersten Lebensmonaten nicht nur zu brabbeln beginnen, sondern auch rudimentär gebärden. Dabei sind jeweils dieselben Sprachareale der linken Hirnhälfte aktiv.

Dass unsere Vorfahren schließlich von der gestischen zur lautlichen Kommunikation übergegangen sind, hatte offensichtliche Vorteile: So erleichterte die Lautsprache die Verständigung im Dunkel der Nacht. Außerdem waren die Hände nicht mehr zwingend für die Kommunikation vonnöten und konnten stattdessen zum Beispiel zum Beerensammeln verwendet werden.

Und noch eine unabdingbare Voraussetzung, um sprechen zu können, besaß *Homo erectus* seit langem: den aufrechten Gang. Nur dieser erlaubt eine Entkopplung des Atemrhythmus vom Schreiten. Im Gegensatz zu Vierbeinern, deren Atemrhythmus direkt an die Bewegung der Vorderbeine gekoppelt ist, kann der Mensch mehrere Schritte tun und viele Lautäußerungen aneinanderreihen, bevor er wieder Atem holen muss.

Mit dem Übergang zum Savannenleben hatten die Vorfahren des *Homo erectus* zudem eine weitere Eigenart entwickelt, die für die Herausbildung der Sprache unabdingbar war: den Trend zum Zusammenleben in großen Gruppen.

Die Ahnen der modernen Menschen verständigten sich vermutlich zunächst mit Gesten und einfachen Gebärden

EIN GROSSER ÜBERLEBENSVORTEIL. Denn vereinzelte Urmenschen lebten in der offenen Savanne in ständiger Gefahr, Beute der Raubtiere zu werden. Schlossen sie sich zusammen, sank für den einzelnen Hominiden das Risiko, gefressen zu werden. Mit vielen Beobachtern war eine Gefahr frühzeitiger zu erkennen, und man konnte sich gegenseitig warnen. Wahrscheinlich hatten die Urmenschen bereits damals ein differenziertes Warnrufinventar entwickelt – ähnlich, wie es bei heutigen Affenarten der Savanne vorkommt.

Doch ein Zusammenleben in größeren Gruppen bringt zwangsläufig mehr Konflikte mit sich. Die kosten Zeit und können blutig ausgehen. Um sich friedlich einigen zu können, bedurfte es einer Verständigung, die Nuancen bei der Beschreibung von Gefühlen und Sachverhalten zuließ.

Hominiden mit solchen kommunikativen Fähigkeiten hatten somit einen Überlebensvorteil – und über Generationen und Abergenerationen verbesserte sich auf diese Weise die Ver-

VERTEILUNG DER SPRACHFAMILIEN AUF DER ERDE

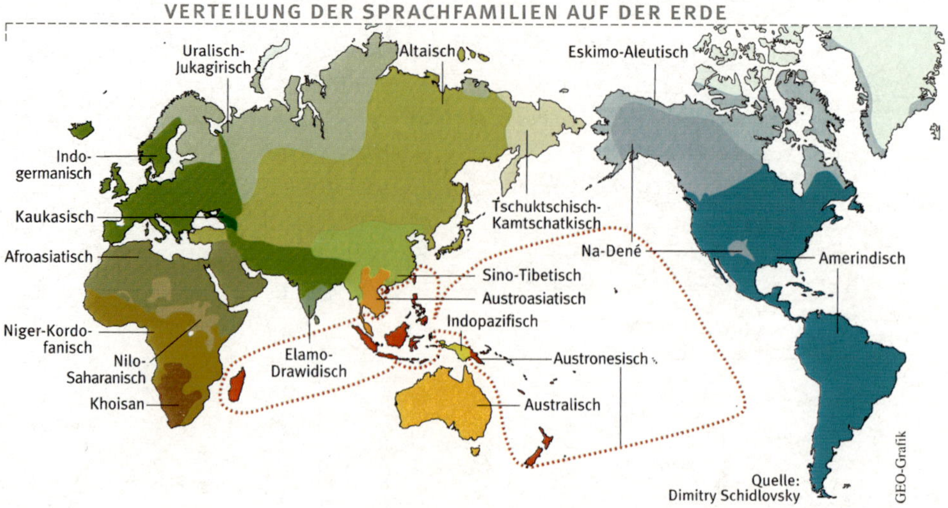

Quelle: Dimitry Schidlovsky

GEO-Grafik

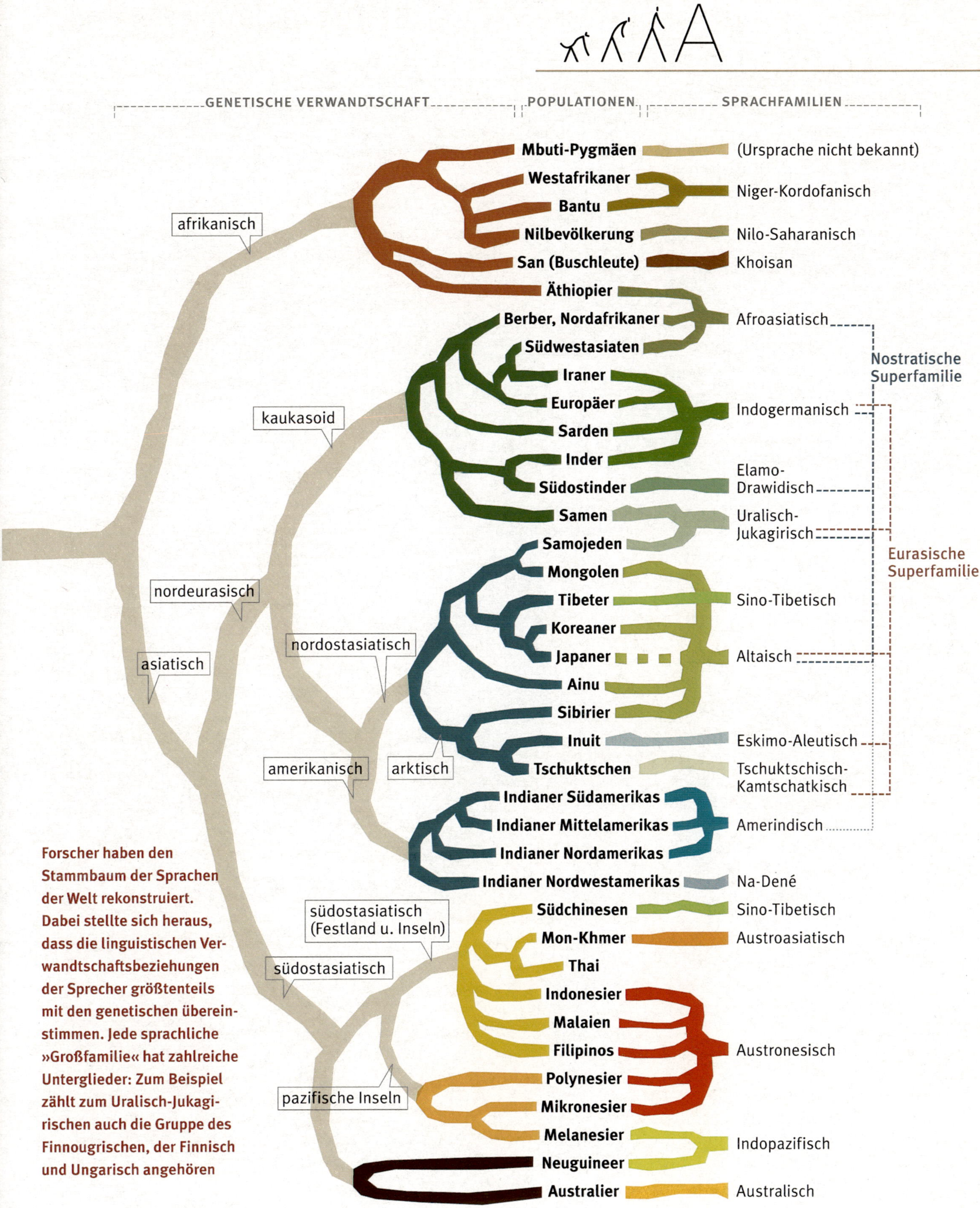

Forscher haben den Stammbaum der Sprachen der Welt rekonstruiert. Dabei stellte sich heraus, dass die linguistischen Verwandtschaftsbeziehungen der Sprecher größtenteils mit den genetischen übereinstimmen. Jede sprachliche »Großfamilie« hat zahlreiche Unterglieder: Zum Beispiel zählt zum Uralisch-Jukagirischen auch die Gruppe des Finnougrischen, der Finnisch und Ungarisch angehören ständigung, und die Gehirne wurden leistungsfähiger.

Nach einer Theorie des britischen Anthropologen Robin Dunbar sind die Hirne sozialer Arten vergleichsweise voluminös gegenüber denen der weniger geselligen. Und tatsächlich ist die Großhirnrinde jener Teil des menschlichen Gehirns, der sich im Vergleich zum typischen Affengehirn am stärksten vergrößert und verändert hat. Sie gilt als Sitz des sozialen Bewusstseins: Dort werden die Absichten der Mitmenschen interpretiert, gemeinsame Ziele verfolgt, Lügen ersonnen oder Intrigen gesponnen.

So überrascht es nicht, dass Sprache insbesondere in der Großhirnrinde produziert und verarbeitet wird.

AN DER AUFKLÄRUNG der angeborenen Sprachfertigkeit des Menschen arbeiten heute auch Genforscher. Wissenschaftler um Svante Pääbo, einen der Direktoren des Max-Planck-Instituts für evolutionäre Anthropologie in Leipzig, suchen nach jenen Veränderungen im Erbgut, die kommunikative Fertigkeiten fördern. Vor einiger Zeit identifizierten sie eine Veränderung im Genom, die offenbar eng mit der Sprachfähigkeit in Verbindung steht: im Gen FOXP2.

Zwar ist es falsch, das Gen als „Sprachgen" zu beschreiben – nahezu identische Varianten fanden Forscher auch bei Schimpanse und Maus. Dennoch erlaubte die jüngste Mutation vermutlich ein leichteres Zusammenfügen von Sätzen oder eine feinere Steuerung der am Sprechen beteiligten Gesichtsmuskeln.

Denn genau diese Fähigkeiten sind beeinträchtigt, wenn das Gen, wie in seltenen Fällen, beschädigt ist: Das konnten Forscher an einer britischen Familie studieren. Deren Mitglieder haben Probleme beim Bilden und Ver-

DIE GESCHICHTE UNSERER SPRACHE

Innerhalb weniger Jahrhunderte hat sich das Deutsche stark verändert. Geht man die Jahrtausende zur indogermanischen Ursprache zurück, sind die Unterschiede so groß, dass nur Fachleute noch die Verwandtschaft erkennen können.

NEUHOCHDEUTSCH: seit etwa dem 17./18. Jahrhundert

Die Liebe ist ein seltsames Spiel
Gegenüber dem Mittelhochdeutschen und Frühneuhochdeutschen wird „Liebe" in der heutigen Standardsprache nicht wie „liabe", sondern wie „lihbe" ausgesprochen – wie in dem Schlager von Connie Francis.

FRÜHNEUHOCHDEUTSCH: ca. 1350 bis 1650

Vnd als sie daselbs waren, kam die zeit, das sie geberen solte. Vnd sie gebar jren ersten Son (Luk. 2, 6 – 7)
In die Zeit des Frühneuhochdeutschen fällt die Bibelübersetzung von Martin Luther. Eine verbindliche Rechtschreibung gab es damals nicht, doch die Texte sind noch heute leicht verständlich.

MITTELHOCHDEUTSCH: ca. 1050 – 1350

Dû bist mîn, ich bin dîn, des solt dû gewis sîn
Das Beispiel stammt aus einem Gedicht eines unbekannten Autors. Das lange „î" des Mittelhochdeutschen entspricht dem heutigen „ei".

ALTHOCHDEUTSCH: etwa 750 – 1050

Fater unsêr, thû pist in himile, uuîhi namun dînan ... oblâz uns sculdi unsêro
Ein Vaterunser, enthalten in einer Handschrift aus dem schweizerischen St. Gallen. Die alten Laute „p", „t", „k" veränderten sich in dieser Zeit im Rahmen der hochdeutschen Lautverschiebung zu „pf", „z" oder „s" und „ch" – im Unterschied zum Altniederdeutschen. So etwa bei dem Wort „oblâz" (erlasse), dem ein altes „lât" zugrunde liegt.

(GEMEIN)GERMANISCH: frühestens 500 v. Chr. – ca. 700 n. Chr.

Ek hlewagastiz holtijaz horna tawido
Für die Zeit vor der Trennung der germanischen Sprachen in Nord-, West- und Ostgermanisch gibt es keine schriftlichen Zeugnisse. Zeitlich in die Nähe reicht der Runenspruch auf den Goldhörnern aus dem dänischen Gallehus: „Ich, Hlewagast aus Holt, machte das Horn." Dem Wort „Holt" (Wald) entspricht aufgrund der hochdeutschen Lautverschiebung das Wort „Holz". Alle germanischen Sprachen haben die germanische Lautverschiebung vollzogen, die sie vom Rest der indogermanischen Sprachfamilie unterscheidet. Dabei änderte sich unter anderem das alte „p" zu „f" – lateinisch „pater" entspricht „Vater".

PROTO-INDOGERMANISCH: vor etwa 6000 Jahren

Avis, jasmin varnā na ā ast, dadarka akvams, tam, vāgham garum vaghantam
Von der indogermanischen Ursprache gibt es keine schriftlichen Zeugnisse. Sie soll aber dem indischen Sanskrit ähnlich gewesen sein. Das Beispiel entstammt einer Fabel, die der Sprachwissenschaftler August Schleicher aufgrund seiner vergleichenden Studien für die Zeit vor dem Sanskrit ersonnen hat. Der Text heißt übersetzt: „Ein Schaf, auf dem keine Wolle war, sah Pferde; eines zog einen schweren Wagen." In „vāgham" erkennt man noch das Wort „Wagen" – der ursprüngliche gehauchte g-Laut „gh" wurde bereits im Gemeingermanischen zum Verschlusslaut „g".

DIE ENTWICKLUNG DER SCHRIFT

Alphabet

phönizisch	griechisch	lateinisch
aleph Ochse	Α **Alpha**	A
beth Haus	Β **Beta**	B
gimel Kamel	Γ **Gamma**	C G
daleth Tür	Δ **Delta**	D
he Fenster	Ε **Epsilon**	E
waw Haken	Ϝ **Digamma**	F
heth Wand	Η **Eta**	H
yodh Hand	Ι **Iota**	I J
kaph Handfläche	Κ **Kappa**	K
lamed Stachelstock	Λ **Lambda**	L
mem Wasser	Μ **My**	M
nun Schlange	Ν **Ny**	N
ayin Auge	Ο **Omikron**	O
pe Mund	Π **Pi**	P
qoph Affe	Ϙ **Qoppa**	Q
res Kopf	Ρ **Rho**	R
sin Zahn	Σ **Sigma**	S
taw Zeichen	Τ **Tau**	T
waw Haken	Υ **Ypsilon**	U V W
samekh Fisch	Ξ **Xi**	X
zayin Schwert	Ζ **Zeta**	Z
teth Rad	Θ **Theta**	
tsade Jagd		

Alle Buchstabenschriften haben sich aus Bildsymbolen entwickelt, auch unser Alphabet: Beim phönizischen Urzeichen für einen Ochsen (aleph) sind noch die beiden Hörner am Kopf erkennbar – das Zeichen wird später zum Lautsymbol A. Das B stammt von »beth« ab – dem Zeichen für ein Haus, das, wenn man es dreht, an ein Zelt erinnert

stehen von Wörtern und grammatikalischen Formeln, aber auch bei der Koordination von Mundbewegungen, die für eine korrekte Aussprache notwendig sind. FOXP2 beeinflusst demnach unter anderem die Entwicklung von Gehirnbereichen, die mit Sprachverständnis und Artikulation zu tun haben.

Durchgesetzt hat sich die neue FOXP2-Variante im Erbgut der gesamten Menschheit erst während der vergangenen 200 000 Jahre. Der Zeitraum der Ausbreitung fällt in etwa mit dem Erscheinen des modernen Menschen zusammen, der sich vor 200 000 bis 100 000 Jahren in Ostafrika aus einer „archaischen" Form von *Homo sapiens* entwickelte.

SEINE VOLLE SPRACHFÄHIGKEIT erlangte der Mensch spätestens vor etwa 100 000 Jahren, als er begann, sich von Afrika aus in mehreren Wanderungswellen über die Welt zu verbreiten – denn heute spricht jedes Volk eine vergleichbar entwickelte Sprache. Zudem zeigt der Stammbaum aller Sprachfamilien große Übereinstimmungen mit dem genetisch erstellten Stammbaum der Menschheit (siehe Grafik S. 91). Völker, die wenig Kontakt miteinander pflegten, entwickelten sich sowohl sprachlich als auch genetisch auf separaten Wegen.

Mithilfe von genetischen Analysen, Fossilienfunden und dem Vergleich mit Menschenaffen konnten Forscher verschiedener Disziplinen in den vergangenen Jahrzehnten eine Menge Puzzleteile zusammentragen. Dennoch werden wir wohl nie erfahren, wie es sich anhörte, als zum ersten Mal Urmenschen plaudernd durch die afrikanische Savanne liefen, geschweige denn, welche Wörter sie kannten.

Daher suchen manche Forscher lieber in der Gegenwart nach Beispielen für Entwicklungsstufen der Sprache. Zum Beispiel anhand von sogenannten Pidginsprachen. Diese Handelssprachen entstehen beim Kontakt unterschiedlicher Volksgruppen, die keine gemeinsame Sprache sprechen, etwa der Engländer und der Neuguineer.

Anfangs haben Pidgins eine äußerst primitive Struktur. Sie weisen keinen festen Satzbau auf, verzichten auf eine grammatische Flexion ebenso wie auf eingeschobene Nebensätze und reihen stattdessen Wörter zu simplen Botschaften aneinander.

Nach einer Weile jedoch bilden sich aus diesen primitiven Handelssprachen Idiome mit einer kompletten Grammatik: Das „Tok Pisin" (wörtlich: „Talk Pidgin") in Neuguinea etwa verwendet heute zur Markierung von Adjektiven und Zahlwörtern die Endung *-pela* wie in *tri-pela pik* (drei Schweine). Die Endung *-pela* geht auf das englische Nomen *fellow* (Kerl) zurück, übernimmt aber im Laufe der Zeit eine völlig andere Funktion als die des ursprünglichen Hauptwortes.

Auf diesem Wege – Fachleute sprechen von „Grammatikalisierung" – bildet sich aus konkreten Begriffen eine neue Sammlung von Symbolen, die einer Sprache grammatische Struktur und Kontur verleihen. Egal, ob Kasus, Konjunktionen oder Pronomina: In Pidginsprachen treten sie nicht als fertige Bestandteile auf, sondern entwickeln sich stets über einen Umweg, über konkrete Begriffe des Alltags.

Die Evolution der Sprache – sie ist auch heute noch im Gange. □

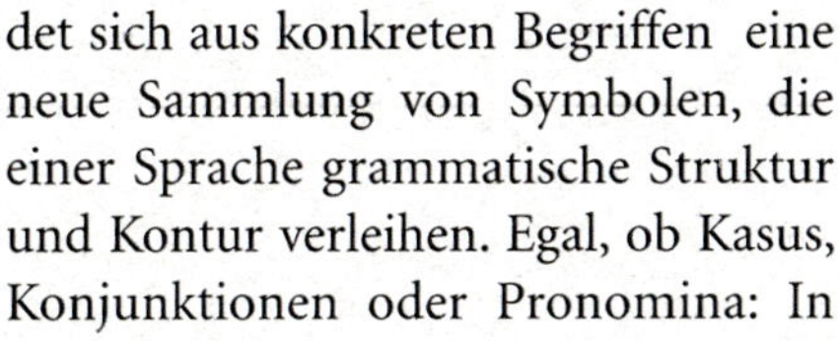

Sebastian Kirschner forscht als Doktorand am Max-Planck-Institut für evolutionäre Anthropologie in Leipzig über die womöglich gemeinsamen Wurzeln von Sprache und Musik. **Birte Wagner** und **Juliane Richter** sind das illu.team43; die beiden Hamburger Diplom-Designerinnen haben die meisten wissenschaftlichen Illustrationen für dieses Heft angefertigt.

Die Kreative: Statt Begriffe nur zu übernehmen, kombiniert die Bonobo-Frau Panbanisha vorgegebene Ausdrücke neu. Einen Biber, dessen Gebiss ihr Angst macht, bezeichnet die 21-Jährige als »Wassergorilla«

Mit Gebärden und Lexigrammen haben einige Bonobos, Schimpansen, Gorillas und Orang-Utans die Sprachbarriere zum Menschen überbrückt. Doch was haben die Primaten uns zu sagen?

GESPRÄCHE UNTER VERWANDTEN

VON UTA HENSCHEL

Den Rücken gebeugt, mit baumelnden Armen und in Bodennähe pendelnden Fingerspitzen, wanken 20 US-Bürger zur Audienz bei Washoe und ihrer Familie. Im „Chimpanzee and Human Communication Institute" (CHCI) in Ellensburg am Fuße der Cascade Mountains im Bundesstaat Washington gilt der aufrechte Gang geradezu als unhöflich. Auch das Entblößen von Oberkieferzähnen sollte in Gegenwart der Primaten möglichst unterdrückt werden. Denn die nichtmenschlichen Bewohner der 590 Quadratmeter großen Gehege im Institut empfinden menschliches Lächeln als Drohung.

WER SICH AM WOCHENENDE gegen eine Gebühr von zehn Dollar zum etwa einstündigen „Chimposium" hier einfindet, muss bereit sein, ein paar Gewohnheiten vorübergehend abzulegen. Eine Dozentin mit dem Namensschild Lisa an der Bluse demonstriert den Teilnehmern, wie Schimpansen gehen. Und wie sie lächeln: mit heruntergezogener Oberlippe und vorgeschobenem Unterkiefer. Die Schnell-Dressur bringt den Besuchern ein Minimum an Benehmen bei, bevor sie vorgelassen werden. Immerhin handelt es sich nicht um irgendwelche Schimpansen in irgendeinem Gehege irgendeiner Stadt. Sondern um prominente Primaten, um Pioniere ihrer Art. Sie haben als Erste die Grenze zum Territorium der menschlichen Sprache überschritten und *Homo sapiens sapiens* sein kostbarstes Monopol streitig gemacht. Respekt ist geboten.

Washoe, Tatu, Dar und Loulis beherrschen die amerikanische Gebärdensprache. Ihre ausdrucksvollen Hände bilden bis zu 240 Zeichen der American Sign Language (ASL oder Ameslan). Und sie setzen diese originell ein, etwa um neue Wörter zu erfinden wie „Trinkfrucht" für Melone oder „Wasservogel" für Schwan; auch zum Fluchen: „dreckiger Loulis". Inhaltlich und syntaktisch durchschauen sie den Unterschied zwischen „Du kitzelst mich" und „Ich kitzele dich".

Washoe hat ihre Ameslan-Kenntnisse an die nächste Generation weitergegeben, an ihren Adoptivsohn Loulis. Und Tatu führt für alle Clanmitglieder den

Diese beiden Lexigramme bedeuten »Bitte kommen«. Solche Zeichen können Menschen und Affen gleichermaßen verstehen. Die Lexigramme bilden, wie jede Sprache, einen Code aus abstrakten Symbolen

RUCKSACK

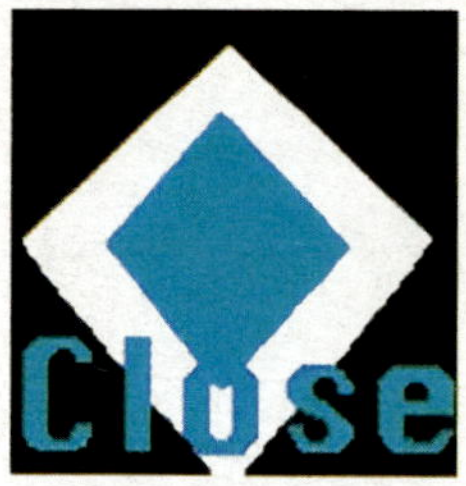

SCHLIESSEN

KOMMEN

LEICHT

FÜHLEN

GUT

HATTE

BERGGIPFEL

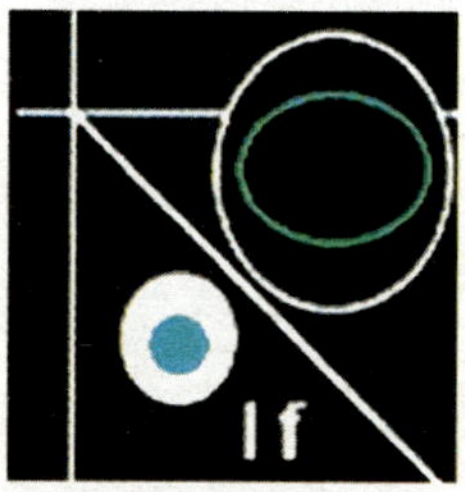

WENN

KANZI

MACHEN

MATATA

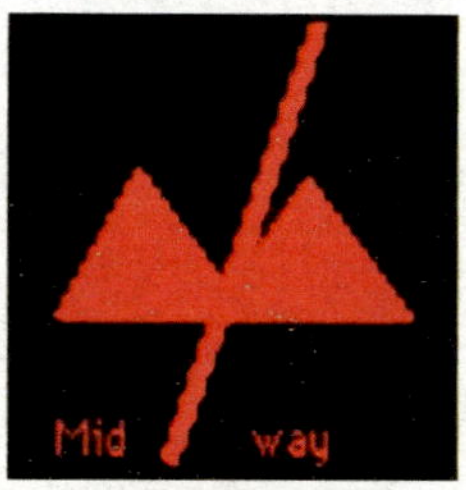

MITTENDURCH

MUSIK

NUDELN

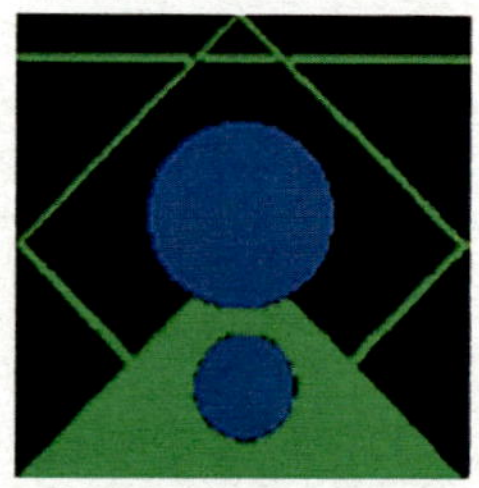

NYOTA

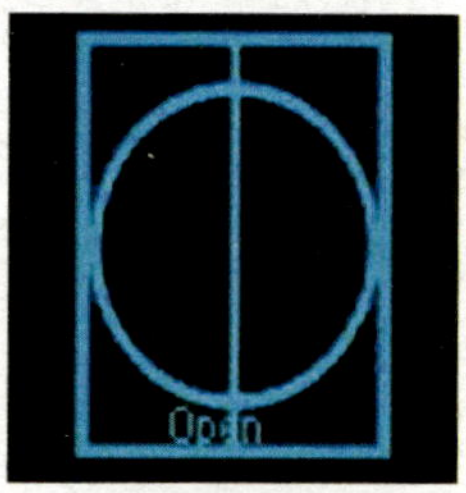

ÖFFNEN

PANBANISHA

STÜCK

BITTE

VORTÄUSCHEN

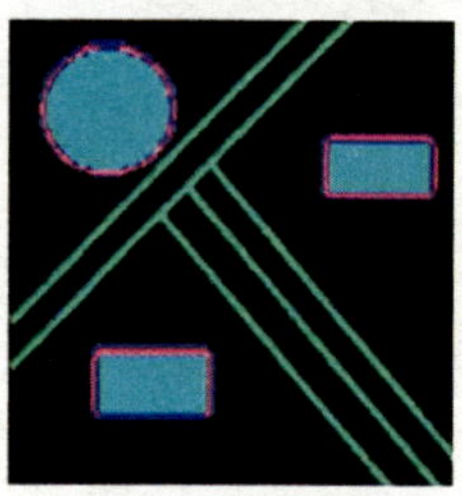

GEHEIMNIS

SUE

GESTERN

384 Zeichen umfassen die Symboltafeln im »Great Ape Trust«-Sprachprojekt. Ausgedacht haben sich die Lexigramme die Forscher; in der Regel sind die Symbole willkürlich gewählt. Besonders virtuos im Umgang mit Lexigrammen sind Bonobos: Auf der Zeichentastatur tippen sie ein, welche Dinge sie auf einem Ausflug im Rucksack mitnehmen wollen

Kalender. Beim ersten Schnee erinnert sie die Betreuer daran, dass bald wieder „Vogelfleisch" fällig ist: Putenbraten zum traditionellen Thanksgiving-Fest. Ebenso kündigt Tatu jedes Jahr Geburtstage an, etwa „Ice Cream Washoe", und Weihnachten: „Zuckerbaum".

Beim Verteilen der Schlafdecken, beim Spiel, bei Mahlzeiten und mitten im handgreiflichen Familienstreit ist Ameslan die Umgangssprache der Schimpansen. Theoretisch könnten Gastgeber und Gäste des Chimposiums also während der Besuchszeiten ins Gespräch kommen – würden den Menschen dazu nicht die richtigen Worte fehlen.

Damit sie wenigstens artig „Hi" sagen, die Primaten beim Namen nennen und einige von deren Lieblingswörtern wie „fangen", „umarmen", „kitzeln", „komm" und „schnell" verstehen, büffelt Lisa mit der Gruppe ein paar Vokabeln.

Kurz bevor die Besucher zu den Gehegen geführt werden, lernen sie die Geste für „Demut": Das nach unten geknickte Handgelenk am emporgereckten Arm signalisiert Unterwürfigkeit. Bei uns, erklärt Lisa, stehen die Menschen in der Hierarchie unten, die Schimpansen oben.

DIE MENSCHENAFFEN wissen das offenbar und kosten ihre Pole-Position gegenüber den Besuchern aus. Kein gekrümmter Rücken, kein Schimpansen-Lächeln, kein geknicktes Handgelenk lockt die Bewohner der Gehege an die raumhohen Scheiben. So leicht sind die Stars nicht zu haben.

Inmitten verstreuter Kleidung, Puppen, Schuhe, Traktorreifen ruht eine der dunklen Gestalten auf dem Rücken und blättert mit den Füßen in einem Magazin, während die Hände gestikulieren. Dar kommentiert die Abbildungen, er führt ein Selbstgespräch. Als typischer Kerl „mag er Motorräder", übersetzt Lisa seine Zeichen. Im Freigehege schwingt sich Loulis an einem Feuerwehrschlauch zu einer Plattform empor und wippt dort erregt auf und ab.

Die Schimpansin Tatu versäumt es nicht, an Geburtstage zu erinnern – mit dem Zeichen für Eiscreme

Fremde sind dem Jüngsten der Familie nicht geheuer. Die Dozentin schlägt vor, ihm etwas Nettes zu sagen. Sie kreuzt die Arme über der Brust, ihre Hände ruhen auf den Schultern. Die Gruppe macht es nach. Zwanzigfach fliegen die lautlosen Worte „Umarmung" und „Liebe" hinaus zu dem Verängstigten und besänftigen ihn so wirksam, als hätten sämtliche Besucher ihn an ihr Herz gedrückt.

Eine Unterhaltung ist in Gang gekommen. Die Schimpansin Tatu nutzt die entspannte Stimmung, um einen Lieblingswunsch loszuwerden: „Du Person Füße", gibt sie einer Zuschauerin durch die Scheibe zu verstehen. Und während die Frau einen Turnschuh auszieht und Tatu ihren nackten Fuß hinstreckt, vergessen alle Teilnehmer des Chimposiums, was sie kurz zuvor gelernt haben, und lächeln typisch menschlich.

In diesem Augenblick ist für die Anwesenden wahr geworden, was nur in Fabeln und Märchen möglich scheint: dass Menschen mit den Tieren sprechen können. Ein Erlebnis, das jedes Wochenende US-Bürger in Ellensburg bezaubert, seit die Psychologen Roger und Deborah Fouts das CHCI für ihre fingerfertigen Primaten gegründet haben.

DIE BESUCHER SIND ZEUGEN des ältesten und längsten Sprachforschungsprojekts mit Schimpansen. Es begann vor 40 Jahren, als zunächst Washoe, etwas später Tatu und Dar im Babyalter zu verschiedenen US-Paaren in Pflege gegeben wurden und aufwuchsen wie Kinder einer amerikanischen Mittelstandsfamilie.

Weil die menschlichen Betreuer in Gegenwart ihrer Zöglinge nur Ameslan sprachen, machten die Schimpansen es ihnen nach. Nicht anders als gehörlose Kinder lernten die jungen Primaten, mit den Händen zu reden. Sie verstanden, dass bestimmte Gesten symbolisch gemeint sind und zum Beispiel „Auto", „Telefon", „Zahnbürste", „dreckig", „weinen" und „mehr" bedeuten. Und die Schimpan-

Kanzi ist zweisprachig: Er beherrscht Hunderte von Lexigrammen und versteht Tausende von englischen Wörtern. Setzt er eine elektronische Hilfe ein, die seinen Eingaben eine menschliche Stimme verleiht, kann er sogar auf Englisch »telefonieren«

30 Jahre alt wird Azy im Dezember 2007, der Lerneifer des Orang ist jedoch noch jung. Seit 1995 hat er sich einen Wortschatz von 70 Zeichen erarbeitet – und ganz nebenbei auch gesprochenes Englisch verstehen gelernt

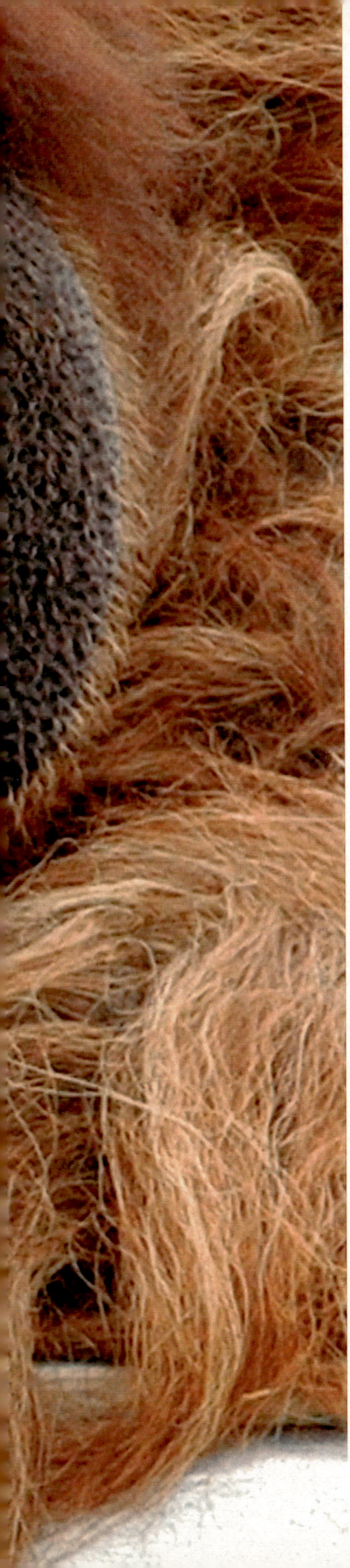

senkinder benutzten den Code spontan, um sich mitzuteilen. Als die Ergebnisse 1969 veröffentlicht wurden, wirkten sie „epochal wie die erste Landung auf einem fremden Himmelskörper", schrieb damals die Londoner „Times". Plötzlich schien plausibel, dass die Wurzeln der Sprache älter sind als die Menschheit und ins Tierreich zurückreichen.

War es denkbar, dass die Fähigkeit, Worte zu verstehen, womöglich schon ausgebildet war, ehe die ersten Hominiden zu reden begannen?

DIE DISKUSSION SPALTETE die Forschungseliten in zwei Lager. Die Linguisten waren für sprechende Schimpansen noch nicht bereit. Sie machten vor allem methodische Mängel bei den wissenschaftlichen Versuchen mit den Primatenkindern geltend. Die Betreuer, behaupteten sie, hätten ihren Zöglingen bewusst oder unbewusst Zeichen gegeben. Die Leistungen seien Zirkusnummern, die Ameslan-Gesten bedeutungslose Fingerübungen.

Vor lauter Enthusiasmus hätten die Wissenschaftler gegen das erste Gebot der Forschung verstoßen: Du sollst dein Forschungsobjekt nicht lieben. Dabei, so Roger Fouts, „bin ich dafür bezahlt worden, meine Probandin Washoe zu lieben, damit sie die Menschensprache in einer normalen, familiären Umgebung lernt".

Die Verhaltensforscher dagegen begrüßten die Resultate. Ungeachtet aller Kritik galten sie ihnen als eine Art Initialzündung. Bald existierten mehrere Laboratorien, in denen sich die Verständigung mit Delfinen, Seelöwen, Tauben, Gorillas, Bonobos, Papageien vielversprechend anließ. Einige Studien haben sich, wie jene der Fouts, zu Langzeitprojekten ausgewachsen.

Von diesen kamen jahrzehntelang immer neue Daten, neue Beweise für die verbalen Talente nichtmenschlicher Lebewesen. Sodass mittlerweile auch Dauerzweifler überzeugt worden sind. Nicht zuletzt, weil die Sprach-Vermittler auch an ihren experimentellen Techniken gefeilt haben, um methodisch unangreifbar zu werden.

Den Verdacht, ihren tierischen Schülern heimlich etwas vorzusagen, lassen Forscher heutzutage nicht mehr aufkommen. Oft werden die Testfragen durch einen Computer nach dem Zufallsprinzip ausgewählt oder von einem Kollegen bestimmt, der in einem anderen Raum sitzt und den Versuchsverlauf nicht verfolgen kann.

Auf dem Touchscreen identifiziert Azy unter 32 Alternativen das Symbol für Apfel. Er kann auch Kategorien bilden und drei reale Weinbeeren einer Zeichnung zuordnen, die eine ganze Traube zeigt

Manchmal wird die Lösung – etwa „Weintrauben" oder „Kaugummi" – auch in einem verschlossenen Behälter versteckt und einem Interviewer übergeben, der die richtige Antwort nicht kennt. Wissenschaftler ver-

Nicht alle Primaten im Great Ape Trust lernen eine Menschensprache. Nathan (oben), der Sohn Panbanishas, zieht es vor, mit seinen Angehörigen in der Bonobosprache zu kommunizieren – die bisher kein Mensch versteht

binden sich die Augen, sitzen mit dem Rücken zum Probanden, verbergen ihr Gesicht hinter einer Maske oder tragen, wie Susan Savage-Rumbaugh vom Great Ape Trust (GAT) in Des Moines, Iowa, sogar einen Schweißerhelm, wenn es um Prüfungsfragen geht.

Statt des Ameslan, das für Ungeschulte schwer lesbar ist, hat die Biologin in ihrem Institut Lexigramme eingesetzt, die auf große Tafeln montiert sind. Ihre Schimpansen und Bonobos haben die Bedeutung der abstrakten Symbole gelernt und nutzen sie per Fingerdruck, um sich zu unterhalten. Mittlerweile verfügen die GAT-Primaten über 384 Vokabeln, benennen Objekte, Namen, Tätigkeiten, Eigenschaften und Orte auf dem Gelände des Instituts. Der Wortschatz der tierischen Sprachschüler ist mit den Jahren gewachsen. Anfangs gab es noch viele freie Plätze auf ihren Lexigramm-Tafeln. Bis neue Erfahrungen wie die erste Eiscreme oder der erste Clint-Eastwood-Film die Erschaffung neuer Bild-Begriffe und damit neuer Tasten nötig machten.

Und etwas Sensationelles ist noch hinzugekommen: Weil die Umgangssprache im GAT-Institut Englisch ist – jedenfalls für die dort arbeitenden Forscher und Betreuer –, haben einige der Bonobos sie, so nebenher, ebenfalls gelernt. Die Tiere verstehen „praktisch jedes Wort", sagt der amtierende Forschungs-Direktor Bill Fields.

Geht es um den wissenschaftlichen Nachweis ihrer Talente, um Belege dafür, dass die Primaten die richtige Taste drücken, Fragen stellen, korrekte Antworten geben, oder wird ihr Verständnis des Englischen getestet, dann werden Computer und Kameras zugeschaltet. Bei der Auswertung der tierischen Leistungen gibt es nichts zu deuteln, gelten nur objektive Kriterien.

SUSAN SAVAGE-RUMBAUGH mag unerbittlich sein, wenn es um objektivierbare Forschung geht. In puncto Liebe aber macht sie keine Zugeständnisse. So wenig wie Deborah und Roger Fouts in Ellensburg beugt sie sich der alten Forschungsmaxime, wonach Experimentatoren emotional Distanz halten müssen zu ihren Versuchstieren, sich vor all dem hüten sollen, was nicht messbar ist, um die Ergebnisse nicht zu verfälschen.

Die Biologin ist davon überzeugt, dass Sprachprojekte mit Tieren nur dann erfolgreich sind, wenn die Beteiligten einander vertrauen. Ihr Verhältnis zu den Primaten des GAT-Instituts in Iowas Hauptstadt ist eng – wie zwischen alten Freunden oder Kollegen, die sich seit Jahren kennen. Die Biologin teilt praktisch ihr Leben mit den Primaten.

Der Bonobo Kanzi, seine Schwester Panbanisha und Nyota, Panbanishas begabter Sohn, haben ihre Lexigramme nicht im Frontalunterricht gebüffelt. Sie sind ihnen von klein auf zugeflogen – ähnlich wie Menschenkinder die Muttersprache lernen.

Die Räume und die Umgebung des Instituts sind so angelegt, dass sie Gelegenheiten zum Sprechen schaffen. Viele ihrer Vokabeln haben die Bonobos bei Ausflügen im Wald gelernt – etwa um sich eine Stelle zu merken, wo Leckerbissen versteckt sind. Unterwegs wird gespielt, gezeltet, Holz gesammelt, Feuer gemacht.

Jeder Tag bringt Erlebnisse, Gesprächsstoff, Anlass, den Vorrat an Symbolen zu erweitern. Bei der Heimkehr haben die Tiere etwas zu erzählen. Neue Lexigramme werden in die Tastatur aufgenommen, eingeübt und Tage später aktiviert, wenn die Bonobos wieder einen Ausflug planen und ihren Betreuern beschreiben, welche Route sie nehmen und welche Ziele sie ansteuern möchten.

Auch Azy soll demnächst in einem eigenen Wald unterwegs sein können. Auf dem fast einen Quadratkilometer großen Gelände des Great Ape Trust wird für den Orang-Utan-Mann ein 1200 Quadratmeter messendes Terrain mit Bäumen bepflanzt. Wenn sich der 29-Jährige mit dem feurigen Fell dann zum ersten Mal in die Kronen schwingt, hat er so etwas wie die Oberstufe seiner Ausbildung erreicht.

DORT IN DEN WIPFELN sind reizvolle Ziele eingeplant. Deren Namen werden in abstrakte Lexigramme übersetzt und eingereiht in die rund 70 bereits vorhandenen Symbole in Azys elektronischer Datei. Ist sie aktiviert und berührt der Orang die betreffenden Felder auf dem Touchscreen seines Computers mit dem Zeigefinger, wird ein Wald-Zeichen nach dem anderen aufleuchten. Geleitet von ihrer Bedeutung und von seiner mentalen Karte, bahnt sich der Orang in Gedanken einen Pfad durch die Äste.

Bedient Azy so den Computer, kann er seinen Betreuer Rob Shumaker auf den virtuellen Ausflug mitnehmen, ihm etwa darüber berichten, welche Route er bevorzugt. Der reale Wald gibt Azy mehr Orang-typische Bewegungsfreiheit; bietet ihm zudem Gelegenheit, frei zu entscheiden, was er unternehmen möchte.

Lange Zeit bezweifelten Linguisten, dass Primaten wie Moja (mit Deborah Fouts) tatsächlich eine menschliche Gebärdensprache beherrschen. Die Kritiker verstummten erst, nachdem Susan Savage-Rumbaugh (mit Panbanisha) Gebärdensymbole durch Lexigramme ersetzt und streng kontrollierte Versuche durchgeführt hatte

Und ebenso flexibel lernt Azy, seine Sprachkenntnisse anzuwenden. In diesem Institut, sagt Shumaker, „sollen die Primaten ihren Alltag möglichst selbst bestimmen. Wir ordnen nichts an, wir bieten ihnen Alternativen, und sie wählen aus".

Im Augenblick wählt der Orang ein Quiz. Seit kurzem stehen arabische Zahlen und Mengenlehre auf dem Stundenplan des Primaten. Nicht eben sein Lieblingsfach. Aber auch darin ist er menschlichen Jugendlichen nicht unähnlich. □

Die GEO-Autorin **Uta Henschel** kennt Azy seit 1995; damals war der Orang noch keineswegs mit Eifer bei der Sache. Inzwischen ist der Spätentwickler nicht nur gebildet, sondern geradezu erpicht auf sein tägliches Sprachpensum.

DAS **STILLE** WUNDER

Die Sprache der Gehörlosen ist dreidimensional und mindestens so komplex wie jene der Hörenden. Sogar das Heben einer Augenbraue kann eine grammatische Ausdrucksform sein. Doch lange Zeit wurde Gebärdensprache als minderwertige Pantomime abgetan. Eine Reise in eine unbekannte Kultur – mitten unter uns

Die Zahntechnikerin Stephanie Heitmann ist eine von 80 000 Gehörlosen in Deutschland. 130 000 Menschen, auch Hörende, beherrschen die Deutsche Gebärdensprache

VON MARION ROLLIN (TEXT)
UND MARC STEINMETZ (FOTOS)

Ost-Berlin 1966. Der Tag ist brütend heiß, als der Vater mit seinem fünfjährigen Sohn auf den See hinausrudert. Auf dem Rückweg machen sie das Boot nahe am Ufer fest, weil der kleine Helmut Oehring beim Baden noch festen Grund unter den Füßen braucht. Der Junge springt sofort ins Wasser.

Sein Vater sieht ihm noch eine Weile zu und vertieft sich dann in seine Zeitung. Plötzlich verfängt sich das Kind in einem dichten Geflecht von Schlingpflanzen, die es hinabziehen. Je wilder Helmuts Befreiungsversuche, umso mehr verheddert er sich. Panische Hilferufe.

Doch sie dringen nicht bis in die Welt des Vaters vor – denn der ist taub. So liest dieser ruhig weiter, während sein Sohn verzweifelt versucht, sich über Wasser zu halten. Nur zufällig sieht der Vater von seiner Zeitung auf. Ein, zwei Minuten später, und sein Sohn wäre neben ihm ertrunken.

41 Jahre danach. Ein kleines Fischrestaurant in Ahrenshoop. Helmut Oehring ist Komponist geworden. Seine Werke werden in internationalen Konzert- und Opernhäusern aufgeführt. Berühmte Dirigenten wie Ingo Metzmacher und Lothar Zagrosek arbeiten mit ihm zusammen. Warum erzählt er mir sein traumatisches Kindheitserlebnis mit solcher Intensität, als sei das alles erst gestern passiert? Was daran lässt ihn nicht los?

Oehring zögert mit seiner Antwort. „Zwischen den zwei Welten – der hörenden und der gehörlosen – leben zu müssen, tut manchmal verdammt weh“, sagt er ernst.

Noch heute träumt er in Gebärdensprache. „Für mich“, sagt der 46-Jährige, „gibt es keine schönere Sprache auf der Welt. Bei keiner anderen Sprache kann man so in das Innere des Erzählenden sehen.“ Er sagt, dass er in seinen ersten vier Lebensjahren kein Wort laut gesprochen habe. „Das war die bisher schönste Zeit meines Lebens.“

Sie hört abrupt auf, als er in eine kinderreiche Familie gebracht wird, in der alle hören können. Helmut soll dort die Lautsprache lernen. Man nimmt ihn zwar herzlich auf, dennoch spürt er zum ersten Mal einen tiefen Riss in sich.

Jeden Abend holen seine gehörlosen Eltern ihn ab. „Den Schmerz meiner Eltern zu sehen, dass ihr Sohn ihnen an die hörende Welt verloren geht, in der sie ihn nie verstehen werden – das hat mich schrecklich gequält“, sagt Oehring. So stark fühlt er sich hin- und hergerissen, dass er sich noch Jahre danach wünscht, nicht mehr hören und laut sprechen zu müssen. „Ich merkte, wie die neue Sprache mich von den Eltern trennte.“

Gebärdensprache hier, Lautsprache dort, das sei, sagt Oehring, mehr als nur die Differenz zwischen zwei Sprachen. In beiden Sprachstrukturen zu leben, sei wie Gehen und Schwimmen zur selben Zeit.

Diese Spannung ist Oehrings zentrales Lebensthema. Auch das seiner Musik.

ICH MERKE, dass ich dringend Nachhilfestunden brauche, um die Rätsel, vor die Oehring mich stellt, zu verstehen. Der Hamburger Gehörlosenverband bietet fünftägige Intensivkurse in Deutscher Gebärdensprache (DGS) an. Zehn Teilnehmer sitzen im Halbkreis. Wir alle können hören. Renate Dorn ist unsere Lehrerin. Sie ist taub.

An die Wandtafel schreibt sie, dass wir lernen werden, mit den

DIE WÜRDE DES MENSCHEN IST UNANTASTBAR
Auch abstrakte Formulierungen aus dem Grundgesetz lassen sich in Gebärdensprache ausdrücken. Die Satzstellung folgt jedoch eigenen Regeln. Zum Beispiel gehört das Verb ans Satzende. Durch die Kombination aus Handbewegungen, Mimik und Körperhaltung können mehrere Informationen parallel übertragen werden. Die Übersetzung einer Gebärde in schriftlicher Form heißt »Glosse«

MENSCH... ...SEIN... ...WÜRDE...

Augen zu „hören“ und Hände, Mimik und Körper einzusetzen, um uns auszudrücken. Wir sollen deshalb für die nächsten Tage unsere Stimme abstellen und unsere Ohren verschließen. Um uns ins Zentrum eines neuen Universums entführen zu lassen. Welch eine Revolution der Sinne!

Die Gebärdensprache ist, und darin unterscheidet sie sich von allen Lautsprachen der Welt, eine dreidimensionale Sprache. Sie bedient sich des Raums. Hände, Arme, Rumpf, Kopf – alles ist im Einsatz und grammatisch bedeutsam. Sieben, neun Zeichen gleichzeitig müssen die Augen häufig erfassen, damit ein Begriff verstanden wird.

Augen auf! Wahrnehmungsübungen! Renate Dorn malt einfache Figuren in die Luft, einen Stern, einen Baum. Wir sollen sie an einer Tafel nachzeichnen. Mein Motiv: eine Blume. Aber schon bald stocke ich: Hatte unsere Lehrerin einen Punkt in die Mitte gesetzt? Ich entscheide mich dagegen. Ein Irrtum. Der Punkt hätte hineingemusst. Bereits solche Kleinigkeiten können zu großen Missverständnissen führen, erklärt uns Renate Dorn. Doch sie ist geduldig mit den Defiziten, die wir Ohrenmenschen haben.

Die ersten Vokabeln, die wir lernen, sind noch leicht. Wenn sich die rechte Hand nach vorn schlängelt, heißt das „Fisch“. Klar. Zeigefinger an der Schläfe heißt „denken“, am Mund „sagen“, am Ohr „hören“. Das kann man sich einprägen. Und Zeigefinger an der Nase? „Riechen“ natürlich. Falsch. Es heißt „nur“. Wer sich als Lernender auf eigene Vermutungen verlässt, stolpert meist. Maximal 30 Prozent des Gebärdenvokabulars sind auf Bilder zurückzuführen.

Was Gebärden bedeuten, erkennt man selten auf den ersten Blick. Nur wenige lassen sich auf Bilder zurückführen

Neues Thema: Die Buchstaben von A bis Z im Fingeralphabet. Man braucht es für Bezeichnungen, für die es keine Gebärden gibt, etwa bei vielen Eigennamen. Beim M von Marion will mein Ringfinger partout nicht in die verlangte Position. Eine Frau meldet nach drei Kurs-Tagen einen Muskelkater in der Hand.

Der schwierigste Teil ist die Grammatik. Das Verb steht immer am Satzende. Man sagt nicht: „Der Junge isst einen Apfel“, sondern: „Junge Apfel isst“. Große Objekte werden vor kleinen genannt. Aus „Ein Floh ist im Bett“ wird „Bett Floh sich befindet“. Nie zuvor hatte ich mir bei der Formulierung eines Satzes überlegen müssen, wie groß welches Ding ist.

Eine weitere Regel besagt, dass unbewegliche Dinge vor beweglichen stehen. Es heißt nicht: „Die Katze liegt auf dem Tisch“, sondern: „Tisch Katze liegt“. Immer wieder wird mein Gehirn gezwungen, vertraute Sprachmuster zu verlassen: Bei dem Satz „Der Junge ärgert das Mädchen“ ist es unwichtig, ob der Junge oder das Mädchen am Anfang steht. Die Gebärde für „ärgern“ wird stattdessen im Raum bewegt – vom Ort, an dem das Subjekt gebärdet wurde, hin zum Ort der Objektgebärde.

Vorletzter Tag des Kurses. Meine Annahme, Gebärdensprache sei sichtbar gemachtes Deutsch,

...ANFASSEN (abwertend)... ...NICHT... ...RESPEKT (zollen)

Zwischen den Welten: Der Komponist Helmut Oehring, Sohn gehörloser Eltern, lernte tagsüber in einer hörenden Familie die Lautsprache

eine Art manueller Code für die Lautsprache, schwindet endgültig dahin: Auch hinter der Mimik steckt Grammatik.

Renate Dorn macht es vor: Ihr Gesicht bewegt sich, als wäre jeder Muskel darin ein eigenes Kommunikationsmittel. Bei geschlossenen Ja-Nein-Fragen ziehen sich ihre Augenbrauen nach oben, bei offenen W-Fragen (wer, wie, was) nach unten. Dazu kommen bestimmte Ausdrucksformen des Mundes, gekoppelt mit einer besonderen Kopfhaltung und Blickrichtung. Gehörlose lesen daraus Adverbien und Adjektive ab, Konditionalsätze, direkte und indirekte Rede. Welch ein Wunderwerk ist diese Sprache!

ZWEITE ANNÄHERUNG an Helmut Oehring. Warum ist er Komponist geworden? Musik,

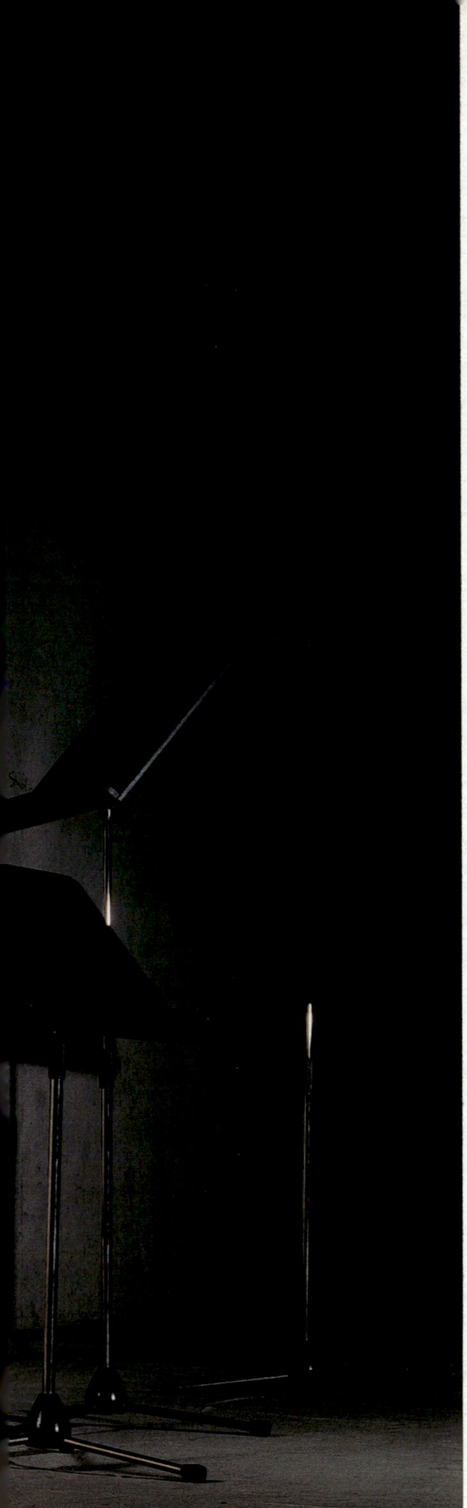

Töne – eine weitere Entfernung zu seiner geliebten stillen Muttersprache hätte er nicht wählen können. Oehring widerspricht. Es gebe keine Sprache, die der Gebärdensprache verwandter sei als jene der Musik. Erstens hätten beide, sagt er, „eine simultane Erzählstruktur“: Die Gleichzeitigkeit verschiedener Töne in der Musik entspreche der Gleichzeitigkeit verschiedener Zeichen in der Gebärdensprache. Beide Sprachen, die der Töne und die der Zeichen, würden bezeichnenderweise auch in „Partituren“ niedergeschrieben. In der Gebärdenschrift-Partitur stünden die manuellen Komponenten unten, darüber die nicht manuellen.

Mehr als 100 Jahre lang war es Gehörlosen in der Schule verboten, ihre eigene Sprache zu benutzen

Zweite Parallele: Musik wie Gebärden bewegten sich beide im Raum. Wenn der Klang von den ersten Geigen nach rechts in die Bässe wandere und dann nach hinten in den Raum „ins Blech und weiter in die Holzbläser“, dann sei das für ihn, sagt Oehring, „wie die raumgreifende Poesie seiner Muttersprache“.

Wird seine Musik mir noch einen anderen Zugang zum Geheimnis der Gebärdensprache eröffnen? In der Fruchthalle in Kaiserslautern stehen Oehrings Kompositionen auf dem Programm. Das Kammerensemble Neue Musik Berlin spielt; die gehörlose Christina Schönfeld soll ein Gebärdensolo vortragen.

Die Musik, die erklingt, ist so einmalig, wie mein Ohr es nie zuvor gehört hat. Es scheppert, röchelt, klingt mal dumpf, mal schrill aus den Instrumenten, die hier alle ihrem gewohnten Gebrauch entfremdet sind.

Mein Gehirn, eigentlich im Hören moderner Musik geschult, kann sich an keinen bekannten Klangmustern mehr festhalten, keinen Sinnzusammenhang herstellen. Schließlich die Solistin: unartikulierte Schreie, schroffe Klänge, Krächzen in hohen Lagen. Dazu, kontrastierend, die Gebärden: tänzerisch die Hände, sehnsüchtig die Mimik, ergreifendes Legato in den Bewegungen.

SPÄTER SAGE ICH zu Oehring: „Die Deformationen in Ihrer Musik sind extrem: Sie machen sie so unverwechselbar und zugleich so fremd.“ „Fremd ist sie mir auch“, überrascht er mich wieder einmal mit seiner Antwort. Er wolle eben nicht zeigen, dass Hörende und Gehörlose zusammenpassen. „Diese Harmonie-Sehnsucht: ‚Wir gehören alle zusammen‘ ist ein entsetzliches Missverständnis. Das geht eben nicht, und das hat man zu respektieren.“ Oehring sagt, er komponiere in all seinen Stücken diese Erfahrung.

Gemeinsame Sache. Mehr als 100 Jahre lang haben Hörende versucht, die Gehörlosen auf ihre Seite zu ziehen, ihnen ihre Sprache beizubringen. Die Gebärden nannten die Hörenden „Affensprache“.

In den Schulen mussten taube Kinder die Hände hinter den Rücken stecken. Welch qualvoller Kampf gegen ihre Natur, die sie, weil ihnen die akustischen Signale fehlen, mit allen Gaben einer visuellen Sprache ausgestattet hat. Um das P zu lernen, mussten sie eine Feder von der Hand des Lehrers weghauchen. Das R wurde durch Gurgeln mit Wasser geübt. So kam es vor, dass die Schüler im Geschichtsunterricht den Verfall der Sowjetunion durchnehmen sollten, doch die ganze Stunde damit verbrachten, den Namen „Gorbatschow" zu üben. Auch das Lippenlesen war eine Tortur. Selbst ein Einstein unter den Tauben hätte dabei nicht mehr als etwa 30 Prozent des Gesagten verstanden.

Kein Wunder, dass das Ergebnis der „oralen Methode" niederschmetternd war: Die meisten der rund 80 000 Gehörlosen in Deutschland erreichten nicht mehr als einen Sonderschulabschluss. Und nur 30 Prozent der 16- bis 18-Jährigen kamen auf das Lese- und Schreibniveau von Zweitklässlern.

Dabei ist der Prozentsatz Lernbehinderter unter Gehörlosen vermutlich nicht höher als unter Hörenden.

Lernbehindert sind Gehörlose selten. Doch nur mit Gebärdensprachunterricht können sie ihre Fähigkeiten entfalten

IM PRINZIP war die offizielle Begründung für die orale Methode vernünftig: Sprache, das ist gesicherte Erkenntnis, spielt für die Entwicklung eines Kindes, für sein Denken und Fühlen, eine wichtige Rolle. Nur steckte dahinter ein großer Denkfehler: der nämlich, dass die Gebärdensprache keine richtige Sprache sei. Das Wissen, dass man darin ebenso abstrakt über die Philosophie Theodor Adornos diskutieren kann wie über die Steuerreform und den Klimawandel, ist keine 50 Jahre alt.

Den Durchbruch erkämpfte in den 1960ern der amerikanische Sprachforscher William Stokoe, damals Dozent an der Gallaudet University in Washington D.C., der weltweit einzigen Universität für Gehörlose. Stokoe war einer der Ersten, die Gebärdenkommunikation einer wissenschaftlichen Untersuchung für wert hielten. Doch als er 1960 seine Studie über Grammatik und Struktur der Gebärdensprache veröffentlichte, waren Kollegen und sogar Gehörlose entsetzt. Das Vorurteil, ihre Gebärden seien minderwertiges Gestikulieren, war längst zum festen Bestandteil ihres Selbstwertgefühls geworden.

Ein tauber Student schrieb später: „Wir lachten über Dr. Stokoe und sein verrücktes Projekt. Es war doch unmöglich, unsere Gebärdensprache zu analysieren. American Sign Language (Amerikanische Gebärdensprache)? Das war das erste Mal, dass ich einen Namen für unsere Gebärden hörte. Ich fürchtete, der neue Begriff würde als Name für die Zeichensprache der Indianer missverstanden."

Bis jedoch William Stokoes Forschungsergebnisse auch in Deutschland auf Interesse stießen, vergingen noch weitere 20 Jahre. Vor allem Siegmund Prillwitz, inzwischen emeritierter Linguist an der Hamburger Universität, ist es zu verdanken, dass die Deutsche Gebärdensprache zunehmend Anerkennung fand.

Anfang der 1980er Jahre traf sich Prillwitz mit drei Gehörlosen mehrmals in der Woche in seiner kleinen Wohnung auf dem Hamburger Kiez, um Großes vorzubereiten: den ersten Kongress über „Die Gebärde in Erziehung und Pädagogik Gehörloser". Bald

danach gründete er mit ein paar Mitarbeitern an der Hamburger Universität das „Zentrum für deutsche Gebärdensprache und Kommunikation Gehörloser", das spätere Institut gleichen Namens. Studenten können dort mit dem Magister für Gebärdensprache

Im Wohnzimmer der Goldschmidts: Nils und Mira können ruhig Krach machen, die gehörlosen Eltern unterhalten sich ungestört weiter

abschließen, mit dem Diplom als Dolmetscher, mit der Promotion. Seit 2002 ist die Gebärdensprache in Deutschland offiziell als vollwertige Sprache anerkannt.

Weil man eine Sprache nur untersuchen kann, wenn man sie aufschreibt, machte sich Prillwitz daran, ein Schema zu entwickeln. Es entstand „HamNoSys", das Hamburger Notationssystem – ein genaues Übertragungsmodell, mit dem Gebärden schriftlich erfasst werden können. Ein Wörterbuch der Deutschen Gebärdensprache ist in Arbeit.

Die Idiome der Gehörlosen unterscheiden sich nämlich, ebenso stark wie Lautsprachen, von Land zu Land. Zum Teil sogar stärker: So können etwa selbst US-Amerikaner die Gebärden aus England nicht verstehen. Auch innerhalb Deutsch-

GEHÖRLOSE KÖNNEN ALLES, NUR NICHT HÖREN

In einer Unterhaltung bilden Gehörlose ein bis zwei Zeichen pro Sekunde. Dieses Erzähltempo entspricht dem der Lautsprache. Zwar formt die Zunge Worte schneller als eine Hand, doch die Gebärdensprache gleicht den Rückstand durch mehrere simultane Informationen aus. Dem Gebärdendozenten Stefan Goldschmidt wurde 1994 für seinen virtuosen Stil die »Goldene Hand« verliehen

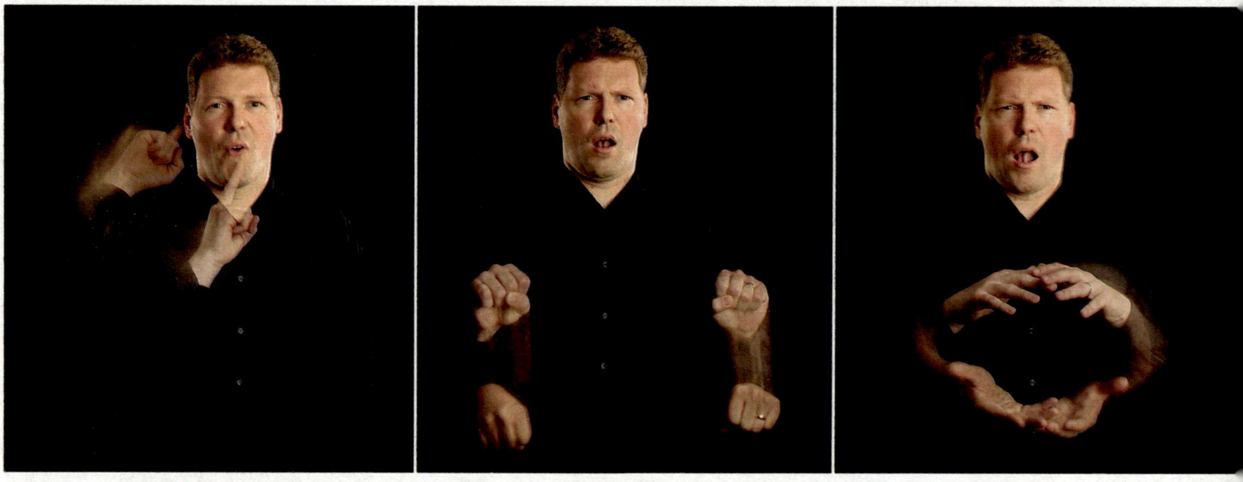

GEHÖRLOS... ...KANN... ...ALLES...

lands gibt es unterschiedliche Dialekte. Allein für das Wort „Wasser" existieren mindestens sechs verschiedene Gebärden: Während man in Friesland mit den Fingern Wellen in die Luft malt, streicht man sich in Bayern mit gestrecktem Mittel- und Zeigefinger zweimal über das Kinn. In Berlin klopft man die Handballen übereinander. Hamburger dagegen halten die flache Hand unter die Unterlippe.

Die wohl größte Leistung von Siegmund Prillwitz: Er setzte den bilingualen Unterricht durch. Denn selbst noch in den 1990er Jahren wurden taube Schüler lautsprachlich unterrichtet. Irgendwann, sagt Prillwitz, habe er es psychisch einfach nicht mehr ausgehalten, zu sehen, wie Kinder unter Niveau behandelt würden, „nur weil man ihre eigene Sprache nicht zulässt, die einzige Sprache, für die ihre Sinnesorgane taugen".

1992 startete in Hamburg der erste deutsche Schulversuch mit bilingualem Unterricht. Der Erfolg war bewegend. In den Klassen saßen plötzlich keine kleinen Sprachroboter mehr, sondern selbstbewusste, neugierige Kinder. „Es ist unglaublich", sagt Prillwitz, „was aus Menschen werden kann, wenn sie ihre Fähigkeiten entfalten dürfen."

NUR DIE SPRACHE hatte ich eigentlich kennenlernen wollen. Dass daraus eine Reise in eine fremde, aufregende Kultur werden würde, hatte ich nicht geahnt. Ihre Direktheit zum Beispiel: Sie ist schon an den Gebärdennamen ablesbar, die sich Gehörlose untereinander geben. Oft werden im Namen Besonderheiten des Aussehens gebärdet: abstehende Ohren, die Warze auf dem Kinn, der nachgezogene Fuß. Die Topffrisur von Angela Merkel. Mir gibt eine Gehörlose die Gebärde für „markante Brille". An solche Deutlichkeit müssen wir Hörenden uns erst gewöhnen.

Ebenso wie an besondere Verletzlichkeiten der Gehörlosen. Man muss sie kennen, will man nicht, wie ich, Zorn auf sich ziehen. Universität Frankfurt. Helen Leuninger ist dort Linguistik-Professorin, Daniela Happ ihre wissenschaftliche Mitarbeiterin, die kurz vor dem Abschluss ihrer Dissertation steht. Sie kann nicht hören. Oliver Vorköper, der Dolmetscher, übersetzt unseren Disput. Ausgelöst worden war er durch meine arglose Frage nach Cochlea-Implantaten (CI), mit denen Gehörlose bestimmte Tonhöhen und Lautstärken wahrnehmen können. Das Implantat wird ins Innenohr operiert und ist mit einem kleinen Computer verbunden, der am Körper getragen wird.

Kaum ist der Begriff CI im Raum, fährt Daniela Happ erregt auf. Ihre Gebärden werden groß und raumgreifend, entsprechend lauter wird auch die Stimme, die der Dolmetscher ihr verleiht: „Meine Identität", sagt sie, „ist die einer Gehörlosen. Ich lehne CI total ab. Man soll die Menschen so annehmen wie sie sind. Ich sage Ihnen ja auch nicht: Lassen Sie sich etwas implantieren, damit Sie gebärden können."

Womit habe ich sie verletzt? Helen Leuninger erklärt. Jahrhundertelang sind die Gehörlosen unterdrückt und stigmatisiert worden. Die Prägung sitzt tief. Auch jetzt, bei der Diskussion um die Vor- und Nachteile von Cochlea-Implantaten, fühlen die Gehörlosen ihre mühsam

...NUR...

...HÖREN...

...KANN NICHT

errungene Identität bedroht, sehen sich überrollt von hörenden Medizinern, die vermeintliche Patienten, ohne deren Bedürfnisse zu erfragen, „heilen" wollen. Heilen von was eigentlich?

Man kann, erfahre ich später aus verschiedenen Quellen, aus Implantat-Trägern niemals Hörende, sondern im besten Falle Schwerhörige machen. Als Grundlage für eine lautsprachliche Kommunikation taugt das nicht. Dennoch empfehlen fast alle deutschen Hals-Nasen-Ohren-Ärzte, die CI-Träger nicht mehr in Gebärdensprache, sondern nur noch lautsprachlich zu unterrichten. Doch wo wären sie dann zu Hause? In der Welt der Hörenden, die sie nur schlecht verstehen? Oder bei den Gehörlosen, deren Sprache sie nicht sprechen?

Diese für Gehörlose so wichtige soziale Frage spielt in der medizinischen Diskussion keine Rolle. Wer könnte Daniela Happs Wut nicht verstehen, ihre Angst um den Fortbestand ihrer Sprache, um ihre Selbstbestimmung, um ihre Kultur? Fast alle Gehörlosen empfinden sich nicht als Behinderte, sondern als sprachliche Minderheit. Darauf sind sie stolz. Ein tauber ehemaliger Präsident der Gallaudet Universität brachte es auf den Punkt: „Gehörlose können alles, nur nicht hören."

Ein Cochlea-Implantat ist keine Lösung. Es kann aus Gehörlosen allenfalls Schwerhörige machen

Gibt es nicht doch irgendwo ein Miteinander dieser beiden Sprachwelten?

Rissen, ein Vorort von Hamburg. Besuch zu Hause bei Stefan Goldschmidt, Dozent am Institut für Deutsche Gebärdensprache der Hamburger Universität. Ich bin von einem babylonischen Sprachengewirr umgeben.

Goldschmidt hört nicht. Auch Doris, seine Frau, ist taub. Seine beiden Kinder, Mira (5) und Nils (2), können hören. Seine Schwiegereltern, die gerade zu Besuch sind, wiederum nicht. Dann sind da noch zwei hörende Dolmetscherinnen und deren Töchter. Ein großes Durcheinander. Ich steige nicht mehr durch. Anders als Nils und Mira. Sie sprechen und gebärden wie selbstverständlich in jeweils der Sprache, die ihr Gegenüber versteht.

Mira und Nils. Ein Glücksfall in Goldschmidts Leben. Die vollkommen mühelose Kommunikation mit ihnen. Zwei Welten? Hier nicht. Manche gehörlose Eltern wünschen sich, dass auch ihr Kind gehörlos geboren wird. Wie war es bei Stefan Goldschmidt, als er Mira, sein erstes Kind, bekam? Wünschte er sich, dass es taub wäre, so wie er?

Er sagt: „Für mich war es wichtig, dass mein Kind gesund ist. Ob es nun gehörlos oder hörend ist, das war mir egal." □

Die Hamburger Autorin **Dr. Marion Rollin** schreibt regelmäßig für GEO WISSEN. Knifflig gestalteten sich die Langzeitbelichtungen für den Fotografen **Marc Steinmetz.** Problemlos war die Kommunikation: Bei den letzten Aufnahmen konnte Steinmetz bereits auf die Hilfe der Gebärdendolmetscherin verzichten.

VON MARTINA KELLER

Ein leistungsfähiger Rechner mit Soundkarte, ein paar Kopfhörer – der Arbeitsplatz von Olaf Köster ist unspektakulär. Seine Arbeit ist es nicht.

Gerade hat er wieder eine brisante Datei auf seinem Bildschirm. Bauchige Wölbungen auf einer Geraden, die Abbildung einer verrauschten Tonaufnahme. Sie stammt von einer Videoüberwachungskamera. Das Gerät hat einen Todesfall in einem Yachthafen aufgezeichnet, nicht als Bild, sondern akustisch. Eine Frau ist umgekommen. War es Mord oder ein Unfall? Schreie sind zu hören, Wortfetzen. Für den Laien unverständlich. Köster spielt die Datei wieder und wieder ab. Was wird gesprochen und von wem? Welche Hintergrundgeräusche sind zu hören?

Solche Analysen sind Alltag für den 38-jährigen Phonetiker im Bundeskriminalamt (BKA). Olaf Köster und eine Handvoll anderer Experten arbeiten im Fachbereich forensische Sprecherkennung, einer noch jungen Disziplin, die das BKA in den 1980er Jahren aufgebaut hat.

Es geht darum, akustische Spuren auszuwerten: Telefonaufzeichnungen von Entführern oder Erpressern, Anrufe mutmaßlicher Gewalttäter bei der Polizei, Mitschnitte von Telefonüberwachungen oder auch Aufzeichnungen von Voicerekordern, die nach einem Flugzeugabsturz geborgen wurden.

Dramatisches Material, das Köster zuweilen an die Grenzen des Ertragbaren bringt.

Zum Beispiel die Bänder des Armin Meiwes. Der heute 45-Jährige ist als „Kannibale von Rotenburg“ bekannt, weil er 2001 einen Internetbekannten entmannte, tötete und teilweise verspeiste. Meiwes hatte seine Handlungen per Video dokumentiert.

Vor Gericht behauptete er unter anderem, er sei überzeugt gewesen, dass sein Opfer bereits tot gewesen sei, als er dem Mann den Hals durchtrennt habe. Köster begutachtete die Tonspur der betreffenden Passage aus dem Videomitschnitt – und widerlegte die Behauptung. Den genauen Wortlaut von Meiwes' Gemurmel darf er nicht preisgeben, nur so viel: Meiwes ging beim tödlichen Schnitt davon aus, dass sein Opfer noch lebte.

Eine wichtige Information für das Gericht, um das Strafmaß zu bestimmen. Die Geräusche, die Köster viele Dutzend Male hören musste, wird er so schnell nicht vergessen: „Ich konnte eine Weile kein Fleisch mehr essen.“

DIE WISSENSCHAFT von der forensischen Sprechererkennung hat ihre Wurzeln in den USA. Dort war 1932 das Baby des Atlantiküberquerers Charles Lindbergh entführt worden. Als zwei Jahre später der deutschstämmige Einwanderer Bruno Richard Hauptmann als mutmaßlicher Täter verhaftet wurde, glaubte Lindbergh, dessen Stimme an ihrem starken deutschen Akzent wiederzuerkennen. Hauptmann wurde hingerichtet, ohne gestanden zu haben – obwohl schon Zeitgenossen diese Art der Beweisführung als kriminalistisch äußerst fragwürdig einstuften.

In der Folge erschienen die ersten beiden empirischen Studien, die sich mit der Wiedererkennbarkeit von Stimmen befassten.

In Deutschland etablierte sich das Fach zur Zeit des RAF-Terrorismus. Damals wollte man vor Gericht objektive Sachbeweise, die unabhängig von Zeugenaussagen Bestand hatten. An diese

Die Sprachdetektive des BKA haben mitgeholfen, etliche der bekanntesten Kriminalfälle der Bundesrepublik aufzuklären. Denn die Stimme eines Menschen kann beinahe so unverwechselbar sein wie sein Fingerabdruck, der Dialekt fast so verräterisch wie eine Briefadresse

DEM TÄTER AUF DER TONSPUR

Zeit erinnert sich auch Hermann Künzel, der die Abteilung Sprecherkennung beim Bundeskriminalamt aufgebaut hat.

In einem seiner Gutachten identifizierte er Peter-Jürgen Boock als einen der Entführer von Hanns Martin Schleyer. Die RAF hatte ihre Interviews mit dem später von ihr ermordeten Arbeitgeberpräsidenten aufgezeichnet, um sie für die Nachwelt zu erhalten.

Der RAF-Terrorist Peter-Jürgen Boock verriet sich durch sein pfeifendes »sch«, das einer Zahnlücke entwich

Boock verriet sich durch einen charakteristischen Pfeiflaut, den er aufgrund einer Lücke zwischen den Schneidezähnen produzierte. Wenn er „sch" sprach, war die Energie der entsprechenden Frequenz in der Spektralanalyse 100-mal so hoch wie bei jemandem, der das „sch" ohne Pfeifton sagte. „Das war für das Gericht in Stammheim sehr schön zu sehen", sagt Künzel, „als roter Spektralfleck auf grünem Hintergrund." Peter-Jürgen Boock wurde zu dreimal lebenslänglich verurteilt.

Seither haben Sprachdetektive des BKA mitgeholfen, etliche der spektakulärsten Kriminalfälle der jüngeren deutschen Geschichte aufzuklären: den Polizistenmord in Holzminden Anfang der 1990er Jahre, die Entführung des Millionenerben Jan Philipp Reemtsma, die Erpressung des Lebensmittelkonzerns Nestlé. Der geflüchtete Immobilienspekulant Jürgen Schneider wurde mit ihrer Hilfe gefasst, und auch dem Kaufhauserpresser Arno Funke alias Dagobert kamen sie auf die Spur.

STIMME UND SPRECHWEISE eines Menschen lassen allerdings längst nicht so eindeutige Rückschlüsse auf seine Identität zu wie etwa ein Fingerabdruck oder eine DNA-Spur. Die Phonetiker im BKA operieren daher mit einer sechsstufigen Skala von Wahrscheinlichkeiten. Um den maximalen Wert zu erreichen, die „an Sicherheit grenzende Wahrscheinlichkeit", muss schon so einiges an Indizien zusammenkommen.

Denn die Stimme eines Menschen ist zwar charakteristisch, aber auch sehr variabel. Morgens klingt sie frischer als abends, in jungen Jahren heller als im Alter, während einer Depression monotoner als sonst.

Vor allem wandelt sie sich mit der Situation: Beim Drogendeal per Mobiltelefon aus dem Lastwagen hört sich ein Mann ganz anders an, als wenn er entspannt mit der Freundin telefoniert.

Wie schwierig die Identifizierung einer Person über die Stimme sein kann, zeigte sich kürzlich bei einem Prozess vor dem Landgericht Potsdam. Es ging um den Überfall auf Ermyas Mulugeta am Ostersonntag 2006.

Der aus Äthiopien stammende Deutsche war von zwei Männern niedergeschlagen und lebensgefährlich verletzt worden.

Die Laute p, t und k werden an denselben Stellen im Mund produziert wie b, d, g: p und b an den Lippen, t und d am Zahndamm und k und g am weichen Gaumen (siehe Kreise). Bei b, d, g schwingen die Stimmbänder mit, der Ton wird stimmhaft. Aufgrund der lautlichen Ähnlichkeit werden p, t, k in vielen deutschen Dialekten durch b, d und g ersetzt

Sachsen mögen es stimmhaft

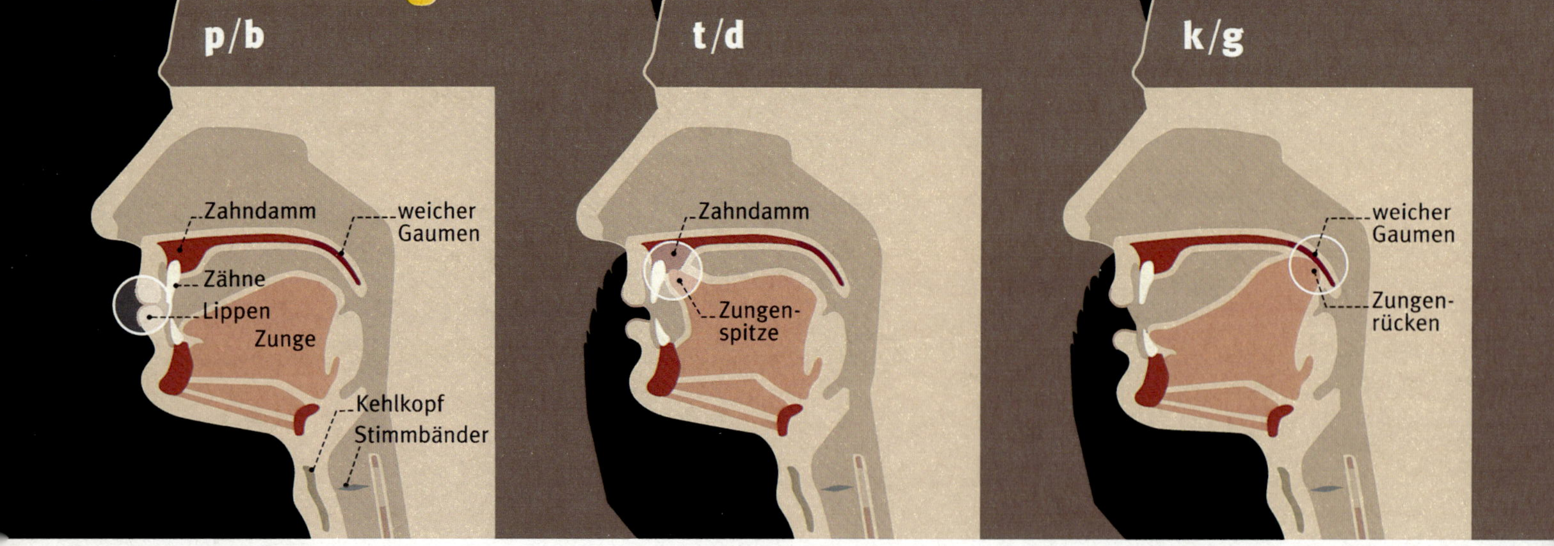

Die Handy-Mailbox seiner Ehefrau hatte das Wortgefecht zwischen Mulugeta und einem der Täter aufgezeichnet. Dessen Stimme klang ungewöhnlich hoch, hatte einen großen Umfang und eine mittelmärkische Sprachfärbung – ähnlich wie die des Angeklagten Björn L.

Aber das reichte für eine Verurteilung nicht aus: Der Handy-Mitschnitt war von schlechter Qualität, und Björn L. litt nach Auskunft eines Arztes um Ostern 2006 an einer Kehlkopfentzündung. Dass der Unbekannte mit ihm identisch sein könnte, hielt die Gutachterin vom Landeskriminalamt Brandenburg lediglich für „wahrscheinlich“ – das ist der zweitniedrigste Wert auf der sechsstufigen Skala. Björn L. wurde freigesprochen.

DAS BEISPIEL ILLUSTRIERT eines der Hauptprobleme der Stimmenidentifizierung: „Nur der Geheimdienst produziert High Fidelity“, sagt Hermann Künzel, der heute Phonetik an der Universität Marburg lehrt. Die meisten Aufzeichnungen sind „schmutzig“, schon aufgrund der Übertragungswege.

Am Telefon etwa werden nur Frequenzen bis rund 3400 Hertz übermittelt. Erst jenseits dieses Frequenzbereichs lassen sich aber beispielsweise die Laute f und s unterscheiden. Die Mobiltelefon-Kommunikation hat die Arbeit der Ermittler noch einmal erschwert. Zum eingeschränkten Frequenzbereich kommt bei billigen Providern ein Brummton von 240 Hertz. Obendrein wird manchmal sogenanntes Comfort Noise zugespielt, das den Teilnehmern in Gesprächspausen signalisieren soll, dass die Verbindung gehalten wird.

Solches Material für die Fahndung über Rundfunk und Fernsehen aufzubereiten, ist eine Wissenschaft für sich. Zwar gibt es technische Hilfsmittel, die Störfrequenzen aus einer Aufzeichnung herausfiltern können, aber dabei geht leicht auch das Charakteristische einer Stimme verloren.

Künzel vergleicht seine Arbeit mit der Operation an einem Gehirntumor. Wenn der Chirurg den Krebs sauber wegschneidet, beeinträchtigt er womöglich lebenswichtige Funktionen des Patienten. Entfernt er zu wenig, ist das Grundproblem nicht beseitigt. Zu technischen Details schweigt er. „Es läge nicht im Interesse der Sache, dazu Weiteres zu sagen.“

Um Sprachproben besser analysieren zu können, arbeiten die BKA-Experten mit Hochschulen in Saarbrücken, Trier oder Koblenz zusammen, forschen aber auch selbst. „Je mehr man quantifizieren und statistisch absichern kann, desto besser“, sagt der Phonetiker Olaf Köster.

Zum Beispiel hat das BKA eine repräsentative Datenbank zusammengestellt, aus der unter anderem hervorgeht, wie die Stimmbandfrequenzen von Männern und Frauen verteilt sind. Weil Männer einen größeren Kehlkopf und somit längere Stimmlippen haben, sprechen sie in der Regel tiefer, mit durchschnittlich 118 Hertz. Gerät aber ein Mann mit normaler Stimmtonlage unter Stress oder in eine laute Umgebung, kann seine Stimme durchaus einmal 60 Hertz höher liegen – dann klingt er fast wie eine Frau.

Die Hintergrundstatistik für dieses Phänomen lieferten dem BKA 100 Polizeibeamte, die unter anderem „Der Nordwind und die Sonne“ lasen, eine Fabel des antiken Dichters Äsop, die Phonetiker als Mustertext schätzen. Erst lasen die Männer mit normaler Stimme; und dann noch einmal, während sie per Kopfhörer lautes Rauschen zugespielt bekamen. Ergebnis: Lautstärke und Stimmbandgrundfrequenz nahmen zu, die Testpersonen artikulierten etwas offener und produzierten weniger Ähs.

Die Kollegen müssen auch in anderen Versuchen als Probanden für die Sprachdetektive herhalten. Ein Ölunfall auf der Unterelbe, den ein trunkener Lotse verschuldet hatte, inspirierte die Fahnder dazu, den Einfluss von Alkohol auf Sprache und Sprechweise systematisch zu untersuchen.

Für die Studie betranken sich 40 Polizeischüler im Dienst. Die Testflüssigkeit war 40-prozentiger Wodka, pur oder mit Wasser verdünnt. Nach jeder Runde lasen die Männer die Äsop-Fabel vor. Sie konnten den Versuch jederzeit abbrechen, doch alle gaben ihr Bestes – eine der Testper-

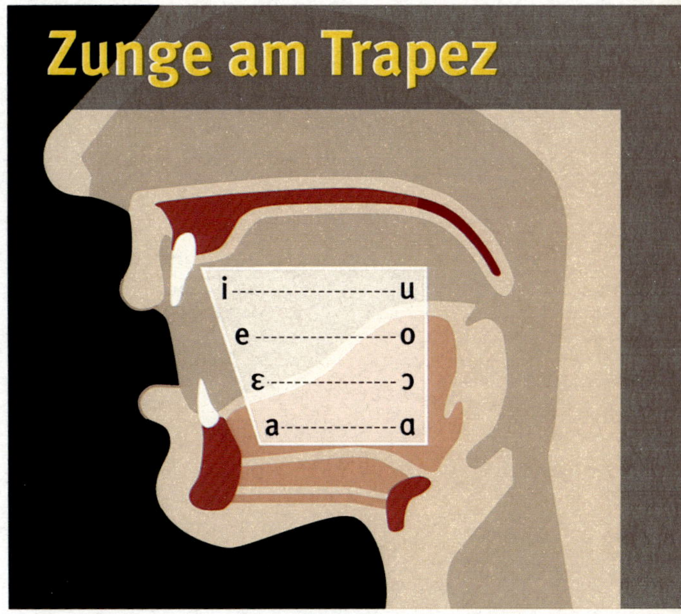

Der englische Phonetiker Daniel Jones hat ein einfaches System entworfen, das den Artikulationsort von Vokalen in Bezug auf die Zungenstellung wiedergibt: das sogenannte Vokaltrapez. Zu den vorderen Vokalen zählen i (in liegen), e (Emu), ɛ (Ärger). Die hinteren Vokale sind u (Ute), o (oder) und ɔ (offen). Verschiedene Varianten des a liegen dazwischen

sonen hielt durch bis fast zur Alkoholvergiftung.

Der selbstlose Einsatz bescherte dem BKA neue Erkenntnisse: Schon ab 0,4 Promille lasen die Polizisten den einfachen Text nicht mehr fehlerfrei. Bei zwei Dritteln der Teilnehmer erhöhte sich unter Alkoholeinfluss die Stimmfrequenz. Jenseits von 1,2 Promille klangen alle mehr oder weniger heiser. Mit zunehmenden Promille nahm die Sprechgeschwindigkeit ab, die Zahl der Pausen dagegen zu.

Unter Alkoholeinfluss klingt eine Stimme anders. Wie sie sich verändert, hat ein Selbstversuch der Beamten geklärt

Etwa 100 Fälle bearbeiten die Sprachdetektive des BKA im Jahr, rund zwei Drittel davon haben mit Stimmenvergleich und Stimmenanalyse zu tun. Henry Higgins, der Phonetikprofessor aus dem Theaterstück „Pygmalion" von George Bernard Shaw, hätte seine Freude an den Kollegen vom BKA. So wie er das Blumenmädchen Eliza Doolittle an ihrem Cockney-Akzent als Arbeiterkind aus dem Osten Londons identifizierte, können die BKA-Fahnder die Herkunft eines Täters mitunter anhand der Sprachfärbung bis auf wenige Quadratkilometer eingrenzen.

Einem wie Olaf Köster macht es auch keine Mühe zu erkennen, in welcher Region ich, die Interviewerin, aufgewachsen bin. Ich spreche zum Beispiel das Wort „Kirche" wie „Kiache" aus, mit hellem, breitgezogenem i- und offenem a-Laut – und schon ist dem Mann klar, dass ich aus Westfalen stamme.

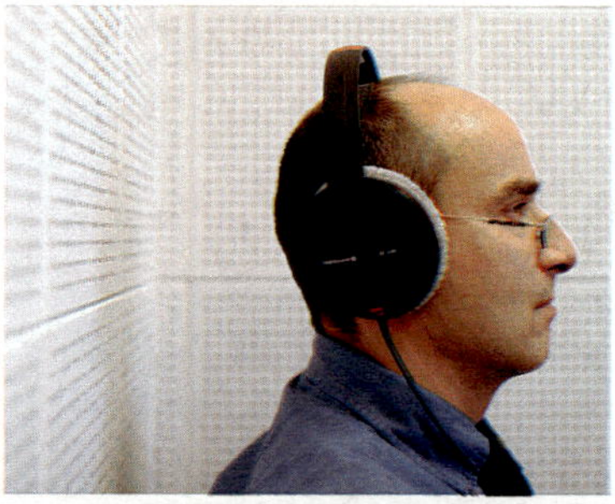

Aber selbst der beste Phonetiker kennt nicht alle deutschen Unterdialekte. Die BKA-Experten schufen deshalb bereits vor Jahren eine Datenbank regionaler Umgangssprachen, die mit 200 repräsentativen Sprechern aus dem Deutschen Sprachatlas in Marburg bestückt wurde. Der Sprachatlas hält mehrere tausend Sprachproben aller möglichen deutschen Dialekte bereit.

Ideal für die Zwecke der Fahnder war diese Sammlung allerdings nicht. „Das sind teils alte, grummelige Aufnahmen, und die Sprecher erzählen noch von der Telegrafie", sagt Köster.

Man beschloss, eine neue Datenbank anzulegen, mit zeitgenössischen Sprechern. Es sollten möglichst keine Akademiker sein, denn diese sind unter Erpressern selten vertreten. Gewünscht waren außerdem eine natürliche Kommunikation und eine regional gefärbte Sprache anstelle von reinem Dialekt. „Die bösen Burschen kommen zwar mitunter aus einem Milieu, das dialektgeprägt ist, aber sie wollen sich ja verständlich machen und versuchen deshalb, Hochdeutsch zu reden." Wer konnte dies am besten simulieren? Die Beamten aus den Notrufzentralen der Polizei, hieß es.

Nachdem die nötigen Genehmigungen vorlagen, besorgten sich die BKA-Phonetiker Aufzeichnungen von Polizeistationen wie Kirchheimbolanden, Herborn oder Waldshut-Tiengen. Mitschnitte von 321 Sprechern kamen so zusammen. Die Kollegen aus den Notrufzentralen lieferten zusätzlich eine vorgelesene Textprobe – wiederum

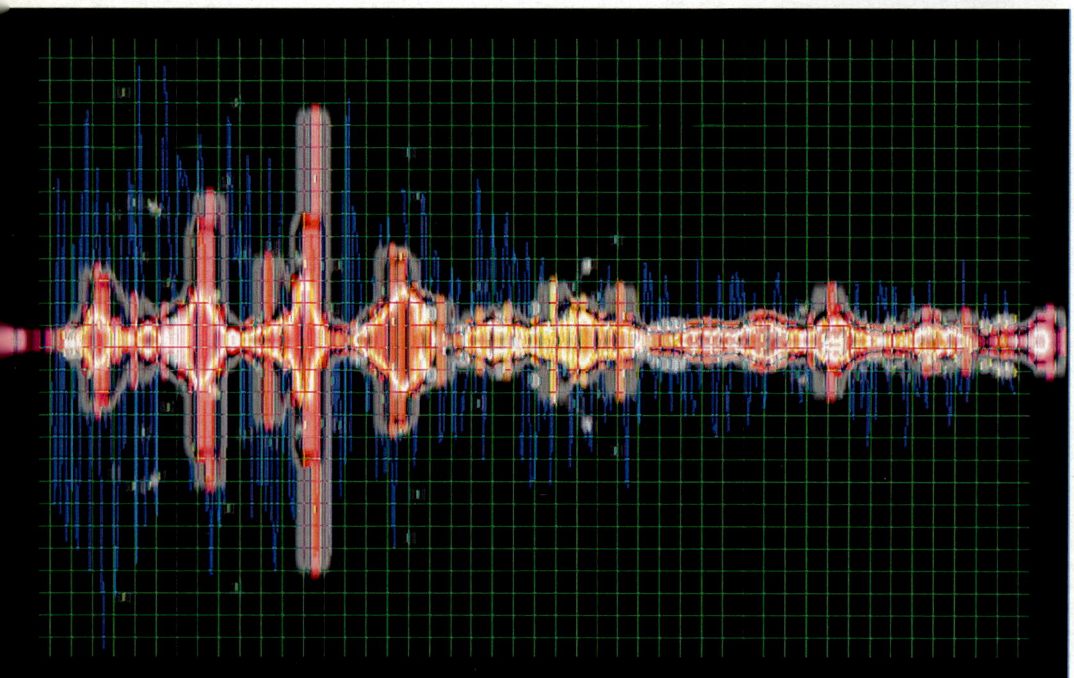

Objektive Fakten statt subjektive Zeugenaussagen liefern sogenannte Sonagramme. Damit lässt sich das Klangspektrum einer Stimme darstellen und einem Täter zuordnen. Das Problem: Meist sind die Aufnahmen verrauscht, oder das Spektrum wird nicht voll erfasst

Im Tiefland nördlich des »Rheinischen Fächers« und der »Benrather Linie« liegt das Gebiet niederdeutscher Dialekte. Hier sagt man »maken« statt machen und »wat« statt was. Im »Rheinischen Fächer« wohnte auch die Grimmsche Hexe: »Knäuschen« ist die lokale Variante zu »Brotkanten«.

die Äsop-Fabel. Das gesamte Material wurde in Orthographie und Lautschrift der deutschen Standardsprache verschriftet und dann nach Worten und grammatischen Einheiten segmentiert in den Computer eingegeben.

Künftig können Segmente eines Erpresseranrufs mit den entsprechenden Eingaben aus der Datenbank verglichen werden.

Wenn ein Täter einen Dialekt oder Akzent nachzumachen versucht, irritiert das die BKA-Leute nur mäßig. Kaum jemand schafft es, sich länger als wenige Sekunden zu verstellen. Das musste auch „Goldadler" erfahren, ein Erpresser, der Lebensmittel einer rheinländischen Supermarktkette mit Arsen vergiftet hatte. Zwar hatte der Mann geschickt verschiedene Akzente imitiert. Doch als es kurz vor der Geldübergabe hektisch wurde, verriet er sich durch ein einziges Wort. Er sprach „warten" auf die sogenannte ripuarische Weise als „wachten" aus, mit einem ach-Laut vor dem t. Das macht nur ein echter Rheinländer. Diese Information bestätigte die Ermittler – sie hatten einen Mann aus dem Raum Bonn in Verdacht.

DIE NEUESTE ENTWICKLUNG sind sogenannte „Total-Voice-Systeme". Sie berechnen Resonanzkoeffizienten im Mund-Nasen-Rachenraum. Damit könnten auch Personen identifiziert werden, die in einer völlig unbekannten Sprache sprechen. Denn die Resonanzräume in Mund, Nase und Rachen eines Menschen sind sehr charakteristisch, viel individueller als etwa die Stimmtonerzeugung in seinem Kehlkopf.

Die zweite Besonderheit des Systems: Es setzt die Wahrscheinlichkeit, dass zwei Stimmen einander rein zufällig ähneln, ins Verhältnis zur Wahrscheinlichkeit, dass der eine Sprecher mit dem anderen identisch ist. Ein Riesenschritt hin zu einer verlässlicheren Analyse.

Das System, das Künzel seit mehreren Jahren erprobt, wurde für die Guardia Civil in Spanien entwickelt, um ETA-Terroristen zu identifizieren. Auch das BKA forscht in dieser Richtung. In Europa werden Total-Voice-Systeme vereinzelt bereits vor Gericht eingesetzt.

Als Künzel kürzlich bei einer Zusammenkunft der iberoamerikanischen Polizeichefs davon berichtete, zeigten sich insbesondere die Kollegen aus Kolumbien interessiert. Dort haben sich Entführungen zu einer Art Wirtschaftszweig entwickelt – mit einem engen Täterkreis. Mithilfe des Total-Voice-Systems will man die Erpresser künftig schnell und zuverlässig identifizieren.

Geschulte Phonetiker wie Künzel ersetzt aber auch die ausgefeilteste Technik nicht. „Gerät ein solches Verfahren in falsche Hände, ist das, als ob Sie ein hochgetuntes Auto an jemanden geben, der nicht fahren kann." ☐

Die seit Jahren in Hamburg lebende Autorin **Martina Keller** kann den Tonfall ihrer Heimatstadt Bochum noch immer nicht verbergen – will es aber auch gar nicht. Den Beruf der BKA-Phonetiker findet sie reizvoll und spannend wie einen Krimi.

Professor Langhanky sprach gerade
mit einer Studentin –
und da da passierte
dadam es ...

WENN DIE SPRACHE IM CHAOS VERSINKT

Der Schock, von heute auf morgen die Macht über die Worte zu verlieren – Michael Langhanky hat ihn erlitten. Der Professor ist einer von Zehntausenden Deutschen, die nach einem Schlaganfall das Reden neu lernen müssen. Mühsam. Und voller Hoffnung

VON WOLFGANG MICHAL (TEXT) UND RINAH LANG (ILLUSTRATIONEN)

Professor Michael Langhanky, ein liebenswürdiger Mann mit schmalem Gesicht und wachen Augen, begrüßt Besucher mit der linken Hand und sagt dazu merkwürdig unbetont „Guten Tag".

In der Wohnung ist es auffallend still, selbst die Collie-Hündin Doki, die seit einigen Monaten zum „Begleithund" ausgebildet wird, gibt keinen Laut von sich. Der Innenhof der großen Genossenschaftsanlage wirkt trotz des lauen Sommerabends wie ausgestorben. Eine himmlische Ruhe.

Und Ruhe braucht Professor Langhanky. Der 51-Jährige schläft oft mittags ein Stündchen und geht früh zu Bett. Schon das Lesen von Überschriften in der Zeitung strengt ihn an. Er buchstabiert die Worte, aber sie ergeben keinen Sinn. Wenn er spricht, schafft er selten mehr als zwei kurze Sätze. Manchmal klatscht er sich entschuldigend mit der flachen Hand auf den Hinterkopf und sagt: „Hintendrin – wunderbar. Denken – wunderbar. Aber vornedrin", er drückt die Finger gegen die Schläfe, „vornedrin – Chaos!"

Mit einer Studentin der Hamburger Fachhochschule, an der er lehrte, besprach er gerade deren Diplomarbeit, als seine Rede plötzlich langsamer wurde. Er fand die Wörter, die er brauchte, nicht mehr in seinem Kopf. Dann fiel er zu Boden. Als er auf der Intensivstation des Wandsbeker Krankenhauses wieder zu sich kam, konnte er den rechten Arm und das rechte Bein nicht mehr bewegen, seine rechte Gesichtshälfte war taub, und wenn er Ja sagen wollte, kam ein verwaschenes Nein aus seinem schiefen Mund. Wollte er etwas ablehnen, artikulierte er ein deutliches Ja. Mehr konnte er in den ersten Monaten nicht sagen. Weil dies zu Missverständnissen führte, einigte er sich mit seiner Lebensgefährtin auf Gesten: Eine waagerechte Handbewegung bedeutete Nein, eine senkrechte Ja. Wie ein Priester bei der Messe schnitt er fortan Kreuze in die Luft.

Innerhalb von Minuten büßte der Professor sein wichtigstes Werkzeug ein, seine gepflegte und verfeinerte Sprache

Schuld an seinem Zustand war eine schadhafte Halsarterie. Aus der Innenwand des Blutgefäßes hatte sich ein Pfropfen gelöst und den Hauptstamm der mittleren linken Hirnarterie verstopft. Die Sauerstoffversorgung der linken Gehirnhälfte war komplett unterbrochen worden. Der schwere Infarkt löste eine sogenannte globale Aphasie aus: Innerhalb von Minuten verlor der Professor sein wichtigstes Werkzeug, seine über Jahrzehnte aufgebaute, sorgsam gepflegte und verfeinerte Sprache.

Mit ihr schien er seine ganze Autorität verloren zu haben. Denn viele Patienten mit globaler Aphasie lallen nur noch wie Babys. [Zu allem, was sie sehen oder erklären, sagen sie „dadada" oder „tantantan".] nein, recurring utterances!

WELCHE STÖRUNGEN auftreten und wie schwer der Sprachverlust ist, hängt davon ab, welche Äste und Verästelungen der mittleren Hirnschlagader blockiert worden sind. Hat die Embolie den vorderen Ast, die *Arteria praerolandica*, verschlossen, kommt es in der Regel zu einer „nicht flüssigen" Sprachstörung. Die Betroffenen können nur einzelne Wörter, meist Substantive, artikulieren. Ihr Reden ähnelt dem Stil von Telegrammen. Sie können nicht schreiben und kaum lesen, allein das Verstehen scheint überraschend gut erhalten zu sein.

Da ein solcher Infarkt das motorische Sprachzentrum im linken Vorderhirn lädiert, eine Region, die der Neurologe Paul Broca 1861 erstmals beschrieben hatte, nennt man die daraus resultierende Sprachstörung Broca-Aphasie.

Verstopft die Embolie dagegen den hinteren Ast, die *Arteria temporalis posterior*, kommt es zu einer „flüssigen" Aphasie. Deren Hauptsymptom ist ein sprudelndes Kauderwelsch aus unverständlichen Silbenkaskaden und bizarr ineinander geschobenen Satzfetzen, eine Art Sprachdurchfall. Da die Schädigung das von Carl Wernicke 1874 entdeckte sensorische Sprachzentrum lahm legt, wird die Störung als „Wernicke-Aphasie" bezeichnet. Bei leichteren Schlaganfällen, die lediglich Wortfindungsstörungen hervorrufen, spricht man von „amnestischer Aphasie".

Mithilfe standardisierter Tests versuchen Ärzte zu ermitteln, an welcher Art von Aphasie ein Patient leidet. Das Ergebnis entscheidet nicht nur darüber, welche Therapie ein Patient erhält, sondern auch, welche Heilungschancen ihm eingeräumt werden. Denn Broca- und Global-Aphasiker gelten als viel schwerer therapierbar als Wernicke- oder amnestische Aphasiker.

Kritiker halten die Grobeinteilung der Aphasien allerdings für überholt: Das Viererraster orientiere sich noch immer am Erkenntnisstand des 19. Jahrhunderts. Damals ordneten Neurologen die Sprachverarbeitung bestimmten Arealen der Hirnrinde zu.

Heute wisse man aber, dass die Sprachverarbeitung im Gehirn viel dezentraler und vernetzter funktioniere. Bis zu 80 Prozent der Aphasien ließen sich nicht eindeutig auf eines der Hauptsyndrome festlegen. „Kein Fall gleicht dem anderen", sagt die Hamburger Sprachtherapeutin Luise Lutz, die seit 30 Jahren Aphasiker behandelt.

IM OKTOBER 2005, ein halbes Jahr nach seinem Schlaganfall, begann Langhanky die ambulante Therapie bei Luise Lutz. Ungeachtet langer Klinikaufenthalte und Rehabilitationsmaßnahmen war er fest entschlossen, sich ins Leben zurückzukämpfen.

Doch wie mühsam jeder noch so winzige Fortschritt ertrotzt werden musste, hätte er sich vorher nicht träumen lassen. Wäre seine Frau nicht gewesen – sie heiratete ihn ein Jahr nach dem Schlaganfall –, hätte er die „intellektuelle Einzelhaft", die eine schwere Aphasie bedeutet, nicht durchgestanden.

Bei Professor Langhanky, sagt Lutz, waren sämtliche sprachlichen „Modalitäten" – Reden, Hören, Lesen und Schreiben – stark reduziert. Während Wernicke-Aphasiker Wörter bis zur Unkenntlichkeit verdrehen und verknäueln, etwa „flascht Seibel" oder „tippt Seike" sagen, wenn sie eigentlich „trinkt Bier" sagen wollen, lassen Global- oder Broca-Aphasiker fast alles weg.

DADADAA
tantan 7
tanta
ntan
dada
DADADA
daad

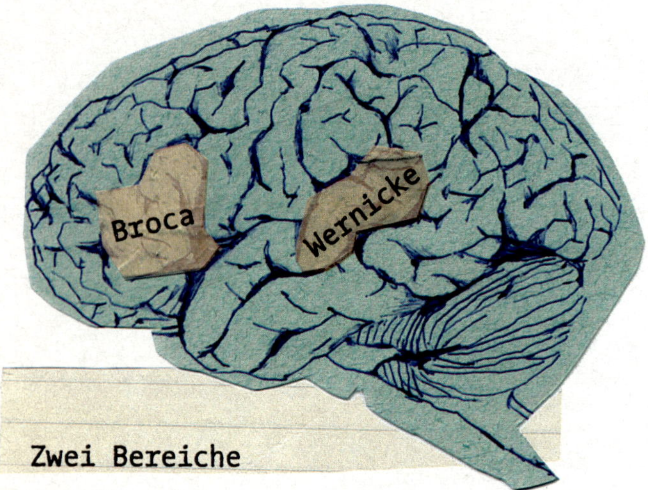

Zwei Bereiche des Gehirns gelten als klassische Sprachzentren: Broca- und Wernicke-Areal. Ihr Ausfall führt zu charakteristischen Störungen wie Verlust des Sprachflusses oder Verständnisproblemen

Fehlende Verben, Silben, Satzteile müssen die Gesprächspartner erraten.

Umgekehrt hören Aphasiker die Frequenzen eines Redners oft verzerrt, zerhackt oder in Zeitlupe. Weil sie das Gehörte innerlich nicht mitsprechen können – wie es Gesunde tun, wenn sie zuhören –, versuchen sie, den Sinn des Gesagten den Gesten, der Stimmlage und dem Verhalten des Gesprächspartners zu entnehmen.

Da Aphasiker nicht mehr wissen, welche Buchstaben welche Laute repräsentieren, lesen sie anfangs nicht das, was im Text steht, sondern das, was sie unbewusst assoziieren. Luise Lutz zeigte einem Reporter, der einen Schlaganfall erlitten hatte, ein Foto, auf dem ein repräsentatives Gebäude zu sehen war. Über dem Eingang stand in großen Lettern „HOTEL". Als der Reporter das Wort lesen sollte, grübelte er eine Weile und sagte dann „Wanzen".

Über dem Eingang stand in großen Leuchtbuchstaben »HOTEL«. Der Mann, der das Wort lesen sollte, sagte »WANZEN«.

Aber auch die vierte Modalität, das Schreiben, bleibt meist auf der Strecke. Aphasiker müssen wieder lernen, Buchstaben zu schreiben – mit der linken Hand, wenn die rechte gelähmt ist. Klappt das motorisch, kämpfen sie mit inneren Programmierungsfehlern. Dann steht „Bulmen" auf dem Blatt statt „Blumen" oder „forne Binge" statt „ferne Dinge".

An solchen Fehlern merken wir, dass Benennungen nichts Selbstverständliches sind, sondern auf gesellschaftlichen Verabredungen beruhen. Wir könnten uns ebenso gut einigen, Bulmen zu sagen, wenn wir an bestimmte Pflanzen denken.

Denn nicht das Wort war zuerst da, sondern der Inhalt. Inhalte speichern wir in unseren ersten Lebensmonaten in Kategorien, ohne dafür Sprache benutzen zu müssen. Wir speichern etwa ein bestimmtes Gesicht und verbinden es im Lauf der Zeit mit den dafür verabredeten Lautmustern. Aus dem ersten Lallen entwickelt sich das Lautmuster „Ma-ma". Gleichzeitig trainieren wir die Sprechmuskulatur.

Das ist gar nicht so einfach, denn für die Erzeugung von Lautmustern benötigen wir etwa 1500 Muskelbewegungen pro Sekunde – und alle in der richtigen Reihenfolge. Nach der Speicherung der Lautmuster trainieren wir ihre Anordnung in den typischen Zwei-Wort-Sätzen, etwa „Papa Taxi". Das ist der Telegrammstil, der Broca-Aphasiker auszeichnet.

Schließlich markieren wir die Sätze mittels Grammatik und Sprachmelodie, Pausen und Akzentuierungen. Irgendwann laufen diese neuronalen Prozesse vollautomatisch. Wir müssen gar nicht mehr darüber nachdenken. Doch was ein Gesunder in Sekundenbruchteilen bewältigt, ist für Langhanky eine Marathonstrecke mit Hindernissen. Zwar liegen seinen verstümmelten Äußerungen korrekte Pläne zugrunde, weil sein Wissen über die Welt, das inhaltliche Denken, unversehrt geblieben ist. Aber er kann die Pläne nicht umsetzen, weil ihm die Kombinationsregeln der „inneren Sprache" fehlen. Aphasiker wissen zwar, dass es einen Hahn für kaltes und einen für heißes Wasser gibt, aber sie verwechseln die Symbole dafür.

ZU ALLEM ÜBERFLUSS sind nicht nur die einzelnen Modalitäten gestört, auch ihr Zusammenspiel driftet auseinander. Ein Aphasiker kann nicht immer hören, was er sagt, und er kann nicht immer sagen, was er denkt. Er kann nicht immer schreiben, was er hört, und nicht immer lesen, was er schreibt. Er sagt zum Beispiel „Handschuhe" und schreibt „Schandmuse", er sieht das Wort „Hase", liest aber „Ostern", er hört den Satz „trinkt Kaffee", versteht aber „fährt Auto". Er hört „Eins, zwei, drei im Sauseschritt" und schreibt „Eins, fünf mal drei mit Galopp".

Man müsse sich das vorstellen „wie bei einem großen Orchester, dessen Dirigent weggegangen ist", sagt die Sprachtherapeutin Luise Lutz. „Jeder der Musiker hat seine Noten vor sich und spielt. Manche spielen die ganze Sinfonie, andere nur den einen oder anderen Satz, wieder andere wiederholen immer die gleichen Takte, einige Musiker spielen schnell, andere langsam, manche spielen durchgehend, andere machen mehrere Pausen. Keiner spielt falsch, aber das Zusammenspiel funktioniert nicht. Das Ergebnis: eine aphasische Sinfonie." Wie

HOTEL

APHASIE

Es gibt mehrere Haupttypen der Erkrankung, darunter

BROCA-APHASIE: Betroffene sprechen im Telegrammstil, das Sprachverständnis ist oft gut erhalten.

BEISPIEL:

Therapeut: „Wie hat es mit Ihrer Krankheit angefangen?"

Patient: „Ein, zwei drei Tage ... eh ... Flugzeug ... Sonne scheint und so ... bewusstlos und umfallen ... und später ... Hubschrauber ... zu Hause bleiben"

WERNICKE-APHASIE: Der Sprachstil ist flüssig, Grammatik bleibt erhalten, aber es kommt zur Sinnverdrehung.

BEISPIEL:

Therapeut: „Wie hat das mit Ihrer Krankheit angefangen?"

Patient: „Ja ich bin ... ich war unter téránnegúnte ... und ich bin eh im jui dui unter geworden und bin zusammgegamen"

Quelle: Klaus Poeck, Klinische Neuropsychologie

aber kommen die Fehler auf neuronaler Ebene überhaupt zustande? Was genau geschieht im Gehirn, wenn die Sprache verrückt spielt?

Alle Nervenimpulse, davon gehen Neurolinguisten aus, werden durch Erregung und Hemmung gesteuert. Bei Aphasien ist dieser Steuerungsprozess gestört: Offenbar werden viele Impulse, die sprachliche Signale transportieren, bei Aphasie zu stark oder zu wenig gehemmt, wodurch sie zu früh oder zu spät an ihren Bestimmungsorten ankommen.

Muss sich ein Aphasiker auf das Artikulieren stark konzentrieren, stockt auch das übrige Programm: Er bleibt stehen, wenn er etwas sagen will, denn er kann nicht gleichzeitig gehen und reden. Diese Irritation lässt schließlich auch die Satzplanung zusammenbrechen. Professor Langhanky sagt dann: „Ich wollte noch sagen . . . äh . . . ist weg!"

Mit einer senkrechten Handbewegung signalisiert Professor Langhanky fortan »Ja«

Bei dem Versuch, solche Defekte selbsttätig zu kompensieren oder gar zu reparieren, setzt das Gehirn überraschend flexible Strategien ein. Lange glaubte man, beim Wiedergewinn von Sprache würden vor allem Bereiche in der Nachbarschaft des infarktgeschädigten Areals oder in der rechten Hirnhälfte aktiviert. Neue bildgebende Verfahren wie die funktionelle Magnetresonanztomographie zeigen jedoch: Unter günstigen Voraussetzungen kann die Sprachverarbeitung wieder auf die linke Seite zurückkehren.

Der Aachener Neurolinguist Walter Huber, einer der führenden deutschen Aphasie-Experten, hat festgestellt, dass selbst nach schweren Schlaganfällen oft Überreste nicht geschädigten Gewebes in der linken Hirnhälfte aktiv bleiben. Aufgrund der „Notsignale" aus dem Katastrophengebiet schalte sich die auch in der rechten Gehirnhälfte befindliche sogenannte Protosprache als „Notstromaggregat" ein.

IST DAS NETZWERK der linken Hemisphäre nur beschädigt und nicht zerstört, kommt es zu einer rechtshemisphärischen Kompensation, und zwar so lange, bis sich die Sprachfunktionen auf der linken Seite erholt haben. Nur in diesen Fällen, so Walter Huber, sei eine vollständige Rückbildung der Aphasie möglich. Bei Broca- und Global-Aphasikern zeige sich dagegen „eine anhaltende rechtshemisphärische Aktivierung ohne Rückkehr zur linken Seite". Entsprechend langsam und unvollständig vollziehe sich die Wiederherstellung der Sprache.

„Ich habe jetzt zwei Jahre Geduld, Geduld, Geduld!", sagt Professor Langhanky. Emotionsgeladene Sätze finden den Weg nach draußen oft leichter als unaufgeregte. Langhanky will nicht aufgeben. Erst kommt die Therapie, sagt er, dann alles andere. Nach ihr richtet sich das Familienleben. Ab und zu ein Ausflug an die Nordsee, aber kein Malaysia und kein Mallorca mehr. Kein Kino, kein Bildschirmgewitter, kein Alkohol, kein Streit. Musik nur dosiert. Hin und wieder ein Museum. Bei zu vielen Reizen könnte das Gehirn rebellieren.

DER UNFREIWILLIGE Rückzug hat seinen Freundeskreis eingeschränkt, aber fünf, sechs Personen sind doch geblieben. Manchmal treffen sie Kathrin und Sebastian, ein Paar im gleichen Alter. Sie haben sich in der Aphasiker-Selbsthilfegruppe kennengelernt. Sebastian hatte sechs Wochen nach Langhankys Infarkt eine Hirnblutung mit schwerer Broca-Aphasie.

Sprachlich ist er noch nicht so weit wie Professor Langhanky. Vor allem die Zunge und die Lippen wollen nicht so, wie sie sollen. Epileptische Anfälle werfen ihn immer wieder zurück. Vor seiner Erkrankung war Sebastian der künstlerische Leiter des Hamburger Musicaltheaters „Neue Flora", feierte Erfolge mit dem „Phantom der Oper" und Polanskis „Tanz der Vampire".

Wenn sich der Professor und der Künstler treffen, verstehen sie sich auch ohne Worte. Sagt einer mal was, lobt der andere überschwänglich die Fortschritte des anderen. Es wird heftig genickt und gelacht, Gesten und Körpersprache ersetzen die Sprachgirlanden. Überhaupt wirkt Langhanky sehr ausgeglichen. Seine Frau spricht von der „Buddha-Natur" ihres Mannes.

Ohne diesen Gleichmut – die Dinge zu nehmen, wie sie sind – hätte er die Therapie vielleicht abgebrochen. Da sich die Heilungsaussichten statistisch gesehen im zweiten Jahr nach dem Schlaganfall rapide ver-

JA?

HILFE + TIPPS

„Zeit ist Hirn“ bei einem Schlaganfall!

NOTARZT: Treten Lähmungen sowie Sehstörungen auf, hängt ein Mundwinkel herab, klingt die Sprache plötzlich verwaschen, sofort 112 wählen und die Symptome schildern.

KRANKENHAUS: Der Notarzt sollte, wenn irgend möglich, eine spezielle Schlaganfall-Station („Stroke Unit“) anfahren. Dort stehen eigens ausgebildete Spezialisten bereit.

SPRACHTHERAPIE: Bestehen Sie auf möglichst frühzeitigem Sprachtraining. In den ersten Tagen können die Folgen einer Schädigung am besten aufgefangen werden.

MEHR INFOS:
www. aphasiker.de

schlechtern, haben chronische Aphasiker wie Langhanky oft das Nachsehen. Für diese Fälle hat Luise Lutz eine spezielle Therapiemethode entwickelt, die Modalitätenaktivierung (MODAK).

Meist beginnt sie mit leichten Lockerungsübungen der Sprechmuskulatur – und der Seele. Ein erstes „Ahh!“ und ein „Ooh!“ lösen die Zunge. Viele Patienten sind nach Jahren der vergeblichen Hoffnung und der Rückschläge so entmutigt, dass sie gar nichts mehr von sich geben wollen. Deshalb ist Lutz anfangs mehr Psychotherapeutin als Sprachtrainerin. Da sie selbst zwölf Jahre mit einem Aphasiker zusammengelebt hat, kennt sie die Probleme von allen Seiten.

Erst nach der Aktivierungsphase beginnt die eigentliche Behandlung. Als Bild- und Textmaterial verwendet Lutz meist Cartoons, Bilder und Überschriften aus Zeitschriften und Katalogen. Die Beispiele müssen realitätsnah sein und die Interessen oder Hobbys der Patienten widerspiegeln. Statt auf Computerlernprogramme setzt Lutz auf Zwiegespräche. Denn das Gespräch sei besser geeignet, die Koordination der vier Modalitäten zu trainieren.

»Hintendrin alles wunderbar«, sagt der Professor und schlägt sich mit der Hand an den Kopf

Spezifische Störungen behandelt die Therapeutin immer in allen Sprachbereichen zugleich. Ihre Übungsblocks umfassen jeweils vier Bilder, auf denen Menschen Unterschiedliches tun. Zeigt der Patient nach Aufforderung das richtige Bild, hat er verstanden. Legt er eine Bildunterschrift zum richtigen Motiv, hat er den Sinn des Gelesenen erfasst. Gibt er nach Aufforderung die richtige Bildunterschrift zurück, hat er gleichzeitig verstanden und gelesen.

DER SPRACHERWERB des Aphasikers gleicht einer Aufräum- und Reparaturaktion: Auf verschiedenen Ebenen ist das Schienennetz der Programmierungssysteme durch ein „Kopfbeben“ verbogen oder geborsten, große Brocken müssen von den Schienen gehoben, Gleise neu verlegt und entgleiste Waggons wieder auf die Schienen gesetzt werden. Laien vergleichen die Leistung von Aphasikern gern mit dem Erlernen einer Fremdsprache im höheren Erwachsenenalter. Doch in Wahrheit ist die Anstrengung viel größer, denn Aphasiker können ihre Muttersprache nicht als Vergleichsmuster heranziehen. Sie lernen Sprache ohne Sprache.

Weil unsere Kultur die Benutzung von Zeichensystemen so hoch schätzt, nehmen wir an, Sprache und Denken seien identisch, Denken sei nur möglich in sprachlicher Form. Die Sprachprobleme von Aphasikern halten viele deshalb für eine geistige Behinderung. Doch das stimmt nicht: Unsere Vertrautheit mit Sprache hindert uns, das Denken pur zu entdecken.

Dieses Denken in Bildern läuft blitzschnell ab, während Sprache nur linear entfaltet werden kann. Sie tappt immer hinterher. Wir brauchen sie eigentlich nur, um andere Menschen über unsere Welten im Kopf zu informieren.

Wenn wir uns mit den eigenen Welten befassen, brauchen wir kein Thema auszuformulieren, wir müssen keine grammatischen Strukturen programmieren, wir brauchen keine Lautmuster zu produzieren. Wir können schnellere, verkürzte Prozesse einschalten: eben Denkprozesse.

Man behält ja auch nie den Wortlaut eines Textes im Kopf, sondern immer nur dessen Inhalt: die Gedanken, die er vermittelt. Oft wundern sich Freunde, Angehörige und Therapeuten, warum Aphasiker im Gespräch behaupten, alles zu verstehen. Verstehen heißt, der Umwelt einen Sinn entnehmen zu können. Und das können Aphasiker besser (und oft schneller!) als Nichtaphasiker.

Versuchen Sie doch mal, einen Tag lang ohne Sprache auszukommen. Sprechen Sie nicht, lesen Sie nicht, hören Sie nicht, schreiben Sie nicht – betrachten Sie nur Räume und Menschen. Vielleicht fühlen Sie, dass Sie auch ohne Sprache ein reiches Innenleben haben, dass Sprachlosigkeit die Persönlichkeit nicht verändert, sondern schärft. Denn „hintendrin“, sagt Professor Langhanky lächelnd und schlägt sich mit der flachen Hand an den Hinterkopf, „alles wunderbar“. □

Wie schnell ein Schlaganfall das eigene Leben umstürzen kann – das wurde dem langjährigen GEO-Autor **Wolfgang Michal**, 53, erst bei dieser Recherche so richtig bewusst. Im Booklett-Verlag ist jüngst sein Buch „Einsame Klasse. Wenn Männer in die Jahre kommen“ erschienen. Die Illustratorin **Rinah Lang**, 32, lebt in Berlin.

Nur echt mit spitzen Ohren: Sarah Louise und ihre Tochter Tara haben sich für das Tolkien-Wochenende im britischen Birmingham als Elben verkleidet. Tara wird später den Kostümwettbewerb gewinnen

EIN

FLIRT MIT DER **FANTASIE**

Was bringt Menschen dazu, den Tausenden existierender Sprachen der Welt noch ganz neue hinzuzufügen? Oder sie gar zu lernen, obwohl kaum jemand sie spricht? Klingonisch etwa, Esperanto oder die Idiome aus J. R. R. Tolkiens »Der Herr der Ringe«?

VON THILO GUSCHAS (TEXT) UND DAVID GILLANDERS (FOTOS)

ZAINAB THORP, eine zierliche Frau Anfang 50, wartet in ihrem Zelt auf Besucher. Sie ist gekleidet wie für einen Kampf: mittelalterliches Lederkostüm, in der Hand eine massive Axt. Draußen brandet Beifall auf. Über 10 000 Besucher sind zum „Tolkien Weekend" nach Birmingham gekommen, jener Stadt, in welcher der Dichter seine Jugend verbracht hat. Auf dem Programm des einmal jährlich veranstalteten Wochenendes stehen Darbietungen rund um die Geschichten von Mittelerde: ein Verkleidungswettbewerb, Showkämpfe mit Schwertern, Laientheater. Ein Magnet für den Familienausflug.

Was ist so faszinierend an den Erzählungen von Mittelerde? „Tolkien hat eine komplette Welt erfunden, mit richtigen Landkarten und echten Sprachen!", schwärmt eine junge Hobbit-Frau, deren Füße mit Haaren beklebt sind. Zu den Attraktionen des Festes zählen Ethno-Rapper vom indischen Subkontinent: Ein Didgeridoo ertönt, die Musiker skandieren DHIRU! DHIRU!

KITA! TAKA!, der Sänger faucht Wortreihen ins Mikrofon – er rappt die Geschichte des „Herrn der Ringe“ nach. Holt Tolkiens pathetisches Heldenepos ins 21. Jahrhundert. Begeistert feuert das Publikum die Musiker an.

In Zainab Thorps Zelt hingegen herrscht noch immer Leere. Sie ist Expertin für Sindarin, eine der Kunstsprachen aus dem „Herrn der Ringe“. Im Auftrag der Veranstalter soll sie einen Grammatikkurs über diese „elbische“ Sprache anbieten. In ihren Augen mischen sich Bedrücktheit und Kampfesmut. Sie ahnt: Auf einem Familienfest Leute für Linguistik zu begeistern, ist so hoffnungslos, wie DEN RING durchs feindliche Mordor zu schleusen. Weshalb sie es dennoch versucht? „Man kann sich in das Hirn des Professors hineindenken. Und das macht einfach Spaß.“

MIT „DEM PROFESSOR“ meint Mrs. Thorp John Ronald Reuel Tolkien, den weltberühmten Schöpfer von Mittelerde. Weniger bekannt ist, dass Tolkien Lehrer an der Universität von Oxford war, wo er bis 1959 Altenglisch und historische Sprachwissenschaft unterrichtet hat. Eine seiner wichtigsten Forschungsarbeiten beschreibt einen Dialekt des mittelalterlichen Englisch. Ein trockenes Spezialistenwissen, mit dem Tolkien wahrscheinlich nie über sein Fach hinaus bekannt geworden wäre. Das gelang ihm erst mit seinem Epos „Der Herr der Ringe“, das er Mitte der 1950er Jahre in England veröffentlichte.

Der Professor in Oxford: An langen Abenden las Tolkien mit Kollegen altisländische Sagas im Original. Viele Elemente seiner Erzählungen entstammen der »Edda« – auch die Namen von Zwergen und Recken

Für Tolkien aber war die Geschichte über Mittelerde, wie Millionen Fans sie heute kennen, kein Zweck an sich. Was ihn trieb, war linguistischer Eifer. Fantasiesprachen wie das Elbische hatte er entworfen, noch bevor die erste Zeile über Mittelerde geschrieben war. „Der Herr der Ringe“ – ein Nebenprodukt von Tolkiens Sprachbegeisterung. Genauer gesagt: eine Folge seiner Zweifel, ein Publikum für ein Grammatikbuch über die Sprachen der Elben zu finden.

Deshalb suchte Tolkien eine Kulisse. Sein genialer Coup: Er erfand Geschichten hinter den Geschichten. Über die Vergangenheit, von der die unbedarften, geschichtslosen „Hobbits“ nie etwas geahnt haben. Bis der Zauberer Gandalf kommt, ein pfeiferauchender Schriftgelehrter wie sein *Alter ego* Tolkien, und den kleinen Helden erklärt, dass ihre beschauliche Welt eingebunden ist in ein gewaltiges Drama um Macht und Vergänglichkeit.

AUCH DIE GRAMMATIK erzählt Geschichten hinter den Geschichten. Sie sendet Botschaften aus längst vergessenen Zeiten – und über die Vergänglichkeit der Sprachen. Tolkien beherrschte so unterschiedliche Idiome wie Gotisch, Walisisch, Latein, Griechisch, Finnisch, Deutsch, Isländisch. Alle diese Sprachen – außer dem Finnischen – sind vergleichsweise eng miteinander verwandt und bilden die indogermanische oder indoeuropäische Sprachfamilie. Sie gehen allesamt auf ein und dieselbe Ursprache zurück, das Proto-Indogermanische.

Wie genau die Ursprache ausgesehen hat, ist nicht belegt, Texte oder Inschriften gibt es nicht. Wie Naturwissenschaftler, die die Bahnen von Sternen bestimmen, „errechnen“ Sprachwissenschaftler, wie sie ausgesehen haben muss. Ein unscheinbares

Das Elbische bleibt in der Familie: Montserrat ist die Tochter der Lehrerin Zainab Thorp, die Unterricht in Sindarin gibt – einer der tolkienschen Kunstsprachen

Bindewort wie das deutsche „mit“ geht wohl wie das griechische „meta“ auf ein altes Hauptwort zurück, das „Mitte“ bedeutet hat.

Sprachen verändern sich nicht willkürlich, sondern folgen Gesetzen. Das vielleicht wichtigste von diesen ist der Lautwandel. Im Laufe von Jahrhunderten ändern sich einzelne Laute systematisch, in den germanischen Sprachen zum Beispiel wurde aus dem alten „p“ ein „f“. Während etwa das nichtgermanische Latein das „p“ im Wort für „Vater“ (pater) beibehalten hat, beginnt im Englischen, Schwedischen oder Deutschen das gleiche Wort mit dem Laut „f“: father, fader, Vater. Mithilfe einer Reihe von Lautwandel-Gesetzen kombinieren die Forscher, welche Gestalt das „Urwort“ gehabt haben muss. Sie bezeichnen es als „Wurzel“. Für Vater lautet es pətér.

Die Geschichte eines Wortes ist wie eine Reise durch die Jahrhunderte, Kulturen und Sprachen.

Auch Tolkien kannte diesen Kitzel. Auch er hat Etymologie betrieben, Wortgeschichten nachgezeichnet. Aber das war ihm nicht genug. Statt nur reale Sprachen zu entschlüsseln, schuf er mit dem Elbischen eine fiktive Sprachfamilie mit einer gemeinsamen Ursprache, die er das Ur-Elbische nannte. Damit konnte er Wortwurzeln ersinnen und Wörter daraus ableiten. Auch einen Lautwandel hat Tolkien erfunden, von „kw“ nach „p“. Die alte Wurzel *kwet*, „sagen“, wird in Noldarin-Elbisch zu *peth*, „Wort“. Noldarin ist zu dem Zeitpunkt, an dem der „Herr der Ringe“ spielt, bereits ausgestorben.

Immer wieder schimmern im „Herrn der Ringe“ hintergründige Sprachbetrachtungen durch.

Die Ents, die sprechenden Baumwesen, reihen lange Wortketten aneinander, wie *laurelindórenan lindelorendor malinornélion ornemalin*. Wörtlich bedeutet dies: Gold-Ton-Land-Tal Ton-Traum-Land gelb-Baum Baum-gelb, und kann übersetzt werden als „Das Tal, wo die Bäume in einem goldenen Licht singen, ein Land von Musik und Bäumen, es ist ein baumgelbes Land“. Dieser Bandwurm verkürzt sich in der Sprache der Elben zu *Lothlórien*, dem Elfenwald.

Linguisten wissen, dass auch natürliche Sprachen statt einfacher Begriffe zunächst lange beschreibende Ausdrücke wählen, die später zur Unkenntlichkeit schrumpfen. Unser Wort Messer etwa ist aus zwei Wurzeln zusammengesetzt und bedeutet wörtlich „Speiseschwert“. Aus der ersten Wurzel, *mat[i]*, „Speise“, sind auch die Wörter Mettwurst, Mast und Mus entstanden. Der zweite Wortteil von Messer, der „Schwert“ bedeutet, ist eng mit der Bezeichnung für das Volk der Sachsen verwandt. Sie wurden nach ihrer Waffe, dem *sahs*, benannt.

»Ein Ring, sie zu knechten, sie alle zu finden. Ins Dunkle zu treiben und ewig zu binden.« Die Schreckensbotschaft des Ringes und seiner finsteren Anhänger verkündet Tolkien in schöner Schrift. Von seiner Mutter hatte er schon als Achtjähriger die Kalligrafie gelernt. Die Initialen in diesem Artikel sind ebenfalls von Tolkien gestaltet

ZAINAB THORP bemüht sich redlich, ihrem Sprachkurs Leben einzuhauchen. Zwei Zuhörer haben sich eingefunden, und ihnen versucht sie zu erklären, mit welchen Worten auf Sindarin geflirtet wird. Was nicht ganz einfach ist. „Niemand weiß, wie man das Verb ‚lieben‘ grammatisch korrekt bildet. Tolkien hat nie einen Satz wie ‚ich liebe dich‘ auf Sindarin geschrieben.“

In Tolkiens kleinem Wörterbuch finden sich trotzdem Hinweise. Die Wurzel *mel-* zum Beispiel steht für

John Lord versorgt kampfwütige Besucher des Festivals in Birmingham mit Steinäxten und Pfeilspitzen

Sprachunterricht nur für unsichtbare Träger des magischen Ringes? Der Elbisch-Grammatikkurs stößt auf wenig Resonanz

„Liebe". Tolkien notierte, welche Wörter aus dieser Wurzel hervorgehen. In der Sprache Quenya, dem sogenannten Elben-Latein, sind es die Worte *melme*, „Liebe", und *melindo*, „Liebhaber", in der Sprache Noldarin ist es *mellon*, „Freund". *Nal-* ist die Wurzel im Verbum *nalla*, „rufen"; die Form „ich rufe dich" heißt *gen nallon*, und „ich rufe" lautet *nallon*. Wie bildet man also den Satz „Ich liebe dich"? Richtig: *gen mellon* – auch wenn diese Lösung bis heute umstritten ist.

ALLE DIESE Herausforderungen musste auch David Salo bestehen, ein Linguist von der University of Wisconsin-Maddison: Für den Kinofilm „Herr der Ringe" hat er Dialoge ins Sindarin übertragen. Die Fangemeinde hat Salos Tun längst analysiert. Im Internet sind die Dialoge Wort für Wort aufgearbeitet und farblich gekennzeichnet: Grün geht konform mit „dem Professor", Blau steht für Neuschöpfungen, die jedoch theoretisch fundiert sind, und Rot für unbelegte Fantasiebildungen.

Es gibt viele rot markierte Stellen. Carl Hostetter, ein NASA-Wissenschaftler, der als Kopf der konservativen Tolkien-Linguisten gilt, zürnte mit Salo und sprach von „Pseudo-Wissenschaft". Die beiden Experten trugen ihren Disput in einer erbitterten Internet-Fehde aus.

Aus derlei Konflikten hält sich Zainab Thorp, die Sindarin-Dozentin, heraus. Sie will keinen Zank, sondern Sprachgenuss. Sie übersetzt Gedichte aus dem Englischen ins Sindarin. Das bedeutet Plackerei, Nachschlagearbeit, notfalls auch Lautverschiebungen, um neue Vokabeln „herzustellen". Mrs. Thorp betreibt all das, um „dem Professor" näher zu sein. Aber auch aus

FEINE SPRACHADRESSEN

Die Internetseiten **www.sindarin.de** und **www.isdira.de** sind zwei von vielen für Elbisch & Co.; Esperanto oder Volapük finden sich unter **www.esperanto.de** und **www.filip.ouvaton.org/vp/**. Hamlet auf Klingonisch? – **www.khemorex-klinzhai.org/Hol/kli/hamlet**; **www.klingonisch.germanien.de** verrät Ihnen, was Sie auf dem Teller haben, wenn Sie beim Klingonen »qagh« bestellen. Ihre eigene Sprache basteln können Sie auf **www.zompist.com/kit.html**.

„Spaß am Unnützen", wie sie es nennt – in ihrem Leben ein Leitmotiv.

Vielleicht ist es eine stille Revolte. Nach dem Abitur wollte Zainab Thorp Ägyptologie studieren. „Du bist doch so gut im Englischen, warum wirst du nicht Englischlehrerin? Das ist ein richtiger Beruf!", sagte ihr Vater. „Muss denn alles nützlich sein?", protestierte sie. Und die eigenwillige Tochter belegte Ägyptologie – ohne Unterhalt von den Eltern zu bekommen.

KUNSTSPRACHEN HABEN eine merkwürdige Aura. Die Idiome zu beherrschen, gelingt nur wenigen – so sie es denn überhaupt wollen. Sie sind nichts für praktisch veranlagte Wesen wie Tolkiens Hobbits, die nur nach vordergründigem Nutzen schielen. Aber sie sind inzwischen ein Muss für kommerzielle Fantasy-Projekte.

Die Produzenten der Science-Fiction-Fernsehserie „Star Trek" engagierten eigens einen Linguisten, um eine außerirdische Sprache zu entwickeln, jene der kriegerischen Klingonen. Ein Sahnehäubchen für die Fans, das die

»Tengwar«-Zeichen stehen – ähnlich der arabischen Schrift – nur für Konsonanten; Vokale verlangen Zusatzmarkierungen

Fantasiewelt der Realität viel näher bringt, als es Kostüme könnten.

„Vielleicht wird Klingonisch eine neue Weltsprache?", lautet eine hoffnungsvolle Frage, die im Internet unter Star-Trek-Anhängern kursiert; die Gemeinde benutzt eine eigene Fassung der Suchmaschine „Google" – in klingonischer Sprache. Doch tatsächlich ist die Sprachkompetenz wenigen Könnern vorbehalten. Der belgischstämmige Lieven Litaer ist so einer. Er gibt Klingonisch-Kurse in Saarbrücken, rappt als „Klenginem" auf Klingonisch und wurde engagiert, eine Internetseite der „Deutschen Welle" ins Klingonische zu übertragen.

Aber eine Weltsprache, ein Alltagsmedium für Millionen von Menschen, sieht anders aus.

Könnte Esperanto diese Rolle übernehmen? Begründet wurde die Kunstsprache durch den Russen Ludwik Zamenhof Ende des 19. Jahrhunderts, ursprünglich mit einer vergleichsweise einfachen Grammatik aus nur 16 Grundregeln. Das Projekt ist immer noch lebendig. Einige besonders überzeugte Anhänger bringen ihren Kindern sogar Esperanto als zweite Mutterprache bei. Schätzungen der Anzahl derjenigen, die Esperanto von Kindesbeinen an erlernten, schwanken zwischen 200 und 2000. Die Zahl derer, die diese Kunstsprache als Erwachsene erlernt haben, liegt bei zwei Millionen. Vergleichbare Projekte, etwa das Solresol oder das Volapük, haben weitaus geringere Sprecherzahlen.

Doch auch Esperanto ist der Durchbruch nicht gelungen. Vielleicht, weil es eine starke europäische Schlagseite hat. Die meisten Esperanto-Vokabeln sind durch hiesige Sprachen inspiriert oder aus ihnen übernommen – wie „dimanco" (vom französischen „dimanche", Sonntag), „sed" (lateinisch „aber") oder deutsche Wörter wie „nur" und „nun".

Da verwundert es nicht, dass 60 Prozent der aktiven Sprecher, die Mitglied im „Esperanto-Weltbund" sind, aus Europa stammen. Auch Tolkiens Idiome gründen

sich auf Sprachen, die er kannte, auf das Finnische, das Walisische.

Die Schöpfer bauen eigene Sprachuniversen, aber dabei entkommen sie ihrer Herkunft nicht. Und statt Sprachen für alle zu schaffen, erfinden sie eine Heimat für einige wenige, die das Besondere suchen.

ODER DIE ENDLICH Herrscher in *ihrer* Welt sein wollen. Zum Beispiel entwickeln viele Zwillingspaare eigene „Geheimsprachen", die nur sie verstehen und mit denen sie sich

Tolkienfans versammeln sich jedes Jahr bei Sarehole Mill in Birmingham. An der alten Mühle hat Tolkien als Junge gespielt

von der Außenwelt abschirmen können. Dasselbe gilt auch für die zahllosen Kinder, die untereinander mit selbst erfundenen komplizierten Verschlüsselungsregeln re-e-le-fe-den-ele-fen (reden).

Denn wer sagt, dass Sprachen dazu dienen, von allen verstanden zu werden? Zuweilen ist es befriedigender, in der eigenen Welt von niemandem gestört zu werden. □

Thilo Guschas, 31, hat Sprach- und Islamwissenschaften studiert. Seine Freude an linguistischen Knobeleien war ihm bei der Recherche sehr von Nutzen. Der schottische Fotograf **David Gillanders**, 36, ist für seine Arbeiten mehrfach ausgezeichnet worden. Der frühere Boxer interessiert sich für Menschen und ungewöhnliche Hobbys. Die **Initialen** in diesem Artikel sind dem Buch „J. R. R. Tolkien: Artist & Illustrator" entnommen.

IM BABEL DER NEUZEIT

Simultandolmetscher haben einen der stressreichsten Berufe überhaupt. Hunderte von ihnen sind zur Stelle, wenn im Europäischen Parlament in Straßburg die Volksvertreter tagen. Dann können selbst kleine Übertragungsfehler zu ungeahnten politischen Krisen führen

Das Zeichen der Vielfalt: Seit Anfang 2007 gehören 27 Staaten der Europäischen Union an. Mit Bulgarisch, Irisch und Rumänisch hat sich die Zahl der Amtssprachen im EU-Parlament auf 23 erhöht

VON KIRSTEN WÖRNLE (TEXT) UND CIRA MORO (FOTOS)

Es gibt Momente im Berufsleben eines Dolmetschers, die sich für immer ins Gedächtnis einbrennen. Für Andrea Seidenstücker kommt ein solcher Augenblick am 2. Juli 2003. Sie sitzt in der deutschen Dolmetscherkabine im Europaparlament in Straßburg, vor ihr, eine Etage tiefer, liegt der halbrunde Plenarsaal mit rund 700 Sitzen. Am Rednerpult steht Silvio Berlusconi, der neue EU-Ratspräsident. Das rote Licht am Mikrofon von Andrea Seidenstücker leuchtet. Die Dolmetscherin ist an diesem Tag die deutsche Stimme Berlusconis.

„Herr Schulz", sagt der damalige italienische Premier und schickt ein blitzendes Lächeln an den Abgeordneten Martin Schulz, „mir ist bekannt, dass ein Produzent in Italien gerade einen Film über nazistische Konzentrationslager dreht." Oh je, ein

Volle Konzentration bei Alarmstufe Rot: Das Licht zeigt dem Simultandolmetscher in der litauischen Kabine an, dass er zugeschaltet ist

Nazivergleich, denkt die Dolmetscherin, was mache ich jetzt bloß? Während die deutschen Worte schon aus ihrem Mund purzeln, funkt eine innere Stimme: Sei sicher, dass du richtig hörst. Bleib so nah wie möglich dran. Kleb dich an jedes Wort des Ratspräsidenten.

„Ich werde Sie für die Rolle des Kapos… empfehlen. Sie wären in dieser Rolle perfekt!" Ein Satz wie ein Geschoss. Soll sie „Kapo" oder „KZ-Aufseher" dolmetschen, fährt es Andrea Seidenstücker durch den Kopf. „Wörtlich, wörtlich!", hämmert die innere Stimme.

EINE WEILE herrscht absolute Stille in dem Saal. Dann gibt es Zwischenrufe, manche trampeln mit den Füßen, der Parlamentspräsident Pat Cox bittet um Ruhe. Schließlich erhebt sich Martin Schulz: „Ich will es ganz kurz machen", sagt der Sozialdemokrat. „Herr Berlusconi hat in seinen Ausführungen Folgendes gesagt – wenn die Übersetzung richtig war." Andrea Seidenstückers Herz schlägt bis zum Hals. „In Italien wird zurzeit von einem Regisseur ein Film über die Konzentrationslager gedreht, und er lädt mich ein, die Rolle des Kapo, also des SS-Schergen, zu übernehmen."

Die junge Frau heftet ihren Blick auf den italienischen Ratspräsidenten, noch hört er sich die Rückverdolmetschung an. Er nickt. Sie atmet auf. Als sie die Kabine verlässt, beginnt sie am ganzen Körper zu zittern.

Simultandolmetscher, besagt eine Untersuchung der Weltgesundheitsorganisation, haben nach Düsenjetpiloten und Fluglotsen den stressreichsten Beruf der Welt.

Frühsommer in Straßburg. Es ist die Zeit der Parlamentsdebatten, Fraktionsgespräche und Ausschusssitzungen. Ein Tross von Abgeordneten, Referenten und Dolmetschern ist von Brüssel an die Haupttagungsstätte des EU-Parlaments gezogen, die Büromaterialien sind in roten Plastikcontainern nach Straßburg transportiert worden.

Vier Tage Sitzung, vier Tage lang wird diskutiert, verhandelt, polemisiert. Es ist die Zeit der tausend Zungen.

Mit 23 Amtssprachen hat das Europäische Parlament den größten Dolmetscherdienst der Welt. Die NATO beschränkt sich auf zwei Amtssprachen. Die UNO mit ihren 192 Mitgliedsstaaten auf sechs. Die Europäische Kommission arbeitet meist mit vier Sprachen – Englisch, Französisch, Deutsch und der Sprache des jeweils vortragenden Kommissars. Im EU-Parlament steht es jedem Mitglied frei, in der Sprache seines Landes zu reden: Bulgarisch, Dänisch, Deutsch, Englisch, Estnisch, Finnisch, Französisch, Griechisch, Irisch-Gälisch, Italienisch, Lettisch, Litauisch, Maltesisch, Niederländisch, Polnisch, Portugiesisch, Rumänisch, Schwedisch, Slowakisch, Slowenisch, Spanisch, Tschechisch und Ungarisch.

Simultandolmetscher müssen nicht nur das Gesprochene sofort übertragen – sondern dabei auch gleichzeitig hören und verstehen, was während des Übersetzens ge-

Eine Art Dolmetscherchinesisch ist das Schriftsystem nach der sogenannten »Heidelberger Schule«. Die Symbole stehen für ganze Wörter – ein Vorteil beim sprachunabhängigen Mitschreiben der Debatten

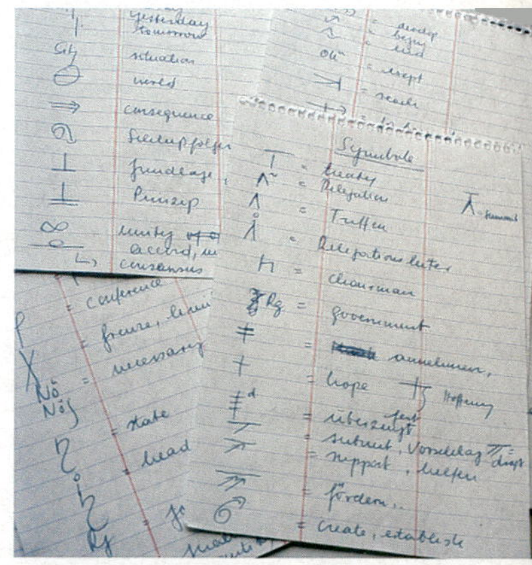

Das Recht auf einen Redeknopf gebührt jedem Parlamentsmitglied. Ebenso wie das Anrecht, seine eigene Sprache zu benutzen. Schon der Büroturm der EU-Abgeordneten ruft Assoziationen an babylonische Verhältnisse hervor

sprochen wird. 30 Minuten am Stück müssen sie im Parlament hochkonzentriert dolmetschen, dann werden sie von einem der zwei oder drei Kollegen in der Kabine abgelöst. Sie rennen dem Redner geistig hinterher, bringen seine Worte blitzschnell in eine andere Welt: Wo Südländer blumig formulieren, drücken sich Nordeuropäer eher knapp aus. Wo eine Sprache das Verb vor das Substantiv stellt, ist es bei der anderen umgekehrt. Wo ein Redner nur ein Wort braucht, benötigt der andere vier: „Anweisungsbefugter", sagt der Deutsche. „Tulojen ja menojen hyväksyjä" der Finne.

Was um Himmels willen ist das deutsche Wort für „Aalscholver", von dem die niederländische Abgeordnete hier spricht? Der Dolmetscher Steffen Heieck sitzt in der deutschen Kabine und zuckt unter seinem Kopfhörer zusammen. Geht es um ein Tier, eine Pflanze, eine Person? Fieberhaft blättert Heiecks Kollegin im Wörterbuch, während der Dolmetscher Satz für Satz ins Deutsche überträgt. Sagt die Abgeordnete „Aalscholver", sagt ihre deutsche Stimme stattdessen nur „das Problem". Die Rednerin spricht von Süßwasser, Fischen, die gefressen werden, und von Anglern. Spricht sie etwa von einem Wasservogel? Endlich schiebt Heiecks Kollegin ihm einen Zettel hin: Es ist ein Kormoran.

Fischsterben, Tiertransporte, Gesundheitsförderung, Lebensmittelsicherheit, Steuergesetze, Chemikalien: „Im Parlament reden sie über alles, was es unter der Sonne gibt", erzählt Steffen Heieck. „Die Redebeiträge sind unvorhersehbar, die Themen wechseln schneller als in anderen europäischen Institutionen, da ist der Adrenalinspiegel bei Dolmetschern besonders hoch."

So zum Beispiel bei den Ein-Minuten-Reden, die in keiner Sitzungswoche fehlen. Im 60-Sekunden-Takt erheben sich Abgeordnete und sprechen über irgendein Thema. Etwa über das Verschwinden von Madeleine McCann in Portugal. Die Ausladung des Dalai Lama durch Belgien. Die illegale Einwanderung auf den Kanaren. Die Bedrohung der Tuareg in Nordmali. Den Wunsch nach Fahrrädern für Abgeordnete im Parlament.

IN DER IRISCHEN KABINE ist es still, die Luft ist stickig, auf dem Tisch stehen Wasserflaschen, daneben liegt das Verzeichnis parlamentarischer Ausdrücke auf Irisch. Eoghan O'Loingsigh und Anna Mhic Laifeartaigh sitzen konzentriert, die Kopfhörer auf den Ohren, auf ihren Plätzen und blicken in den Plenarsaal. Von den 785 Abgeordneten kommen 13 aus Irland. Jederzeit könnte ein Ire eine Frage stellen, die Dolmetscher hören sich deshalb jeden Redebeitrag an.

Doch selbst wenn ein Ire spricht, tut er das nicht zwangsläufig auf Irisch. Nur zwei Abgeordnete nutzen die jüngste Amtssprache der EU regelmäßig, sieben, so sagen es die Dolmetscher in der irischen Kabine, gelegentlich. Und einige irische Parlamentarier frischen gerade ihr Schul-Irisch auf.

Zum Beispiel Marian Harkin, Abgeordnete der Allianz der Li-

Im Parlament sitzen die Abgeordneten nicht

nach Herkunftsländern, sondern nach Fraktionszugehörigkeit geordnet. In Kabine Nummer 13 über ihnen arbeitet das Dolmetscherteam aus Estland

Eigene Zimmer für EU-Dolmetscher gibt es nicht. Vorbereiten müssen sie sich in Großraumbüros. Entspannung finden sie in der Bibliothek. Auf dem Teppich: Verse aus »Der kleine Prinz«

beralen und Demokraten. Am liebsten wäre ihr ein richtiges Sprachbad in einer Familie in Gaeltacht, wie die Gebiete in Irland heißen, in denen Irisch als Muttersprache praktiziert wird. Doch viele solcher Familien gibt es nicht mehr, gerade einmal 30 000 Menschen sprechen in Irland regelmäßig die keltische Sprache, 300 000 gelegentlich.

Sieben Männer und Frauen werden derzeit in der irischen Kabine eingesetzt – darunter ein US-amerikanischer Software-Unternehmer, der Irisch fließend beherrscht, eine Schriftstellerin und eine Literatur-Übersetzerin. Gespannt wartet man auf die Handvoll Absolventen eines eigens gegründeten Dolmetscherstudiengangs an der Universität Westminster in London.

DAS PROBLEM der kleinen Zahl stellt sich neuerdings auch in anderen Fällen. Nicht mehr als sieben Menschen konnten beim Beitritt der 400 000-Einwohner-Insel Malta gefunden werden, die nach einem Schnellkurs fähig waren, simultan Maltesisch zu dolmetschen. Einen Mangel an Dolmetschern gibt es auch für Slowenisch, Litauisch, Estnisch und Lettisch.

Letzteres ist erst seit 1998 Staatssprache – und ein Beispiel dafür, dass die Förderung von „kleinen" Nationalsprachen in der EU nicht immer konfliktfrei verläuft. Noch heute sprechen mehr Letten Russisch, als der russische Bevölkerungsteil Lettisch spricht; es fehlt an Lehrbüchern und Lehrern für das Lettische. Und heftige Proteste der Russisch sprechenden Bevölkerung Lettlands begleiten die Zurücksetzung ihrer Sprache.

Ob angesichts dieser Probleme der Aufwand in Straßburg gerechtfertigt ist, sogar den kleinsten europäischen Nationen dieselben Sprachrechte einzuräumen wie den großen? Marian Harkin ist davon überzeugt: „Wie Menschen Europa wahrnehmen, ist genauso wichtig wie die Realität. Viele sehen in der EU ein Gebilde, in dem nationale Identitäten verschwinden. Ohne Irisch in den EU-Institutionen ist Europa für viele Iren noch weniger verlockend." Damit liegt Harkin auf der Linie des Europäischen Rates. Der verkündet: „Um Europa seinen Bürgern näherzubringen, muss Vielsprachigkeit stärker berücksichtigt werden."

Eine neue Studie der EU namens „ELAN: Effects on the European Economy of Shortages of Foreign Language Skills in Enterprise" hat die Auswirkungen mangelnder Fremdsprachenkenntnisse in den Unternehmen auf die europäische Wirtschaft untersucht. Ergebnis: Elf Prozent der europäischen Kleinunternehmen sind Aufträge entgangen, weil sie den Sprachanforderungen nicht gewachsen waren.

Im wirtschaftlichen Wettbewerb, so der Tenor, hat die Nase vorn, wer mit seinem Geschäftspartner in der jeweiligen Landessprache verhandelt. Das Kabinettsmitglied der EU-Kommission Mehrsprachigkeit, Johan Häggman, meint: „Englisch brauchen Sie, um ein Produkt überall anzubieten. Die Landessprache brauchen Sie, um es zu verkaufen." Deshalb soll sich die Sprachenpolitik der einzelnen Länder ändern: „Muttersprache plus zwei" lautet die Formel für den Sprachunterricht innerhalb der EU.

VIELSPRACHIGKEIT ist Europas Fingerabdruck in der Weltpolitik. „Die Waffe des Friedens, ein Beitrag zur Chancengleichheit", sagt Olga Cosmidou, Chefin über 365 beamtete und einen Pool von rund 1000 freien Dolmetschern für das Europäische Parlament. Nur wer sich in der eigenen Sprache ausdrücken kann, trifft die Nuancen, ist zu Hause. Wenn eigene Wörter für neue Erkenntnisse fehlen, dann kann das langfristig zum Nachteil werden.

Was der Respekt für die Nationalsprachen die EU kostet? Nur ein Prozent des gesamten Budgets aller Institutionen der Union wird für Dolmetscher und Übersetzungen ausgegeben – mehr als eine Milliarde Euro im Jahr, doch lediglich rund 2,50 Euro pro EU-Bürger. Olga Cosmidou sagt: „Eine Tasse Kaffee pro Kopf".

Dass alle Sprachen gleichrangig sein sollten, galt schon in der Europäischen Wirtschaftsgemeinschaft (EWG) der sechs Gründungsstaaten Frankreich, Belgien, Luxemburg, Niederlande, Bundesrepublik Deutschland und Italien, und es gilt auch im heutigen Europa der 27. Das bedeutet: Jeder Rechtstext muss in die Amtssprachen sämtlicher Mitgliedsländer übersetzt, jeder Wortbeitrag verdolmetscht werden. Jeder Bürger kann einer EU-Institution Fragen in seiner Sprache stellen und wird eine Antwort in eben dieser Sprache erhalten.

Spaniens Ministerpräsident José Luis Rodríguez Zapatero wollte auch Baskisch, Galicisch und Katalanisch aufwerten. Doch die EU finanziert Dolmetscher und Übersetzer nur dann für nationale Minderheitensprachen, wenn sie landesweit als Zweitsprache praktiziert werden. Das ist bei den spanischen Regionalsprachen nicht der Fall. Jetzt zahlt Spanien selbst dafür, dass wenigstens alle EU-Verträge in baskischer, galicischer oder katalanischer Form vorliegen.

Jede weitere Sprache, die zur offiziellen EU-Sprache wird, bringt rechnerisch eine linguistische Mini-Explosion mit sich. Gab es mit sechs Mitgliedsstaaten und vier Sprachen zu Beginn zwölf mögliche Übersetzungskombinationen von jeweils zwei Sprachen, so waren es mit neun Staaten 1986 bereits 72. Am ersten Mai 2004 folgte der Big Bang: Zehn neue Mitgliedsstaaten traten der Europäischen Union bei, die Zahl der offiziellen Sprachen sprang auf 20 mit 380 möglichen Kombinationen (Portugiesisch-Lettisch, Portugiesisch-Litauisch, Portugiesisch-Deutsch…).

Seit dem ersten Januar 2007 sind noch Irisch, Rumänisch und Bulgarisch hinzugekommen, die Zahl der Kombinationen liegt seither bei stattlichen 506.

Ruhepause für Andrea Seidenstücker. Es erfordert alle Kräfte, in jeder Sekunde konzentriert zu sein und einen klaren Kopf zu bewahren. Was der deutschen Simultandolmetscherin auch bei der berühmten Verbalattacke von Silvio Berlusconi auf den Parlamentarier Martin Schulz gelang. Der damalige italienische Ministerpräsident hatte den Deutschen für eine Filmrolle als KZ-Aufseher empfohlen

UNTER DIESEN BEDINGUNGEN hat sich das Parlament vom Muttersprachenprinzip verabschiedet. Dieses besagt, dass Dolmetscher – viele von ihnen beherrschen fünf Fremdsprachen – nur in ihre eigene Sprache übersetzen. Als 1995 Finnland der EU beitrat, hatte kaum ein Dolmetscher Finnisch als Fremdsprache. Also übertrugen finnische Dolmetscher ihre eigene Sprache ins Englische, Deutsche oder Französische, und ihre Kollegen holten es sich von dort.

„Relais" nennt man diese Form der Verdolmetschung über eine Brückensprache, die heute gang und gäbe ist: Slowaken tragen ihre Sprache ins Deutsche, von dort bringen es die Briten

Der Präsident der Republik Malta, Edward Fenech-Adami, wird eine Rede halten. Selbst auf Maltesisch sind die Dolmetscher eingestellt

ins Englische, und dann geht es ins Estnische.

Das geht manchmal gründlich schief. „Das Schlimmste sind Witze, Zitate und Wortspiele", sagt Klaus Møller-Nielsen, ein dänischer Dolmetscher, der acht Sprachen beherrscht. Wo die Deutschen zwei Fliegen mit einer Klappe schlagen, erschießen die Spanier zwei Vögel mit einem Schuss. Wo es bei Briten Katzen und Hunde regnet, schüttet es bei Deutschen wie aus Kübeln.

„You don't ask a turkey whether it loves Christmas, do you?" („Sie fragen doch einen Truthahn nicht, ob er Weihnachten mag?" – Truthahn ist das Weihnachtsgericht im angelsächsischen Raum. *Anm. der Red.*), sagte ein englischer Redner. Die deutsche Dolmetscherin übertrug den Satz sinngemäß mit: „Man fragt ja auch nicht den Frosch, ob er damit einverstanden ist, dass der Teich trockengelegt wird." Darauf meldete sich ein deutscher Abgeordneter: „Ich habe ja keine Ahnung von Fröschen, aber von Regulierungspraxis schon." Die englischen Dolmetscher verdolmetschten nun die „Frösche", ohne genau zu verstehen, woher sie kamen. Die englischen Abgeordneten schauten verwirrt auf: Sie verstanden nicht, wie aus einem Truthahn ein Frosch werden konnte.

UM EINE MITTEILUNG so authentisch wie möglich zu vermitteln, passen sich die Dolmetscher wie Chamäleons den Rednern an, fesseln oder langweilen, sind hitzig oder gelassen, blasiert oder verärgert – ganz wie das Original. Dann fahren auch in den Dolmetscherkabinen Hände durch die Luft, werfen sich No-Names für einen Staatschef in Positur oder eifern ansonsten ruhige Charaktere einem erbosten Redner nach.

„Ich gebe Jean-Marie Le Pen genauso getreu wieder wie Daniel Cohn-Bendit", sagt Steffen Heieck, ein eher besonnener Typ. Doch wenn er dem rechtsextremen Franzosen Le Pen seine Stimme leiht, dann kann auch er sich ereifern, ganz entgegen seinen Überzeugungen. „Dann wettere ich plötzlich gegen die Integrationspolitik!"

DAS HÖCHSTE LOB für einen Dolmetscher? Dass seine Anwesenheit nicht bemerkt wird. „Wir sind ein Medium", sagt Heieck, der Französisch, Englisch, Niederländisch und Finnisch spricht. „Viele nehmen uns gar nicht als Menschen wahr, sondern als Technik."

Selten rücken Dolmetscher so ins Licht wie Andrea Seidenstücker an jenem Julitag 2003, als die Sätze des damaligen Ratspräsidenten politische Wellen schlugen.

Das Kanzleramt bestellte den italienischen Botschafter ein, Rom zitierte den deutschen herbei – während die Dolmetscherin tagelang bangte, ob der Protokolldienst, der die Mitschnitte abhörte, bei ihr anrufen würde. „Ich hatte Angst, sie sagen, da war etwas nicht richtig verdolmetscht", erinnert sich Andrea Seidenstücker. „Hätte ich nur eine Nuance falsch gelegen, hätte man sagen können: ‚Es gab ein Kommunikationsproblem.'" □

In der Kabine der Iren liegt ein »Foclóir« (Wörterbuch) ihrer keltischen Sprache bereit. Darunter: die Fotografin Cira Moro und die Autorin Kirsten Wörnle im Straßburger Parlamentsgebäude. Sie geben mit dieser Geschichte ihr GEO-Debüt

FRAUEN VERSTEHEN ALLES,

WAS MÄNNER NICHT SAGEN

Wer erfolgreich kommunizieren will, sollte nicht auf Ratgeber hören. Das wusste schon Gott, als er die Zehn Gebote verfasste. Die wirklich etwas zu sagen haben, setzen auf den Monolog. So wie unser Autor Hans Zippert

FOTODESIGN: THOMAS HERBRICH

Wie ich zu solchen Anlässen immer gern zu sagen pflege, meine Damen und Herren …

5

Seit die Menschheit die Kommunikation entdeckt hat, versucht sie, sich zu verständigen. Doch die Geschichte der Menschheit ist trotzdem eine Geschichte der Missverständnisse. Das hat ganz unterschiedliche Gründe. Deutsche verstehen beispielsweise Polen sehr schlecht, was daran liegt, dass Polen mit Vorliebe eine Sprache benutzen, die sie Polnisch nennen. Sagt ein Pole „dworzec", verstehen 98 Prozent aller Deutschen nur Bahnhof, und damit liegen sie ausnahmsweise richtig, denn dworzec heißt Bahnhof.

Wäre uns aber wirklich geholfen, wenn es ein Wörterbuch gäbe, aus dem man entnehmen kann, was Bahnhof in 255 verschiedenen Sprachen bedeutet? Schließlich gibt es in einigen Sprachen mangels Bahnhof im Land gar kein Wort dafür.

Wir wünschen Ihnen ein wunderschönes Wochenende, Frau Kleinschmidt …

Gebrauchen Menschen verschiedene Sprachen, kann man immerhin nachvollziehen, warum sie sich nicht verstehen, aber die Deutschen, die ja alle so etwas Ähnliches wie Deutsch sprechen, verstehen sich untereinander eigentlich noch viel weniger als Deutsche und Polen. Woran liegt das denn nun wieder?

Das Hauptproblem ist, dass der Deutsche in vier Formen auftritt, nämlich in östlicher, westlicher, weiblicher und männlicher Form. Selbst wenn man davon ausgeht, dass sich das Ost-West-Problem in ein paar Jahrzehnten durch Assimilation oder Aussterben von selbst löst, bleibt immer noch die Aufteilung in Männer und Frauen. Qualifizierte Experten versuchen seit Jahrzehnten, das Verständigungschaos aufzulösen. Sie versorgen die kommunikationsgestörten Geschlechter mit Ratgebern wie: „Warum Männer nicht zuhören und Frauen schlecht einparken", „Warum Männer und Frauen aneinander vorbeireden", „Männer sind anders, Frauen auch", „Männer sind vom Mars und Frauen auch", Entschuldigung, es muss heißen: „Männer sind vom Mars und Frauen von der Venus".

Obwohl inzwischen jeder lesefähige Mann und jede lesefähige Frau mindestens ein Exemplar eines solchen Ratgebers besitzt, sind die Verständnisprobleme eher größer geworden, was Scheidungs-, Selbstmord-und Tablettenabhängigkeits-Statistiken belegen. Möglicherweise rührt der ganze Ärger daher, dass Mann und Frau verschiedene Ratgeber gelesen haben.

DIE NEUROPSYCHOLOGIN Louann Brizendine fand vor kurzem heraus, dass das weibliche Gehirn weitaus mehr Kommunikationszellen besitzt als das männliche. Sie sagt: „Frauen haben einen achtspurigen Highway, um ihre Gefühle auszudrücken, Männer nur eine Landstraße." Unter diesen genetischen Vorbedingungen ist es eigentlich ausgeschlossen, dass Männer und Frauen sich auch nur ansatzweise verstehen.

Aber allen wissenschaftlichen Erkenntnissen zum Trotz wollen Frauen weiterhin mit Männern zusammenleben, obwohl sie sich eigentlich viel besser mit einem Lemuren oder einem Zebra verständigen könnten. Weil Zebras nie ihre Unterhosen herumliegen lassen und in Savannenkreisen als sehr einfühlsame Zuhörer gelten.

Viele verständigungsgestörte Beziehungen enden vor dem Scheidungsrichter oder der Scheidungsrichterin. Diese Menschen benutzen dann eine Sprache, die überraschenderweise von Männern und Frauen gleichermaßen sofort verstanden wird. Es gibt nämlich keinen Ratgeber mit dem Titel: „Warum Scheidungsrichter an uns vorbeireden" oder mit der These: „Scheidungsrichterinnen können nicht einparken". Die Sprache der Obrigkeit versteht jeder sofort. Niemand hat Schwierigkeiten, einen Satz wie: „Die Steuererklärung 2004 liegt uns immer noch nicht vor. Ich verhänge daher ein Zwangsgeld in Höhe von 3000 Euro" zu begreifen.

EINE WEITERE QUELLE vieler Missverständnisse scheint die Gleichberechtigung zu sein. Frauen und Männer sind gleichberechtigt, überhaupt sind alle Menschen angeblich gleich, und selbst wenn einer mal Chef ist und die anderen herumkommandieren könnte, dann darf er das nicht raushängen lassen, sondern muss so kommunizieren, dass alle Untergebenen glauben, sie würden die wirklich wichtigen Entscheidungen treffen.

Auch für diesen Bereich des Lebens gibt es natürlich Fachbücher. Beispielsweise: „Unkündbar! Wie Sie sich für Ihren Chef unentbehrlich machen", „Den Chef im Griff – Strategien für den richtigen Umgang mit Vorgesetzten". Merkwürdigerweise müssen dennoch immer wieder Menschen ihren Arbeitsplatz aufgeben, weil sie die Anweisung: „Um Punkt zwölf habe ich die Akte Schröder-Schwalmstedt auf meinem Tisch, sonst fliegen Sie" nicht verstanden haben.

Und kaum schwächelt die Konjunktur, ist auf einmal jeder entbehrlich, selbst wenn er drei Rhetorikseminare absolviert und jeden Tag am Vorgesetztensimulator trainiert hat.

Doch auch Führungskräfte sind oft hilflos. Sie wünschen sich erfrischend klare Lebenshilfen wie: „So kommandieren Sie richtig", „Befehle erteilen leicht gemacht", „Clever argumentieren durch Herumschreien" oder „Wie verbitte ich mir jede Einmischung?" Das ist es doch, was jede Führungskraft will – aber nicht darf. Immer soll möglichst viel kommuniziert und selbst der nichtsnutzigste Mitarbeiter miteinbezogen werden.

Dabei will doch eigentlich jeder nur das eine: ungestört Monologe halten. Wer es schlau anstellt, wird Pfarrer oder Kanzler, da redet ihm wenigstens während der Predigt oder Regierungserklärung keiner rein. Die Kraft des Monologs wird allgemein unterschätzt. Man bringt endlich mal einen Gedankengang zuende, die Zuhörer können in Ruhe wegdämmern oder unterm Tisch ihre SMS-Botschaften lesen.

HÄTTE GOTT sich an den Empfehlungen des beliebten Werkes „Gewaltfreie Kommunikation" orientiert und dessen Ratschläge befolgt, wäre ihm niemals der Aufbau einer so erfolgreichen Firma wie der katholischen Kirche geglückt.

Anstelle der Zehn Gebote hätte es die „zehn Gesprächsangebote" gegeben und statt „Du sollst nicht ehebrechen" wäre da vielleicht ein windelweicher Vorschlag gekommen wie „Ich möchte euch einladen, euch mal vorzustellen, wie es wäre, wenn ihr auf den einen oder anderen Ehebruch verzichten würdet.

Fühlt mal in euch rein, was das so mit euch macht.“ Und man stelle sich nur vor, Gott hätte einem Kommunikationstrainer oder Rhetorik-Coach erklärt, er wolle zur Qualitätssicherung des Unternehmens seinen Sohn ans Kreuz schlagen lassen.

Nun ist Gott erwiesenermaßen kein Mensch und reagierte deshalb auf unbotmäßiges Verhalten seiner Angestellten völlig beratungsresistent: einmal mit Betriebsschließung (Paradies), einmal mit Ertränken (Sintflut) und einmal mit Verbrennen (Sodom und Gomorrha). Diese sehr wirkungsvollen Maßnahmen wird man in handelsüblichen Ratgebern vergeblich suchen.

Manchmal fragt man sich: Kannte Robert Mugabe, der Präsident von Simbabwe, eigentlich das Buch „Endlich Chef – was nun? Was Sie in der neuen Position wissen müssen“? Haben Saddam Hussein oder George W. Bush sich Rat geholt aus: „Der erste Führungsjob – wie Sie sich durchsetzen, wie Sie Fehler vermeiden“? In Teheran liest man jedenfalls nur ein Buch: „Meine erste Atombombe – so setze ich sie überzeugend ein“.

LOHNT ES SICH ÜBERHAUPT noch zu kommunizieren? Wider besseres Wissen hoffen Menschen auf der ganzen Welt, es könne ihnen gelingen, jemand anderen zu verstehen, zu überzeugen, zu faszinieren, zu lieben oder wenigstens von jemand anderem verstanden, überzeugt, fasziniert oder geliebt zu werden.

Einer Bevölkerungsgruppe zumindest ist es wirklich in ganz herausragender Weise gelungen, sich mit anderen zu verständigen – den Verfassern und Produzenten von Kommunikationsratgeberliteratur. Ihre Botschaften werden anscheinend nicht nur begriffen, die Menschen sind sogar bereit, mit Geld und Aufmerksamkeit dafür zu bezahlen.

Und das kann man nur begrüßen, denn solange jemand in einem Kommunikationsratgeber liest, kann er wenigstens kein Gespräch führen und dabei einen Fehler nach dem anderen begehen. Wünschenswert wäre also ein ganz dickes Buch, mit dessen Lektüre man ein Leben lang beschäftigt ist: „Wer liest, der redet nicht“. Doch leider verbringt man immer noch einen großen Teil seines Lebens mit hilflosen Kommunikationsversuchen. Obwohl es so großartige Nachschlagewerke wie „Schöne Reden zur Hochzeit“ oder „Humorvolle Vortragstexte zum Geburtstag“ oder „Musterreden für den Trauerfall“ gibt.

Zwar ist das Angebot an Ratgebern riesengroß, aber mit Sicherheit noch nicht groß genug; immer wieder stößt man auf Teilbereiche zwischenmenschlicher Begegnungsmöglichkeiten, die noch vollkommen ratschlagfrei sind. Warum schreibt keiner den Ratgeber „Ich bin wieder da – die schönsten Reden zur Wiedergeburt und Auferstehung“ oder „Lebend begraben – wie unterhält man sich selbst?“. Wo bleibt „Die Feng-Shui-Kommunikation“? Ein Werk, in dem man mal erklären könnte, wie die Wörter am besten im Satz zu positionieren sind, damit keine Energien abfließen und der größtmögliche finanzielle Vorteil erzielt werden kann.

IN EINE ÄHNLICHE KERBE hauen die „Fünf Tibeter der Rhetorik“, die uns das uralte Floskelwissen der Himalayavölker näher bringen. Wir lernen durch meditatives Salbadern unsere Phrasen-Energie zu vergrößern. Und ein großer Erfolg wäre auch der „Gesprächs-Diät – schlank werden beim Reden“ gewiss. Denn solange jemand redet, kann er nichts essen, es sei denn

Das hab ich Ihnen doch nun schon hundertmal gesagt, Frau Bückling …

er besitzt das Standardwerk „Kommunizieren mit vollem Mund – wie man gleichzeitig redet und isst".

TROTZ RHETORIKTRAINER und Gesprächs-Coach, trotz Kommunikationsratgebern und Männererklär- und Frauenverstehliteratur begreifen die Menschen immer weniger, was andere ihnen sagen wollen oder wie sie anderen etwas mitteilen sollen.

Wahrscheinlich wird noch in diesem Jahrzehnt die legendäre zwischenmenschliche Kommunikation völlig zum Erliegen kommen. Eine Zeitlang verständigt man sich noch per SMS, E-Mail oder mittels Zetteln am Kühlschrank, aber irgendwann herrscht Schweigen. Es erscheinen nur noch ein paar Bücher wie „So schweigen Sie sich nach oben", „Sorge dich nicht, schweige" und „Wer schweigt, der sagt nichts Falsches".

Herr Lämmchen, Sie müssen einfach deutlich aggressiver werden …

Es wird sehr viel ruhiger auf unserem Planeten zugehen. Draußen hören wir den Vögeln zu, wie sie sich lautstark und erfolgreich miteinander verständigen. In unseren Wohnungen sehen wir uns Stummfilme an und hören CD-Rohlinge oder leere MP3-Dateien durch. Dabei malen wir Stillleben, lesen Kommunikationsratgeber mit 500 unbedruckten Seiten und spielen Stille Post. □

Der Düsseldorfer Bildkünstler **Thomas Herbrich, 51,** ist bekannt für seine aufwendigen Produktionen. Für die Fotomontage vom Schaf im Wolfspelz standen echte Schafe Modell – vor der Kulisse eines eigens gezimmerten Modells eines Hörsaals. Der preisgekrönte „Die Welt"-Kolumnist **Hans Zippert, 50,** schreibt regelmäßig für GEO und war von 1990 bis 1995 Chefredakteur des Satiremagazins „Titanic".

WISSEN KOMPAKT

INHALT

WERBUNG: Ansteckende Botschaften	154
BEHÖRDEN: Sprachfolter per Post	156
VERSPRECHER: Kussverletzungen am Schopf	157
MANIPULATION: Die Tricks der Call-Center	160
MASCHINENÜBERSETZUNG: Googlish für Anfänger	161
NAMEN: Dummer Dirk, hässliche Silke	163
FREMDSPRACHEN: Nichts für Schlafmützen	164
INTERVIEW: Goethe lebt in den USA	165

WERBUNG

Ansteckende Botschaften

Werbestrategen haben erkannt, dass sich Kampagnen mit »viralem Marketing« kostengünstig und wie von selbst verbreiten. Dabei machen sie sich uralte Verhaltensweisen des Menschen zunutze

Arianna Huffington und ihr Promi-Blog auf huffingtonpost.com stehen für das mediale Gewisper (»Buzzing«) im Internet. Millionen von Menschen lesen die Meldungen und tragen Ansichten kostenlos weiter

Dienstag, 7. August 2007, Zandvoort, Niederlande, 8 Uhr morgens. Nur wenige Spaziergänger sind schon am Strand, als etwas Gelbes in der Brandung aufblitzt – es sieht aus wie eine Boje, die sich losgerissen hat. Langsam wird das Objekt an Land gespült und schließlich von Mitarbeitern einer Strandbar geborgen. Das Treibgut ist eine zweieinhalb Meter große Lego-Figur aus Plastik. Der Kopf ist gelb, die Hose rot, das aufgemalte T-Shirt blau. Auf dem Rücken ist ein Name zu lesen: Ego Leonard.

Noch am gleichen Tag meldet die Nachrichtenagentur Reuters den Fund. Von diesem Moment an geht die Geschichte des gestrandeten Lego-Mannes um die Welt – inklusive Fotos. Ob in der „New York Times", der italienischen „La Repubblica" oder auf „ABC News" in Australien, überall berichten Journalisten von der lächelnden Plastikfigur. Im Internet tauchen Videos auf, die zeigen, wie Schaulustige am Strand von Zandvoort Ego Leonard bestaunen. Und wer dessen Namen in die Suchmaschine Google eingibt, findet eine entsprechende Website.

All das passierte genau drei Tage vor dem 75. Jubiläum der dänischen Spielzeugfirma Lego.

Der Lego-Mann gilt inzwischen als ein gelungenes Beispiel für eine „Viral Marketing"-Kampagne. Dabei versuchen Werbestrategen eine Kommunikationslawine in Gang zu setzen, etwa mit einer ausgefallenen Aktion, einem lustigen oder schockierenden Internetvideo. Ziel ist es, dass die Adressaten die Botschaft freiwillig weiterverbreiten, indem sie davon erzählen, Filme oder Fotos als E-Mail-Anhang weiterleiten oder über das Ereignis in Internetforen und Blogs diskutieren.

Botschaften können sich auf diese Weise nicht nur sehr schnell verbreiten, sie erscheinen auch sehr glaubwürdig, weil sie von Freunden oder Verwandten stammen. Die ersten derartigen Kampagnen entstanden in den 1990er Jahren.

Mit dieser Art des Marketings reagierten Werbestrategen auf eine veränderte Medienlandschaft. „Es ist schwer geworden, kostengünstig mit TV-Spots Massen zu erreichen", sagt Vincent Schmidlin, der Leiter der Scholz & Friends Strategy Group. „Es gibt inzwischen zu viele Sender, Zu-

Nicht nur Kinder waren von dem in Zandvoort angeschwemmten Lego-Mann fasziniert. Wie vom Hersteller gewünscht, verbreitete sich die Nachricht über das ungewöhnliche Strandgut in alle Welt

schauer stellen sich ihr Programm selbst zusammen, Festplatten-Rekorder blenden die Werbung aus, und immer mehr Menschen verbringen ihre Zeit im Internet statt vor dem Fernsehapparat."

Mitunter entsteht eine effektive Werbekampagne sogar rein zufällig. 2006 tauchte ein Film im Internet auf, in dem Jugendliche Kaubonbons der Marke Mentos in große, mit Diätcola gefüllte Flaschen steckten. Meterhohe Fontänen schossen aus der Flasche.

Das begeisterte die Betrachter so sehr, dass sie das Experiment zu Hunderten zu Hause nachmachten, sich dabei filmten und die Videos bei YouTube veröffentlichten. Internationale Medien entdeckten den Film, in Deutschland wurde der Versuch sogar in „Stern TV" vorgeführt. Die US-amerikanische Abteilung des Kaubonbonherstellers schätzte den Marketing-Wert der zufällig entstandenen Kampagne auf mehr als zehn Millionen Dollar.

In einigen Fällen werden Konsumenten aber nicht nur als Multiplikatoren genutzt, sondern offensiv als Werbeagenten eingesetzt. Im Jahr 2004 gelang es der Agentur „Bzz Agent" aus Boston, Verbraucher dazu zu bringen, eine Grillwurst weiterzuempfehlen: Innerhalb eines Sommers stieg der Umsatz der Hühnchenwurst „Al Fresco" in manchen Geschäften um 100 Prozent. 2000 Freiwillige nahmen die Wurst mit auf Grillpartys, empfahlen sie Freunden und Arbeitskollegen und fragten im Supermarkt so lange nach, bis die Einkaufsleiter die Wurst bestellten.

BzzAgent baute sich einen Pool aus 60 000 „Agenten" auf, die mittlerweile Mundpropaganda für die unterschiedlichsten Produkte machen. Auf Englisch bedeutet „to buzz" summen oder schwirren, auch im Sinne von ausschwärmen.

Buzz-Marketing setzt darauf, dass Menschen wie Bienen ausschwärmen und Botschaften verbreiten. Warum das funktioniert? Sascha Langner, Experte für Internet-Marketing an der Universität Hannover, beschreibt in seinem Buch „Viral Marketing – Wie Sie Mundpropaganda gezielt auslösen und Gewinn bringend nutzen", warum Menschen von Natur aus das Bedürfnis haben, anderen etwas zu empfehlen: Es steigert das Selbstwertgefühl, wenn andere etwas haben wollen, was man selbst besitzt.

Und wer feststellt, dass er andere dazu bringen kann, dass sie tun, was er ihnen sagt, oder nachmachen, was er ihnen vormacht, verspürt unweigerlich das Gefühl von Macht und Einfluss. *Dagny Lüdemann*

BEHÖRDEN

Sprachfolter per Post

Wenn Ämter mit dem Bürger zu kommunizieren versuchen, endet das oft in Unverständlichkeit. Germanisten versuchen, das Beamtendeutsch zu entstauben

Zugegeben, deutsche Behörden sind nicht mehr so von gestern, wie es mitunter erscheint. Der Stil der Amtsschreiben entspricht oft jedoch noch ganz der alten Schule

Otto Köpping hatte genug von der verschwurbelten Behördensprache. „Es geht nicht an, dass sich der Beamte einer Art Zunftsprache bedient; seine schriftlichen Äußerungen müssen vielmehr klar und allgemein verständlich sein", schrieb der Verwaltungsobersekretär in seinem Buch „Amtsdeutsch. Wie es ist und wie es sein soll". Das Werk erschien im Jahr 1925.

Geändert hat sich seither nicht allzu viel, wie ein Beispiel unter vielen aus diesem Jahrtausend zeigt: „Nach der neuen Hessischen Bauordnung (HBO 2002) handelt es sich entsprechend der Anlage 2 über baugenehmigungsfreie Vorhaben nach § 55 HBO Ziffer 1.16 bei Dachaufbauten einschließlich Dachgauben auf bestehenden Gebäuden um baugenehmigungsfreie Bauvorhaben, die allerdings den Vorbehalten des Abschnitts V Nr. 1 und 3 unterliegen." Behörden quälen die Bürger mit hochkomplexen Satzkonstruktionen, die für normale Menschen oft völlig unverständlich sind.

Germanisten der Universität Bochum kämpfen seit einiger Zeit für mehr Verständlichkeit. „Möglichst exakt und juristisch einwandfrei zu formulieren, muss nicht zu unlesbaren Schachtelsätzen führen", sagt Michaela Blaha. Zusammen mit dem wissenschaftlichen Leiter Hans-Rüdiger Fluck arbeitet sie am Projekt IDEMA (Internet-Dienst für eine moderne Amtssprache).

Blaha hat eine große Sammlung abschreckender Beispiele parat – und bessere Vorschläge gleich dazu. Statt „Rechtshilfebelehrung" könnten die Beamten einfach schreiben „Ihre Rechte", statt „bei Nichterscheinen": „Wenn Sie nicht erscheinen".

Hauptwortsucht, grammatikalisch fehlerhafte Sätze und formelhafte Redensarten: Diese Tradition hält sich vor allem deshalb hartnäckig, weil sich die Beamten der Sprache der Juristen bedienen. Und die kommt, aufgrund ihrer lateinischen Wurzeln, im Nominalstil daher. Der aber wirkt abstrakt und hölzern.

Die Bochumer Germanisten haben inzwischen rund 50 Beispielbriefe in verständliches Deutsch übersetzt und in einer Datenbank gesammelt, sortiert nach Fachgebieten, versehen mit Schlagworten. Auf 400 Schriftstücke wollen die Forscher ihren Vorrat noch erweitern. Manche Begriffe lassen sich allerdings nicht ändern: „Widerspruch einlegen bleibt Widerspruch einlegen, egal in welchem Bundesland", sagt Michaela Blaha.

Für die Städte lohnt sich das Entrümpeln ihrer Briefvorlagen: „Wir wissen, dass durch unsere verständlicheren Schreiben viel weniger Leute mit Rückfragen in den Ämtern anrufen", sagt Michaela Blaha. Zu diesem Ergebnis kommt auch Burkhard Margies vom Forschungsinstitut für öffentliche Verwaltung in Speyer. Er hat die Schreiben des Landesamts für Besoldung und Versorgung in Nordrhein-Westfalen zusammen mit den Beamten gründlich überarbeitet.

Aufgefallen ist Margies, dass dem Informationsbedürfnis der Bürger meist schon die Arbeitsweise der Beamten entgegensteht. Wenn diese sich als verlängerter Arm des Staates an die Bürger wenden, werden zunächst die Rechtsgrundlagen angeführt und daraus die Folgen abgeleitet. Die Bürger aber wollen vor allem die für sie wichtigen Folgen erfassen. Die Paragrafen, so Margies, solle man besser ans Textende stellen.

So wie in der Neufassung des oben zitierten Schreibens: „Sehr geehrte Frau X, Sie sind Eigentümerin des Grundstücks Y. Auf dem Dach Ihres Gebäudes haben Sie eine Gaube errichtet. Dafür benötigen Sie zwar keine Baugenehmigung, allerdings hätten sie uns die Baumaßnahmen trotzdem ankündigen müssen." (Es folgt eine Nennung der betreffenden Paragrafen sowie der zu liefernden Unterlagen). „Wenn Sie noch Fragen haben, können Sie uns gern anrufen."

Einfach ist die Mission der Stilveränderer nicht. Wenn jemand von außen in eine Behörde kommt und einem langjährigen Mitarbeiter die Briefe umschreibt, führt das oftmals zu Konflikten. „Sprache ist das Vermögen der Beamten", sagt Margies. Viele von ihnen empfänden kurze Sätze und eine einfache Sprache als unangemessen, fürchteten um ihre Autorität. „Die Paragrafen und die kleinen Details sind die Arbeitswerkzeuge der Beamten."

Von allein kommt kaum einer auf die Idee, an den Schriftstücken zu feilen. Denn Behördenbriefe bestehen oftmals aus Textbausteinen, und sind diese einmal im Computer, werden sie so lange benutzt, bis gesetzliche Neuerungen eine Änderung erfordern. Margies plädiert dafür, in jeder Behörde eine Schreibwerkstatt abzuhalten, in der die Mitarbeiter gemeinsam mit Sprachprofis und Juristen aus der Rechtsabteilung Texte und Formulierungen verständlicher machen.

Im Landesamt für Besoldung und Versorgung sind die ersten Erfahrungen sehr positiv: Nicht nur, dass weniger Bürger mit Fragen anrufen – die es tun, sind aufgrund der verständlicheren Briefe auch schon besser über den jeweiligen Sachverhalt informiert. Und weil die Amtsschreiben freundlicher im Ton geworden sind, so Margies, gebe es nun seltener Konflikte als früher.

Manchmal erleben Michaela Blaha und ihre Kollegen, dass Fachleute die Sprache, die sie ihnen vermitteln wollen, schon verwenden. Als sie wegen eines komplizierten Formschreibens das zuständige Amt anrief, konnte man ihr den Inhalt sofort erklären: Derart viele Bürger hatten im Laufe der Jahre um die Übersetzung des Briefes gebeten, dass die Mitarbeiter darin geübt waren. „Ich habe einfach aufgeschrieben, was sie am Telefon so plastisch ausdrücken konnten", sagt Blaha.

So ermutigend die Ergebnisse des Projekts in den 18 teilnehmenden Städten und Kreisverwaltungen auch sind: Das knappe Budget vieler Verwaltungen verhindert offenbar, dass auch sie mitmachen. Je nach Einwohnerzahl kostet das Projekt Städte oder Kommunen einmalig zwischen 1000 und 12 000 Euro. Sollten die Bochumer Wissenschaftler keine weiteren Teilnehmer werben können, die ihre Sprachreform finanzieren, wird Mitte 2008 erst einmal Schluss sein mit der Bürgernähe. *Ole Reissmann*

VERSPRECHER

Kussverletzungen am Schopf

Wenn der Mund etwas anderes sagt, als der Kopf denkt, kann das für den Sprecher peinlich sein – und für den Zuhörer erheiternd. Sigmund Freud hat damit allerdings meist nichts zu tun

Die Psycholinguistin Helen Leuninger ist *die* deutsche Kontrollinstanz für Redefehler: 7500 Einträge enthält ihr Frankfurter Versprecherkorpus, eine Sammlung spontansprachlicher Fehlleistungen, die sie wissenschaftlich untersucht und statistisch ausgewertet hat. Leuningers Ziel ist es nicht, aus Versprechern auf verborgene Gelüste und unterdrückte Wünsche der Urheber zu schließen. Ihr geht es um

Bei manchen Versprechern möchte man am liebsten im Boden versinken – etwa wenn man seinen Geschäftspartner statt zur Besprechung zur Bestechung einlädt

die Erkenntnisse über Hirn und Sprache, die ihr die Fehler verschaffen. Denn Versprecher verraten eine Menge darüber, wie ein Gedanke seine sprachliche Form findet und zu einer Äußerung wird.

Wenn etwa das Sprachproduktionssystem kurzfristig gestört ist, taucht ein sprachliches Element plötzlich an falscher Stelle auf oder wird durch ein anderes verdrängt. So kommt es etwa, dass wir das *gemeinste Kleinsame* anstelle des *kleinsten Gemeinsamen* bilden, oder letzten Sommer auf Mallorca im *Urwald* statt im *Urlaub* waren.

Da die Sprachproduktion offenbar strengen Regeln folgt, lassen sich die Versprecher in wiederkehrende Muster einteilen und verschiedenen Typen zuordnen.

Bei der „Vertauschung" wechseln zwei Bestandteile einer Äußerung ihre Position. Das können Worte *(ich hab 'ne Frau als Holländerin* – statt *'ne Holländerin als Frau)*, Laute *(mit dem Zinger feigen* statt *mit dem Finger zeigen)* oder auch Wortstämme sein *(das gemeinste Kleinsame)*. Auch die *Kussverletzungen am Schopf* aus einem Polizeibericht lassen sich wohl so erklären.

Die sogenannte „Antizipation" führt dazu, dass ein Teil einer Äußerung vorweggenommen wird – also zu früh und gedoppelt auftaucht. So wird die *Lautsprache* zur *Lauchsprache*, und *der Tennisspieler verliert den ersten Sechs 6 : 4* (statt *den ersten Satz*). Auch die *Verhängnisverhütung* fällt in diese Kategorie.

Im Gegensatz zur Antizipation klingt bei der „Reiteration" ein Wort, eine Silbe oder ein Laut nach, wird also später im Satz fälschlicherweise wiederholt. Das *jüngste Gerücht* tritt dann an die Stelle des *jüngsten Gerichts*, und rote Grütze isst man mit *Grütze* statt, wie üblich, mit Sahne.

Wörter werden aber nicht nur innerhalb eines Satzes vertauscht, ebenso können ganz andere Wörter die angestrebten ersetzen, wenn sie beispielsweise eine ähnliche Bedeutung oder Form haben. Statt zur *Besprechung* trifft man seinen Vorgesetzten plötzlich zur *Bestechung*, weil die für die Sprachverarbeitung zuständigen Hirnregale, äh, Hirnareale einen Aussetzer haben. Man spricht in solchem Fall von einer „Substitution".

Bleibt noch die sogenannte „Kontamination". Hierbei wird aus zwei vorhandenen Ausdrücken mit ähnlicher Bedeutung ein neuer konstruiert. *Man fällt aus allen Socken*, wenn man sich nicht entscheiden kann, ob man eher *von den Socken* oder *aus allen Wolken gefallen* ist. Und wenn man seinem Nachbarn so sehr auf die Pelle rückt, dass der sich auf die Füße getreten fühlt, dann beschwert er sich schon mal, man sei ihm *auf die Pelle getreten*.

Doch was bringt die Erforschung dieser Wort- und Lautverirrungen an Erkenntnissen über die Entstehung von Sprache im Hirn? Es ist ein Mittel, das Unsichtbare handhabbar zu machen. Denn der eigentliche Sprachproduktionsprozess – also das, was zwischen der Mitteilungsabsicht und der Artikulation passiert – kann bis heute nicht direkt beobachtet oder experimentell erforscht werden.

Informationen darüber, welche Fehler auftauchen und welche nicht beziehungsweise in welcher Art sie auftreten, erlauben Helen Leuninger Rückschlüsse auf den Prozess der Sprachproduktion. Nach den bisherigen Erkenntnissen wird ein Satz im Hirn in einer streng festgelegten Reihenfolge gebildet. Zunächst werden die Wörter ausgewählt, dann schließt sich die Satzstellung an, und danach wird die Lautfolge festgelegt.

Bei jedem Schritt können Fehler passieren. Ist die Wortauswahl noch nicht abgeschlossen, führt ein Missgriff zu Kontaminationen oder inhaltlich motivierten Wortersetzungen (beispielsweise: *Damit kommst du auf keinen grünen Baum* statt *Zweig*, oder: *Mit dir muss ich noch ein ernstes Huhn rupfen*). Versagt das Sprachproduktionssystem bei der Wortauswahl, kommt es zu einer Wortvertauschung (*eine Theorie ist eine Grammatik des Wissens* statt *eine Grammatik ist eine Theorie des Wissens*).

Störungen beim Übergang von der Wortauswahl zur Reihung der Wörter resultieren in Antizipationen und Reiterationen (*des Lebens und Schreibens nicht mächtig* statt *des Lesens und Schreibens*). Wird vom Hirn zunächst eine falsche Wortfolge angestrebt, äußert sich dies in Form von Lautvertauschungen (*mir knittern die Zie, den pfeif ich doch in der Rauche*).

Bevor ein Satz dann endgültig über die Lippen geht, durchläuft er noch die grammatische und die lexikalische Endkontrolle. Dies führt dazu, dass selbst die abstrusesten Satzgebilde ihre grammatische Richtigkeit haben und keine frei erfundenen Wörter enthalten. *Das Fass, das den Tropfen zum Überlaufen brachte*, ist nur auf den ersten Blick eine reine Vertauschung. Vielmehr hat unser Hirn hier grammatisch korrigiert und die Artikel an den neuen Satzbau angepasst.

Gäbe es eine derartige Kontrolle nicht, hieße die Konstruktion: *der Fass, der das Tropfen zum Überlaufen brachte*. Einen solchen Fehler hat Leuninger nie verzeichnet. Die lexikalische Kontrolle passt schließlich die aus Versprechern hervorgehenden Wortgebilde dem bekannten Wortschatz an. Aus der *Tanzplatte* machen wir daher nicht etwa eine *Planztatte*, sondern die viel vertrauter anmutende *Platztante*.

Müssen wir in Anbetracht dieser Vielfalt von Stolperfallen Angst bekommen, überhaupt noch den Mund aufzumachen? Helen Leuninger beruhigt: Zwar kommt es nach durchschnittlich 1000 Wörtern – das heißt, alle zehn Minuten bei ununterbrochenem Redefluss – zu einem Versprecher, doch häufig werden diese vom Hörer gar nicht bemerkt oder beim Hören intuitiv korrigiert.

Für die Verkäuferin im Modegeschäft ist es daher kein Problem, der älteren Dame eine Auswahl *herrenloser Ärmelpullover* zu zeigen. Das Wissen darum, was das Gegenüber vermutlich sagen wollte, stammt aus der strengen Organisation des sogenannten mentalen Lexikons. Die Ordnung in diesem Wörterbuch unseres Hirns richtet sich nach Klang und Sinn der Einträge. Da jeder Versprecher in einem engen klanglichen oder inhaltlichen Zusammenhang mit dem steht, was wir eigentlich sagen wollten, hört unser Gegenüber meist das Richtige.

Peinlich wird es oft erst, wenn uns die eigenen Versprecher ins Bewusstsein kommen. Denn wir scheitern oft an ihrer Korrektur. Halb Deutschland machte sich lustig über Edmund Stoibers Gestammel über *die gludernde Lot*, die im nächsten Anlauf zur *gludernden Glut* und schließlich gar zur *lodernden Flut* geworden war.

Bei gut der Hälfte der Versprecher wird eine Korrektur versucht. Am ehesten von Erfolg gekrönt ist das Unterfangen, wenn der Sprecher sich ein wenig Bedenkzeit verschafft – durch sogenannte „Editing"-Ausdrücke wie *äh, hihi* oder *Tschuldigung*.

Trotz all der linguistischen Erklärungen gibt es Versprecher, bei denen man kaum glauben mag, dass sie allein durch neuronale Verstrickungen im mentalen Lexikon zustande kommen. Warum war ausgerechnet Helmut Kohl besonders anfällig für kulinarisch-linguistische Fehltritte, von der *erdnussartigen Niederlage* bis hin zu den *Massenvernichtungswaffeln*? Und kann es wirklich Zufall sein, wenn Kohl in Bezug auf die Koalition mit der FDP im Jahre 1989 vom *gemeinsamen Untergang* statt vom *gemeinsamen Umgang* spricht?

Doch, versichert Helen Leuninger, die scheinbar unterschwellige Bedeutung *ist* Zufall. „Ich weiß, es tut vielen leid, dass Freudsche Versprecher allerhöchstens eine marginale Rolle spielen", resümiert die Linguistin. „Aber selbst wenn ‚verräterische' Fehlleistungen auftreten, lassen sich daraus nicht gleich Rückschlüsse auf unbewusste Annahmen des Sprechers ziehen." *Fanni Aspetsberger*

Call-Center, wie hier im britischen Newcastle, wirken wie Legebatterien. Um möglichst schnell viele Vertragsabschlüsse zu erreichen, bringt man den Mitarbeitern rhetorische Kniffe bei

MANIPULATION

Die Tricks der Call-Center

Laut einer Forsa-Umfrage vom August 2007 ärgern sich 86 Prozent der Deutschen über Werbeanrufe. Dass sich das Geschäft trotzdem lohnt, hängt mit Sprachstrategien zusammen, die wie in der Hypnose wirken – und gegen die das Bewusstsein des Angerufenen kaum eine Chance hat

Das Telefon klingelt. Sie gehen ran. „Guten Tag“, sagt eine Frau mit freundlicher Stimme. „Ärgern Sie sich manchmal darüber, dass Ihre Stromrechnung jedes Jahr höher wird?“, fragt sie. Sie sagen „ja“ – und schon hat die Call-Center-Agentin Sie in ein Gespräch verwickelt.

Hätte sie gesagt: „Ich möchte Sie überreden, den Stromanbieter zu wechseln“, hätten Sie aller Wahrscheinlichkeit nach aufgelegt. Und obwohl die nette Frau außer einer Schulung in Telefonmarketing vermutlich keine rhetorische oder psychologische Ausbildung hat, kennt sie gleich mehrere Tricks.

Damit, dass sie Ihnen einen guten Tag wünscht, schafft sie eine positive Stimmung und baut ein wenig Vertrauen auf. Dann beginnt sie mit einer rhetorischen Frage – ein wirksames Manipulationsinstrument, das schon Aristoteles kannte. Eigentlich ist von vornherein klar, dass Sie diese Frage mit „ja“ beantworten. Wer würde schon von sich behaupten, dass es ihn nicht ärgert, wenn etwas teurer wird?

Die Frage stellt Ihnen die Anruferin nicht, weil sie eine ehrliche Antwort möchte, sondern weil sie in Ihrem Gehirn die Voraussetzungen dafür schaffen will, dass ihr Anliegen Erfolg hat. Sie lässt Sie ein sogenanntes Yes-Set beantworten. Yes-Sets basieren auf der Erkenntnis, dass Menschen eher bereit sind, einer Aufforderung zu folgen oder etwas zu bejahen, wenn sie zuvor schon „ja“ gesagt haben oder einer Bitte gefolgt sind.

Der amerikanische Verhaltensforscher M. B. Harris machte dazu bereits 1972 einen beeindruckenden Versuch: Passanten wurden auf der Straße von Fremden nach einem 10-Cent-Stück gefragt. So überrumpelt, war nur jeder Zehnte bereit, etwas zu geben. In einem zweiten Versuch wurden die Passanten zunächst nach der Uhrzeit gefragt, die sie ohne Zögern sagten. Danach wurden auch sie um einen Dime gebeten, und siehe da: Die Erfolgsquote vervierfachte sich.

Eine ähnliche Methode wendet die Dame aus dem Call-Center an, die Ihnen einen neuen Stromanbieter vermitteln möchte. Denn nachdem Sie zugestimmt haben, dass es Sie ärgert, wenn Energie immer teurer wird, wird sie fragen, ob sie Ihnen ein Angebot zusenden dürfte – und die Wahrscheinlichkeit, dass Sie jetzt „ja“ sagen, steigt.

Dass die Eingangsfrage einfach unterstellt, dass die Stromrechnung jedes Jahr höher wird – auch das ist ein alter Trick aus der Rhetorik. Denn nur die wenigsten Kunden wissen im Moment des Anrufes, ob diese Aussage tatsächlich stimmt. Die meisten werden die indirekte Behauptung der Call-Center-Mitarbeiterin aber nicht hinterfragen, weil sie in ihr Denkschema passt – denn durch Medienberichte über den Euro, Hartz IV, Arbeitslosigkeit und wachsende Armut hat sich in der Bevölkerung die Ansicht durchgesetzt, alles werde ständig teurer.

Welche Denkschemata sich dazu eignen, Menschen sprachlich zu manipulieren, hat George Lakoff von der University of California in Berkeley untersucht. Der Kognitive Linguist ist überzeugt, dass einzelne Wörter Teil einer größeren Gedankenwelt sind und mit Emotionen, Werten und Ereignissen assoziiert werden.

Gegen solche Assoziationen könne sich der Einzelne gar nicht wehren – selbst wenn er es wolle: Die Aufforderung „Denken Sie nicht an einen Elefanten“ hat genau das Gegenteil zur Folge: Vor dem geistigen Auge entsteht das Bild des Tieres – mit Rüssel und weißen Stoßzähnen. Aber auch das Wort „Stoßzahn“ löst die Assoziation „Elefant“ aus. Dadurch kann der einzelne Begriff als Schlüsselwort zur Gedankenwelt des Angesprochenen dienen.

Dieses „Framing“ – den Zwang, sich zu bestimmten Wörtern einen passenden „Rahmen“ hinzuzudenken – wissen laut Lakoff auch Politikstrategen sehr bewusst einzusetzen. Vor allem in den Reden der Republikaner hat er unzählige Begriffe entdeckt, die gezielt für den Wahlkampf entwickelt wurden.

„An dem Tag, als George W. Bush sein Amt antrat, tauchte der Begriff ‚tax relief‘ in Pressemitteilungen aus dem Weißen Haus auf“, schreibt Lakoff. „Relief“ bedeutet „Entlastung“. Mit dem Begriff Entlastung verbindet der Leser oder Hörer, dass es vorher

Abgaben werbewirksam gesenkt: Präsident Bushs »Tax Relief Act«

eine Belastung gab, die jetzt weggefallen ist. Und dass jemand die Menschen von dieser Bürde befreit hat.

„Das Besondere an Lakoffs Arbeit ist, dass er gezeigt hat, wie unser Denken durch Metaphern gesteuert wird, die wir schon im Kopf haben“, sagt Armin Burkhardt, Professor für Germanistische Linguistik an der Universität Magdeburg. „In Deutschland ist man seit dem Nationalsozialismus sehr sensibel für so etwas.“ Deshalb habe die Pro-Irakkrieg-Propaganda hierzulande auch nicht gewirkt.

„Das eigentlich Gefährliche ist, wenn mit Hilfe sprachlicher Tricks die Wahrheit vertuscht wird“, sagt Burkhardt. Wenn etwa, wie zu Zeiten des Nationalsozialismus, Begriffe wie „Volk ohne Raum“ erfunden werden, die eine Bedrohung suggerieren und gleichzeitig den Vorwand für einen Krieg liefern.

Die Beeinflussbarkeit der Menschen hat aber Grenzen. Zum Beispiel fruchtet eine sprachliche Manipulation nur, wenn der ideologische Boden dafür bereitet ist. Auch eine Aufforderung im Befehlston wie „Trink Coca-Cola“ funktionierte in den 1950er Jahren noch gut, als Millionen Menschen durch die Kriegszeiten daran gewöhnt waren, Befehle widerspruchslos auszuführen; heute soll eher ein Lebensgefühl vermittelt werden: „The coke side of life“.

Auch in der Hypnose gibt es solche Beschränkungen der Wirksamkeit. „Die Vorstellung, man könnte eine CD von einem Hypnotiseur besprechen lassen, die beim Abspielen jeden beliebigen Menschen in Trance versetzen könnte, ist verkehrt“, sagt die Psychotherapeutin Ute Kreuzahler. Selbst Menschen, die leicht empfänglich für die Hypnose sind, reagieren sehr unterschiedlich. Vor der Behandlung müsse sie mit ihren Patienten ein ausführliches Gespräch führen, um das „Framing“ zu erkunden, die individuelle Sprache, die einen Betroffenen in Hypnose versetzen kann.

In diesem Zustand reagiert das Unterbewusstsein ganz anders auf Botschaften als das Bewusstsein. Würde ein Therapeut sagen „Sie brauchen keine Angst zu haben“, bliebe nur „Angst haben“ hängen. Deshalb ist es wichtig, während der Hypnose nur positive Formulierungen zu wählen wie „Sie fühlen sich ruhig und sicher“.

Dagny Lüdemann

MASCHINENÜBERSETZUNG

Googlish für Anfänger

Wenn Computer Texte übersetzen, ist das Ergebnis oft grotesk und komisch. Wird eine neue, rein statistische Methode künftig menschliche Übersetzer überflüssig machen?

Wissen Sie, was „Knallkonzertkarten“ sind? So etwas kommt heraus, wenn das Sprachprogramm der Internet-Suchmaschine Google den Begriff „Pop concert tickets“ ins Deutsche übersetzt. Derartige Automatik-Übersetzungen sind oft unterhaltsam, meist aber nutzlos. So dichtet die Maschine fröhlich „Töpferende gibt passenschließen“, wenn es um ein würdiges Ende („fitting closure") der Harry-Potter-Saga geht.

„Zurzeit ist die Qualität noch so, dass die Leute zweifeln, ob man das Programm wirklich nutzen kann", räumt der 35-jährige Deutsche Franz Och ein, der das Übersetzerteam in der Google-Zentrale im Silicon Valley leitet. Computer sind nun mal Rechenmaschinen, keine Sprachexperten. Sie können sich zwar Millionen von Wörtern merken, egal ob auf Deutsch, Spanisch oder Kisuaheli – aber die Bedeutung dieser Wörter und die Welt, die sie beschreiben, bleiben dem Elektronenhirn fremd.

Deshalb kommt der Automat bei Ausdrücken wie „breaking records" schnell ins Schleudern: Gehen da Schallplatten kaputt, oder werden Rekorde aufgestellt? Menschen orientieren sich am Zusammenhang; der Rechner, für den alles gleichermaßen sinnvoll oder sinnlos ist, kann nur raten.

Doch nun gibt es Hoffnung: Für bisher drei Sprachen – Arabisch, Chinesisch und Russisch – zeigt Google seit kurzem, dass Computer durchaus als Dolmetscher taugen könnten. Die neue Übersetzungsfunktion, bisher noch im unreifen „Beta"-Stadium, erlaubt es etwa, Nachrichten des arabischen Senders Al Jazeera zu lesen. Tatsächlich liefert das System, das bisher nur in Kombination mit Englisch angeboten wird, oft deutlich verständlichere Ergebnisse als die Konkurrenz: Beim Wettbewerb der automatischen Übersetzungsprogramme, den die US-Technikbehörde NIST regelmäßig ausschreibt, landete das Google-Team schon im ersten Anlauf auf Platz eins.

Die neue Methode umgeht die Probleme traditioneller Lösungsansätze. Lange Zeit haben Computerlinguisten versucht, Maschinen Sprache beizubringen, indem sie die Automaten mit Vokabeln und aufwendigen Regelwerken zu Syntax und Grammatik fütterten. So ähnlich lernen Menschen, so sollte es auch bei Computern funktionieren. Das jedenfalls dachten die Urväter des Forschungszweigs, als sie vor einem halben Jahrhundert begannen, mit ihren raumfüllenden Rechenkisten erste Sätze aus dem Russischen ins Englische zu übertragen.

Ohne Hirn geht es noch nicht. Eine Rechenmaschine, die schwierige Texte korrekt übersetzt, ist bislang Zukunftsmusik

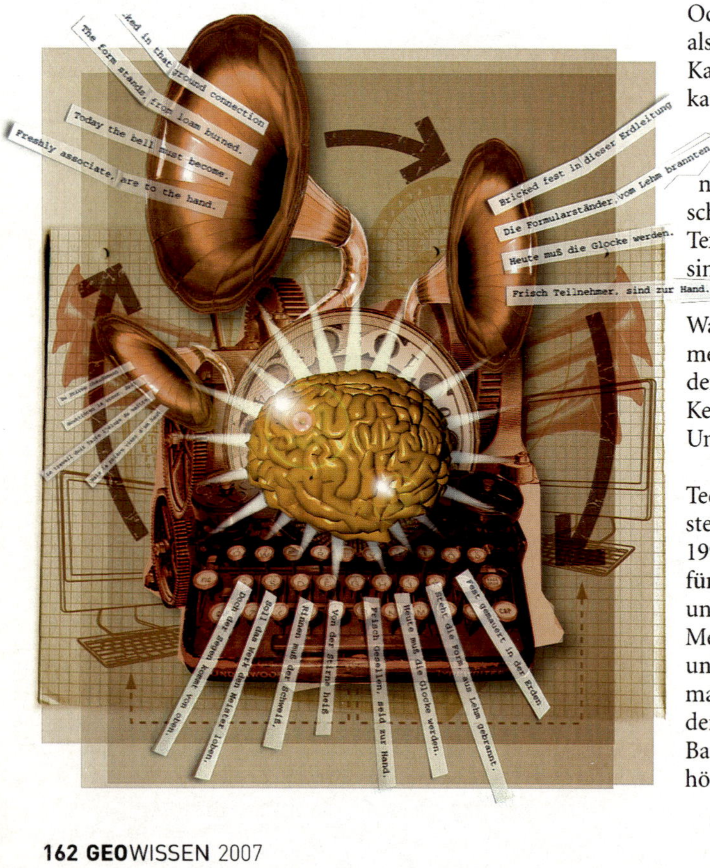

Doch schnell zeigte sich, sagt Franz Och, dass „Sprache viel komplexer ist, als man ursprünglich geglaubt hat". Kaum eine Regel ohne Ausnahme, kaum ein Satz ohne Zwischentöne, Doppelbedeutungen, Stolpersteine. Das erklärt, weshalb selbst nach Jahrzehnten ausgiebiger Forschung viele automatisch übersetzten Texte wie das Gestammel eines Wahnsinnigen wirken. „Aus der Sicht der Maschine gibt es einfach zu viele Wahlmöglichkeiten – jedes Wort hat mehrere Bedeutungen, und die Zahl der Kombinationen ist endlos", sagt Kevin Knight, Informatiker an der University of Southern California.

Weil es die menschliche Welt der Technik so schwer macht, sie zu verstehen, erdachten Forscher in den 1990er Jahren eine Methode, die ideal für Rechenhirne ist, die nur in Einsen und Nullen denken. Sie nahmen von Menschen erstellte Übersetzungen und ließen den Computer die Texte mathematisch vergleichen. So lernt der Rechner allein auf statistischer Basis, welche Begriffe zusammengehören. Wenn das englische „the" häufig neben „house" steht und auf der Gegenseite entsprechend das deutsche „das" neben „Haus", ergibt sich eine hohe Wahrscheinlichkeit, dass die Übersetzung passt. Mit diesem Wissen kann die Maschine schließlich Texte übersetzen, ohne die geringste Ahnung von deren Bedeutung zu haben.

„Im Vergleich sind die statistischen Systeme haushoch überlegen", urteilt Alex Waibel, Informatiker in Karlsruhe und an der Carnegie Mellon University in Pittsburgh. „Man kommt erstaunlich weit mit den primitiven Zählmethoden." Zwei Trends helfen den Forschern: immer leistungsfähigere Rechenhirne, die sich immer flinker durch gigantische Datenberge wühlen, und das Internet. Viele der Übersetzungen, die sie zum Trainieren ihrer Maschinen benötigen, finden die Wissenschaftler auf den Webseiten der Vereinten Nationen, der Europäischen Union und globaler Konzerne. Auch deshalb, vermutet Waibel, haben Organisationen, denen große Datenmengen zur Verfügung stehen, Erfolg mit statistischen Übersetzersystemen.

Probleme bereiten allerdings ungewöhnliche Sprachkombinationen, für die wenige Referenzübersetzungen vorliegen, etwa Norwegisch-Thai. Denn statistische Modelle erfordern Datenschätze mit Hunderten von Millionen Einträgen. Auf lange Sicht aber erwarten die Forscher auch hier Fortschritte. Alex Waibel arbeitet an statistischen Übersetzungsalgorithmen, die wesentlich weniger Daten benötigen.

Wird irgendwann der Tag kommen, an dem Maschinenübersetzungen zu gleich guten oder gar besseren Ergebnissen führen als menschliche? Waibels Kollege Kevin Knight sieht selbst bei der Poesie gute Chancen, den Menschen zu übertrumpfen: „Eine Maschine könnte viel besser dazu geeignet sein, nach passenden Reimen zu suchen."

Was Johann Wolfgang von Goethe wohl dazu sagen würde? Vielleicht dies: „Die Anzeige hören vermutlich I, gleichwohl der Glaube zu mir fehlt." Das war Googlish und soll heißen: „Die Botschaft hör ich wohl, allein mir fehlt der Glaube." *Karsten Lemm*

NAMEN

Dummer Dirk, hässliche Silke

Nomen ist noch immer Omen: Von der Wahl des richtigen Vornamens hängen die späteren beruflichen Erfolgschancen eines Kindes ab. Aktuell liegt Deutschland im Bibeltrend – vermengt mit regionalen Besonderheiten

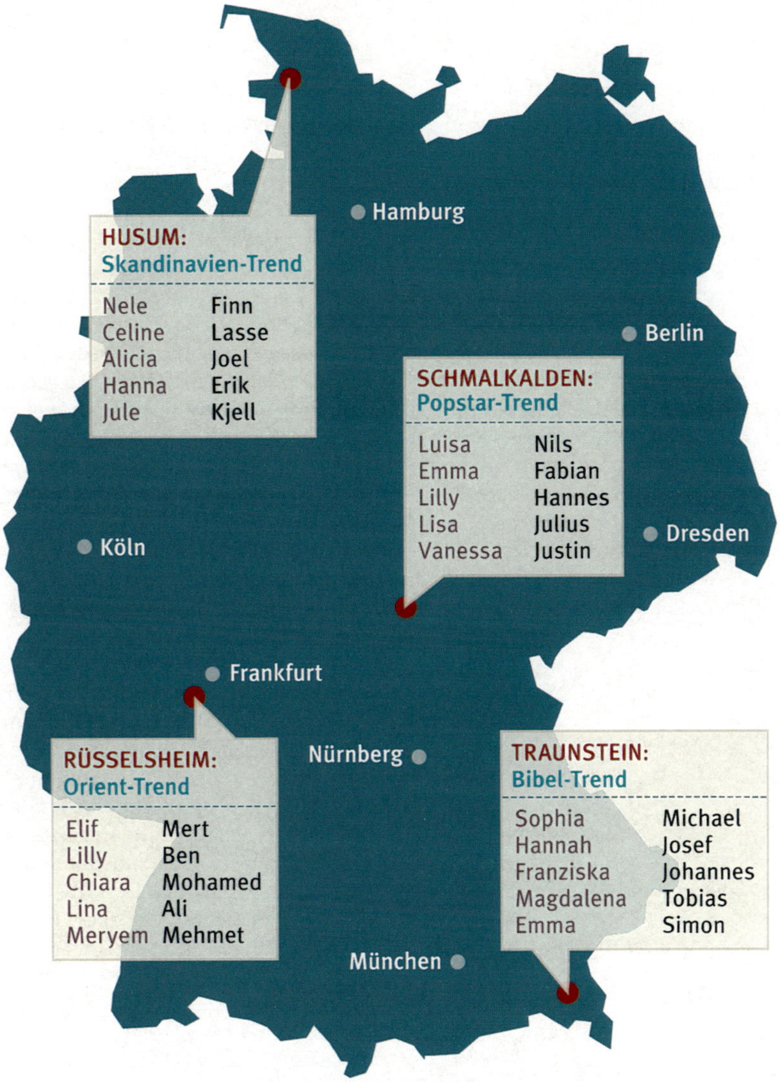

Lässt man die bundesweit häufigsten 15 Mädchen- beziehungsweise Jungennamen wie Marie und Leon außer Acht, zeigen sich regionale Trends in den Hitlisten: Besonders bibeltreu sind die Bayern, der Norden mag es skandinavisch, der Osten favorisiert Popstars, und in der Industriestadt Rüsselsheim sind muslimische Namen verbreitet

„Seit Jahren wird es immer bunter, wir haben hier täglich Namen, von denen wir vorher nie etwas gehört haben", sagt Andreas Pump, der Leiter des Personenstandswesens im Hamburger Ortsamtsgebiet Barmbek-Uhlenhorst. Es ist das größte derartige Amt der Millionenstadt, jedes Jahr werden dort die Namen von rund 5000 Kindern registriert.

Eines dieser Kinder trägt den Namen „Joycaurelia", eine Neukreation aus englisch „Joy" und lateinischem „Aurelia". Die Schauspielerin Tokessa Martinius und ihr Mann hatten für ihre Tochter nach einem einzigartigen Vornamen gesucht.

In Deutschland gilt, mit wenigen Einschränkungen, die freie Namenswahl. Laut Gesetz ist ein Name rechtens, wenn er irgendwo auf der Welt benutzt wird, das Geschlecht ablesbar ist und den Namensträger nicht lächerlich macht – im Streitfall entscheiden die Gerichte. Biene als weiblicher Vorname ist erlaubt, Tiger oder Christiansdottir hingegen nur zusammen mit einem weiteren, klar weiblichen Vornamen. Jungen dürfen San Diego oder Dschihad („Anstrengung") heißen, nicht aber Osama bin Laden.

Andernorts sind die Gebräuche laxer. Auf den Tonga-Inseln ist ein Einheimischer mit dem Vornamen Atolo Hitila (Adolf Hitler) geschlagen, ein anderer trägt die Bezeichnung 42 – nicht, weil er das 42. Kind der Familie ist, sondern weil sein Geburtshaus neben dem Anleger liegt, der 1942 gebaut worden ist. Die Adligen des Landes können es sich leisten, Schimpf- und Scherznamen wie Ve'ehala (Krummbein) und Fusipala (verrottete Banane) zu tragen.

Hierzulande haben vor allem jene zu leiden, deren Familiennamen heute etwas anderes bedeuten als ursprünglich: Ein Mann namens Frauenschläger entstammt mitnichten einer prügelnden Sippe; einer seiner Urahnen schlug das Holz in einem Wald, der einem Nonnenkloster gehörte.

Ein schweres Los im Berufsleben dürfte die Opfer des „Kevinismus" und „Chantalismus" erwarten – haftet diesen Namen doch das Stigma der bildungsfernen Unterschicht an. Wie stark Namen die Einschätzung einer Person bestimmen, haben Ökonomen in den USA nachgewiesen. Sie versandten Antworten auf 1300 Stellenanzeigen – einmal mit „weißen" und einmal mit typisch „schwarzen" Vornamen, mit ansonsten aber gleicher Qualifikation und, wie in den USA üblich, ohne Foto. Das Ergebnis: Die „weißen" Bewerber erhielten 50 Prozent mehr Einladungen zu einem Vorstellungsgespräch. Schlechte Karten in Deutschland auch für Dirks und Olafs, Birgits und Silkes: Diese Namen werden laut einer Chemnitzer Studie häufig mit den Attributen altmodisch, unattraktiv und unintelligent in Verbindung gebracht.

Wenig Sorgen machen muss sich heute ein Maximilian; der Name wird gern im Bildungsbürgertum vergeben. Die Zugehörigkeit zu einer bestimmten Schicht sollen auch fromme Namen dokumentieren – weswegen selbst jene Eltern sie wählen, die längst aus der Kirche ausgetreten sind: Die Hälfte der langjährigen Spitzenreiter – zu ihnen gehören Maria, Anna und Luca(s) – hat biblische Wurzeln.

In manchen Regionen sieht dies jedoch anders aus: In der Opel-Stadt

Rüsselsheim gehören muslimische Namen wie Mohamed zu den häufigsten. Der Norden Deutschlands zeigt seine Nähe zu Skandinavien auch durch sein Faible für Erik und Kjell. Die Popstar-Namen Justin, Sascha und Vanessa stehen nach wie vor in der Hitliste im ostdeutschen Schmalkalden.

Namenstrends halten etwa fünf bis zehn Jahre – so lange dauert es, bis die Masse nachgezogen hat. Die Oberschicht sucht dann nach neuen Wegen, sich abzugrenzen. Derzeit tauchen auffällig häufig die „deutschen" Namen Fritz und Emma auf. Die Hassos sind dagegen völlig auf den Hund gekommen. *Ole Reissmann*

FREMDSPRACHEN

Nichts für Schlafmützen

»Spanisch in 20 Stunden« oder »Sprachenlernen im Schlaf« – mit solchen Slogans werben zahlreiche Anbieter um Kunden. Was ist von solchen Verheißungen zu halten?

„Sprache ist mit das Komplexeste, was der Mensch erfunden hat", sagt Hans-Jürgen Krumm, Sprachlehrforscher an der Universität Wien. „Daher gibt es zu Fremdsprachen keine Abkürzung. Das Lernen braucht Zeit." Und: Einen Königsweg für alle gebe es nicht, denn das Sprachenlernen gehe sehr individuell vonstatten.

„Viele Angebote kommen daher wie die neueste Wunder-Diät", warnt auch der britische Sprachlehrforscher Jim Coleman. Ähnlich wie eine „Nur-Gurken-Kost" setzen sie auf eine einzige Methode: zum Beispiel auf das Lernen im Entspannungszustand.

Zwar baut eine solche Methode Ängste ab und erlaubt ein Einhören in die Sprache, „aber selbstständig Sätze bilden kann man deshalb noch lange nicht", sagt Hans-Jürgen Krumm. Ähnliches gilt für das „Lernen im Schlaf". Dahinter steckt die an sich richtige Erkenntnis, dass das Gehirn in der Nacht Erinnerungen verankert und ins Langzeitgedächtnis einbettet – aber die Informationen sollte es schon am Tag zuvor erhalten haben.

Dubiose Angebote erkenne man daran, dass sie einen Aspekt des Lernens herausgreifen und zur Zauberformel erheben. Solide Anbieter zeichne hingegen ein Methoden-Mix aus. Zudem hat die Sprachlehrforschung einige Faktoren ermittelt, die ein schnelles und erfolgreiches Lernen begünstigen. Guter Fremdsprachenunterricht, sagt Krumm, müsse sowohl den Verstand als auch die Sinne ansprechen und zum Beispiel über Rollenspiele Möglichkeiten zum Handeln in der Fremdsprache geben.

Wer einen seriösen Intensivkurs mit anschließendem Auslandsaufenthalt kombiniert, hat nach Meinung der meisten Sprachforscher gute Chancen auf schnellen Fortschritt. Innerhalb weniger Wochen können in einem Intensivkurs Grundwortschatz und Basis-Grammatik erworben werden. Dabei rät Coleman zu einem Gruppenkurs: „Sprachenlernen ist harte Arbeit, und es tut gut, mit anderen im gleichen Boot zu sitzen."

Doch schnell Gelerntes kann auch schnell wieder in Vergessenheit geraten. Daher sind Übung und Wiederholung entscheidend. Denn im Gehirn müssen sich erst neuronale Verknüpfungen bilden, damit die neuen Redewendungen automatisiert abgerufen werden können.

Nach einem Intensivkurs dürfen deshalb nicht zu viele Wochen verstreichen, bevor das Gelernte im Ausland erprobt werden kann. Damit der Aufenthalt vom ersten Tag an effizient ist, sollte man sich in den Alltag stürzen: „Hinein in die Busse und U-Bahnen", empfiehlt Coleman, „und nicht im Supermarkt einkaufen, sondern im Laden um die Ecke." Geringe Chancen auf Erfolg gibt der Linguist denen, die sich ohne sprachliche Vorbereitung ins Ausland aufmachen und meinen, vor Ort ginge alles wie von selbst: Auf solche Menschen warte „eine eher beängstigende Erfahrung".

Ohnehin werde ein Auslandsaufenthalt häufig fälschlicherweise zum Allheilmittel erhoben, meint Karin Aguado, Sprachlehrforscherin an der Universität Kassel. Erfolgreiche Sprachenlerner, so ergaben Studien, zeichnen sich dadurch aus, dass sie ständig an der Sprache arbeiten – ob im Ausland oder zu Hause. Fremdsprachliche Internetseiten, Chats, Filme, Bücher, Zeitungen, Radio- und Fernsehsendungen sind heute auch fern vom Zielland leicht zugänglich.

Experten empfehlen zudem auch das Bilden von „Tandems": Dabei kommuniziert beispielsweise ein Deutscher, der Polnisch lernt, mit einem Polen, der Deutsch üben möchte (Vermittlung von Tandem-Partnern weltweit unter www.slf.ruhr-uni-bochum.de).

So etwas kann die Motivation ungemein fördern – und die ist nach aktuellem Forschungsstand der wichtigste Faktor beim Sprachenlernen. Von Klischees sollte man sich nicht entmutigen lassen. Etwa von der Vorstellung, dass Ältere oder Introvertierte sich mit Sprachen schwertun. Den viel zitierten Grundsatz „je früher, desto besser" bestätigt Karin Aguado allenfalls bedingt: „Alter ist ein Faktor unter vielen und wirkt nicht isoliert." Ferner zeigen Untersuchungen, dass Introvertierte nicht zwangsläufig mehr Mühe haben als Extrovertierte. „Erstere hören besser zu und reflektieren mehr", berichtet Coleman. „Dadurch machen sie ihre vermeintlichen Nachteile wett."

Wer schnell eine Sprache lernen möchte, sollte sich zudem die richtige heraussuchen, denn: Nicht jede Sprache ist für Deutsche in gleichem Tempo erlernbar. Mithilfe von Linguisten

Funktioniert leider nicht: die Hausarbeit erledigen und ganz nebenbei noch eine Fremdsprache lernen

hat das Sprachlernzentrum des Auswärtigen Amtes, das Diplomaten in Rekordzeiten von wenigen Wochen bis zu mehreren Monaten auf Auslandseinsätze vorbereitet, eine Rangliste erstellt. Demnach erwerben Deutsche skandinavische Sprachen oder Englisch rascher als romanische Sprachen wie Französisch. Deutlich schwieriger sind slawische Sprachen wie zum Beispiel Russisch. In die nächsthöhere Kategorie fallen nicht-indogermanische Sprachen wie Finnisch oder Türkisch. Am meisten Zeit sollte man für entfernte Sprachen wie Arabisch, Japanisch oder Chinesisch einplanen.

Außerdem lässt sich von bereits erlernten Fremdsprachen profitieren: Das von der Europäischen Union geförderte „EuroCom"-Programm beispielsweise (www.eurocomcenter.eu) bietet Online-Kurse, Lernbücher, Seminare und Workshops speziell für Menschen, die bereits eine germanische, romanische oder slawische Sprache beherrschen und möglichst zügig eine weitere Sprache derselben Familie lernen möchten.

Katharina Kramer

INTERVIEW

Goethe lebt in den USA

Weshalb hat das Deutsche noch immer einen hohen Stellenwert in den Vereinigten Staaten? Die Antwort kennt Heidi Byrnes von der Georgetown University in Washington, die im Sommer 2007 in Berlin auf der Tagung »Die Macht der Sprache« des Goethe-Instituts einen Vortrag zu diesem Thema gehalten hat

GEO: Frau Professor Byrnes, stimmt es, dass Deutsch einmal fast zur Landessprache der USA geworden wäre?

HEIDI BYRNES: Das ist eine Legende. Sie gründet auf einer 1794 knapp abgelehnten Petition deutschstämmiger Einwanderer an das Repräsentantenhaus, Gesetzestexte auch auf Deutsch zu veröffentlichen. Noch 1830 waren gerade mal neun Prozent der US-Bürger deutscher Abstammung.

Professorin Heidi Byrnes unterrichtet Deutsch als Fremdsprache in den USA

GEO: Warum muss man heute in den USA Deutsch lernen?

BYRNES: Von einem Müssen kann keine Rede sein. Deutsch ist nicht mehr die Sprache der Wissenschaft, internationale Geschäfte werden hauptsächlich auf Englisch abgewickelt, und seit dem Ende des Kalten Krieges ist Deutsch auch nicht mehr für Spione interessant.

GEO: Das klingt, als gäbe es für Deutschlehrer im Ausland bald nichts mehr zu tun.

BYRNES: Im Gegenteil. Bei uns am German Department der Universität ist das Interesse groß. Ob sich jemand ohne Zwang für eine Sprache interessiert, hängt hauptsächlich von der Qualität der Lehrer ab – einschließlich eines guten Sinns fürs „Marketing". Die Deutschlehrer in den USA haben Vorbildliches geleistet: Es gibt viele soziale Aktivitäten, bei denen zusammen mit Käsekuchen und Wurst auch Deutsch „verkauft" wird. Die Lehrenden bleiben über Webseiten der Fachverbände und durch Fortbildungen auf dem neuesten Forschungsstand. Das ist wichtig, denn in den USA ist die Bildungspolitik sehr dezentral organisiert.

GEO: Sind Erwachsene nicht zu alt, um eine Fremdsprache gut zu lernen?

BYRNES: An der Georgetown University haben wir seit Jahren ein Forschungsprogramm für den Fremdsprachenerwerb Erwachsener. Wir haben exzellente Studenten. Auch hier spielt vor allem die Motivation eine Rolle – ebenso wie der sprachlich-kulturelle Hintergrund. Durch Umfragen hat das Goethe-Institut ermittelt, dass Deutsch vor allem für Hispanos in den USA interessant ist. Die haben ohnehin bereits Englisch gelernt und sind viel leichter in der Lage, auch noch eine Drittsprache wie Deutsch zu erwerben.

GEO: Für welche Themen und welche Texte interessieren sich die Deutschlerner besonders?

BYRNES: Deutsch wird nach wie vor als Kultursprache geschätzt. Die Palette reicht von klassischer Literatur und Philosophie über den neuen Film bis zu Deutschlands Rolle in der EU. Im übrigen gilt oft: Anspruchsvoller ist besser. Ich habe festgestellt, dass der Wert einer Sprache steigt, je schwieriger der in ihr vermittelte Stoff ist.

Interview: Jürgen Broschart

Titus Arnu

ÜBELSETZUNGEN:
Sprachpannen aus aller Welt

Langenscheidt, 2007

Sie wissen nicht, was ein „Kunsti-erwürgt Salat" ist? Einfach eine Fehlübersetzung des englischen „artichokes salad". Köstlicher Lesegenuss.

Gisela Szagun

DAS WUNDER DES SPRACHERWERBS

Beltz, 2007

Verständlich und einfühlsam geschrieben; inhaltlich auf dem neuen Stand der Forschung.

Waltraud Singer/Cornelia Funke

SPRACHSPIELE FÜR KINDER
Über 300 lustige Verse und Geschichten

Ravensburger, 2005

Eine Fundgrube für Reime, Rätsel und Geschichten für Kinder zwischen drei und neun Jahren.

Walter Krämer

MODERN TALKING AUF DEUTSCH

Piper, 2000

Ein Lexikon überflüssiger fremdsprachlicher Ausdrücke wie „flagship stores", „facility manager" und „gatebuffet".

Jürgen Broschart

ÜBER DIE SPRACHWISSENSCHAFT HINAUS

LIT-Verlag, 2007

Umfassende Darstellung dessen, was sprachlichen und nichtsprachlichen Strukturen gemein ist. Mit Exkursen zu Baumwachstum, Harmonie und Allgemeiner Wissenschaftstheorie.

Martin Kuckenburg

WER SPRACH DAS ERSTE WORT?

Theiss, 2004

Schildert in verständlichen Worten die Entwicklung von Sprache und Schrift.

Carl Faulmann

SCHRIFTZEICHEN UND ALPHABETE
aller Zeiten und Völker

Marixverlag, 2004

Ein Klassiker für alle, die von schönen Schriften begeistert sind.

Harald Haarmann

WELTGESCHICHTE DER SPRACHEN

Beck, 2006

Der Autor beschreibt, wie sich die komplexe Sprache von *Homo sapiens* entwickelt hat. Mit besonderer Berücksichtigung der Geschichte des Indogermanischen.

Johanna Friedl

SPRACHE ERLEBEN
Sprachförderung für Kinder

Ravensburger, 2007

Eine Fülle von Sprachspielen und Informationen zur Sprachentwicklung sowie zu Sprachstörungen.

Penny Boyes Braem

EINFÜHRUNG IN DIE GEBÄRDENSPRACHE
und ihre Erforschung

Signum, 1995

Das Standardwerk bietet einen unvergleichlich spannenden Einblick in die Struktur der Sprache der Gehörlosen.

Wolf Schneider

DEUTSCH FÜRS LEBEN
Was die Schule zu lehren vergaß

Rowohlt Taschenbuch, 1994

Der ehemalige Leiter der Hamburger Journalistenschule gibt unverzichtbare Tipps, wie man Texte klarer und ansprechender schreiben kann.

Terrence Deacon

THE SYMBOLIC SPECIES
The Co-Evolution of Language and the Brain

W. W. Norton, 1998

Auf welche Weise Sprache den Menschen vom Tier unterscheidet – eine Entwicklungsgeschichte.

Ferdinand de Saussure

GRUNDFRAGEN DER ALLGEMEINEN SPRACHWISSENSCHAFT

Gruyter, 2001

Deutsche Übersetzung des französischen Werkes von 1916 – der Geburtsstunde der modernen Linguistik. Eine Sprachtheorie in vergleichsweise einfachen Worten.

Bastian Sick

DER DATIV IST DEM GENITIV SEIN TOD

Kiepenheuer & Witsch, 2006

Amüsanter Bestseller über tatsächlich und vermeintlich falsches Deutsch.

Christine Kenneally

THE FIRST WORD
The Search for the Origins of Language

Viking Adult, 2007

Ein aktuelles, gut lesbares Kompendium über widerstreitende Theorien zur Evolution der Sprache.

J. Wohlgemuth/T. Dirksmeyer (Hrsg.)

BEDROHTE VIELFALT
Aspekte des Sprach(en)tods

Weißensee, 2005

Übersicht zum fortschreitenden Sprachensterben und die Gründe dafür.

David Crystal (Hrsg.)

THE CAMBRIDGE ENCYCLOPEDIA OF LANGUAGE

Cambridge University Press, 2003

Informiert ausführlich und unterhaltsam in 65 Themenkapiteln über alle Aspekte der Sprache. Ein Lexikon, in dem man sich festliest.

Steven Pinker

DER SPRACHINSTINKT

Droemer Knaur, 1998

Ein exzellent geschriebenes Buch, das von Noam Chomskys kontroverser Hypothese vom angeborenen Sprachwissen ausgeht. Für Pinker sind es die Gene, die dem Menschen zur Sprache verholfen haben.

Die zwölf wichtigsten Begriffe der Linguistik

DIALEKT: Lokale Variante einer Standardsprache. „Hochdeutsch" bezeichnet entweder die deutsche Standardsprache oder die Gemeinschaft aller Dialekte, die im Hochland südlich von Benrather Linie und Rheinischem Fächer (S. 112) gesprochen werden und sich durch eine bestimmte Lautverschiebung von den Dialekten des Niederdeutschen unterscheiden. So gesehen reden Schwaben und Bayern Hochdeutsch – aber nicht standardsprachlich.

GRAMMATIK: Regelwerk zur Benutzung sprachlicher Einheiten (S. 56). Linguisten versuchen heute, die Regeln einer Sprache nur zu beschreiben, statt Ausdrucksweisen als „falsch" oder „richtig" zu bewerten. Auch ein Dialekt folgt Regeln; diese unterscheiden sich jedoch mitunter von jenen einer Standardsprache.

MORPHOLOGIE (Lehre von der Wortbildung): Bezieht sich auf das System bedeutungstragender Einheiten im Wort, die man Morpheme nennt. Vertreter von Morphemen sind Wortbestandteile wie *lieb-* und *-st* in *liebst*. Die Einheit *-st* dient zur Bezeichnung grammatischer Kategorien, wie z. B. die Person (S. 56); *lieb-* hat eine rein begriffliche Bedeutung.

PHONOLOGIE (Lautlehre): Das System bedeutungsunterscheidender Laute, die man Phoneme nennt. Zu den Phonemen des Deutschen zählen die Laute für *p* und *t* und auch für *sch* (S. 114).

SEMANTIK (Bedeutungslehre): Betrifft den Inhalt sprachlicher Zeichen, etwa die Bedeutung des Wortes „Tisch".

SOZIOLEKT: Bezeichnet im Unterschied zum Dialekt keine lokale, sondern eine für eine soziale Schicht typische Sprachvariante – zum Beispiel die abfällig „Kanak Sprak" genannte Ausdrucksweise in Deutschland lebender Türken (S. 48). Oder die Sprache der englischen Arbeiterklasse.

SPRACHTYPOLOGIE: Die Untersuchung der Vielfalt und Variabilität der Struktur menschlicher Sprachen. Zu den „Sprachtypen" gehören unter anderem das „isolierende" klassische Chinesisch und das „flektierende" Latein (S. 48).

SPRACHSYSTEM („Sprache" im engeren Sinne, im Gegensatz zum Sprechen): Das Regelwerk der menschlichen Kommunikation mit Symbolen (S. 32). Laut dem Amerikaner Noam Chomsky basieren diese Regeln auf dem angeborenen Sprachwissen, das er Kompetenz nennt (S. 32). Der Schweizer Linguist Ferndinand de Saussure versteht unter dem Sprachsystem, das er als „langue" bezeichnet, dagegen eine soziale Übereinkunft einer Sprachgemeinschaft.

SPRACHWISSENSCHAFT (Linguistik): Disziplin, die sich in Historisch-Vergleichende und die Allgemeine Sprachwissenschaft gliedert. Letztere befasst sich mit dem Regelsystem menschlicher Sprache (S. 32), wohingegen die Historisch-Vergleichende Sprachwissenschaft Verwandtschaftsverhältnisse der Sprachfamilien untersucht (S. 86).

STRUKTURBAUM: Darstellung des Satzbaus in Form von Verzweigungen, die den Satz in Satzglieder und Phrasen unterteilen (S. 56).

SYNTAX (Satzlehre): Das System der Regeln und Einheiten des Satzbaus. Dazu zählen Satzglieder und Phrasen (S. 56).

ZEICHEN: Etwas „Bezeichnendes", das für etwas „Bezeichnetes" steht. Der Zeichentheoretiker Charles Sanders Peirce unterscheidet zwischen Index, Ikon und Symbol. Ein Index ist ein Zeigewort („hier"), ein Ikon eine lautmalerische Darstellung („Kuckuck"), während ein Symbol (S. 32) nur per Konvention in einer Beziehung zu einem Gegenstand oder Lebewesen steht („Kuh", „Schwein").

AUFLÖSUNG VON S. 30
TESTEN SIE IHR DENGLISCH

Richtig sind: 1a, 2c, 3c, 4a, 5b, 6b, 7c, 8a, 9a+b, 10c, 11b, 12a, 13c, 14a+b, 15c, 16b, 17c, 18a+b, 19b, 20a, 21b, 22c, 23b, 24a, 25b, 26a, 27b, 28c, 29a, 30b. Für jede korrekte Antwort gibt es einen Punkt.

30–33 Punkte. Respekt. Sie verstehen nicht nur Denglisch, sondern auch Deutsch und Englisch. Vermutlich wissen Sie, dass ein „pimp" (Zuhälter) zwar anschaffen lässt (Antwort 5a), „pimpen" aber nur „aufmotzen" heißt (Antwort 5b).

16–29 Punkte. Wow, Sie sind ein perfekter Denglisch-Sprecher. Aufgrund Ihres gesunden Halbwissens haben Sie wahrscheinlich keine Ahnung, dass „Facelifting" (Frage 8) auf Englisch eigentlich „Facelift" und ein „Outlet" (Frage 14) übersetzt auch „Abfluss" heißt. Damit kommen Sie auf jeder Promi-Party zurecht.

0–15 Punkte. Herzlichen Glückwunsch! Ihre Fremdwortabwehr ist so hart wie eine Ritterrüstung. Vielleicht ist auch Ihr Wortschatz mittelalterlich: Womöglich sagen Sie weder „Facility Manager" (Frage 2) noch „Hausverwalter" (Antwort 2c), sondern benutzen die frühere Berufsbezeichnung „Meier". Aber Obacht! Das kommt vom lateinischen *maior domus* – Vorsteher des Hauses.

BILDNACHWEIS

FOTOHINWEISE NACH SEITEN

Anordnung im Layout:
l. = links, r. = rechts, o. = oben,
m. = Mitte, u. = unten

TITEL: Anne Ackermann/Getty Images

SEITE 3:
Enno Kapitza/Agentur Focus: l.; David Klammer/laif: m.; Arnold Morascher/Bilderberg: r.

SEITE 4:
Geri Engberg/The Image Works: l. o.; Birte Wagner + Juliane Richter/illu.team43@web.de: r. o.; David Klammer/laif: l. m. o.; Thomas Herbrich: r. m. o.; Enno Kapitza/Agentur Focus: l. m. u.; Mehau Kulyk/SPL/Agentur Focus: r. m. u.; Cira Moro: l. u.; Frans Lanting/Minden Pictures: r. u.

SPRACHE, SCHÖNER GÖTTERFUNKE
Arnold Morascher/Bilderberg: 6/7; Qingsong Wang, Commercial War/Mit freundlicher Genehmigung von MEWO Kunsthalle Memmingen: 8/9; Wolfram Hahn: 10/11; Barbara Kruger, Installation: Mary Boone Gallery, New York, January 1991, Courtesy: Mary Boone Gallery, New York: 12/13; Lalla Essaydi, Converging Territories #9, 2003, Courtesy: Edwynn Houk Gallery: 14/15; Karin Sander, Projekt „Wordsearch", © VG Bild-Kunst, Bonn 2007: 16/17; Lourens Smak/Alamy 18/19

STREITGESPRÄCH:
Arnold Morascher/Bilderberg: 24–29

DAS A UND O DES NEUEN LEBENS
Geri Engberg/The Image Works: 36; Anne Rippy/Getty Images: 38; Deb Roy/MIT Media Lab: 39; Nicole Bengiveno/The New York Times/Redux/laif: 40; PhotoAlto/Tips-images/Agentur Focus: 41; BSIP/Phototake: 42; Paula Lerner/Aurora: 43; Argus/Scholz: 44; James Ross/Getty Images: 45 o.; Fenja Mens: 45 u.

SPRACHLABOR DEUTSCHLAND
Ronald Frommann/laif: 46–48

EINE KINDHEIT OHNE WORTE
Johner/Getty Images: 50; AKG-Images: 52; Malte Jäger: 54

DORNENREICH & KINDERLEICHT
Illustrationen: Birte Wagner + Juliane Richter/illu.team43@web.de : 54/55

DER STOLZ DES KLEINEN VOLKES
David Klammer/Laif: 58–70

IHR SCHICKSAL IST DIE SPRACHE
Enno Kapitza/Agentur Focus: 77–85

WIE KAM DAS WORT ZUM MENSCHEN?
Illustrationen: Birte Wagner + Juliane Richter/illu.team43@web.de : 86/87, 88, 91 u. .; © Knickerbocker Design: 87 o., 89 o., 91 o., 93 o. ; Sebastian Kirschner: 93 l. u.; Alyazia Kh. AlSuwaidi r. u.

GESPRÄCHE UNTER VERWANDTEN
Great Ape Trust of Iowa: 94-100; Jim Bates: 101 o.; Frans Lanting/Minden Pictures: 101 m.; Bernd Dinkel: 101 u.

DAS STILLE WUNDER
Marc Steinmetz/Visum:: 102–111 außer Marion Rollin: 111 l.u. und Astrid Bärndal: 111 r. u.

DEM TÄTER AUF DER TONSPUR
Mehau Kulyk/SPL/Agentur Focus: 112/113; Peter Granser/laif: 116 o.; Christian Darkin/SPL/Agentur Focus: 116 u.; Martina Keller: 117 u.
Illustrationen: Birte Wagner + Juliane Richter/illu.team43@web.de : 114, 115, 117 o.

WENN DIE SPRACHE IM CHAOS VERSINKT
Illustrationen: Rinah Lang: 118–126; Markus Seewald: 126 l. u.

EIN FLIRT MIT DER FANTASIE
David Gillanders: 128-135 außer Hulton Archive/Getty Images: 130 o. und Thilo Guschas: 135 l. u.; Illustrationen: The Bodleian Library, University of Oxford, MS Tolkien Drawings 91, fol.24r : 129-135 (Initialen); Reprinted by permission of HarperCollins Publishers Ltd. © J.R.R. Tolkien 1995 : 132 u.

IM BABEL DER NEUZEIT
Cira Moro:136–145

FRAUEN VERSTEHEN ALLES, WAS MÄNNER NICHT SAGEN
Foto-Illustrationen: Thomas Herbrich: 146 bis 153 außer Norbert Miguletz: 152 r. u.

KOMPAKT
AP: 154; Marco de Swart/Paul Vreeker/Reuters: 155; Klaus Westermann/Picture Press: 156; Peter Marlow/Magnum/Agentur Focus: 160; Doug Mills/New York Times/Redux/laif: 161; Christian O. Bruch/Visum: 164; Privat: 165; Illustrationen: Carolin Löbbert: 158; Clemens Maurer@werk-c.de: 162; Birte Wagner + Juliane Richter/illu.team43@web.de: 163

KARTEN
Thomas Wachter: 70, 73; Stefanie Peters: 90

VORSCHAU
Isadora Tast/laif: 170 o. ; Andreas Taubert/Bilderberg: 170 m.; Panos Pictures/Visum: 170 u.

GEO WISSEN

Gruner + Jahr AG & Co KG, Druck- und Verlagshaus, Am Baumwall 11, 20459 Hamburg. Postanschrift für Verlag und Redaktion: 20444 Hamburg. Telefon 040/37 03-0, Telefax 040/37 03 56 48, Telex 21 95 20.
Internet: www.geo.de

CHEFREDAKTEUR
Peter-Matthias Gaede

STELLVERTRETENDER CHEFREDAKTEUR
Michael Schaper

GESCHÄFTSFÜHRENDE REDAKTEURE
Claus Peter Simon (Text), Ruth Eichhorn (Fotografie), Jutta Krüger (Art Direction)

CHEF VOM DIENST
Hans-Heinrich Ziemann

TEXTREDAKTION
Dr. Jürgen Broschart

ART DIRECTOR
Andreas Knoche

BILDREDAKTION
Venita Kaleps

VERIFIKATION: Jörg Melander; freie Mitarbeit: Johannes Kückens

MITARBEITER DIESER AUSGABE: Fanni Aspetsberger, Thilo Guschas, Tobias Hamelmann, Irene von Hardenberg, Uta Henschel, Martina Keller, Sebastian Kirschner, Katharina Kramer, Karsten Lemm, Mirco Lomoth, Dagny Lüdemann, Fenja Mens, Wolfgang Michal, Ole Reissmann, Dr. Marion Rollin, Anke Sparmann, Christian Staas, Olaf Tarmas, Alexander Werth, Kirsten Wörnle, Hans Zippert

INFO-GRAFIKEN: illu.team43

REDAKTIONSASSISTENZ: Angelika Fuchs, Doris Paulini

SCHLUSSREDAKTION: Hinnerk Seelhoff; Sibylle Kumm (freie Mitarbeit); Assistenz: Hannelore Koehl

TECHNISCHER CHEF VOM DIENST: Rainer Droste
Bildadministration und -Technik: Stefan Bruhn

HONORARE/SPESEN: Angelika Györffy

BILDARCHIV: Bettina Behrens, Gudrun Lüdemann, Peter Müller

REDAKTIONSBÜRO NEW YORK: Nadja Masri (Leitung), Tina Ahrens, Christof Kalt (Redaktionsassistenz); 535 Fifth Avenue, 29th floor, New York, NY 10017, Tel. 001-646-884-71 20, Fax 001-646-884-71 11, E-Mail: geo@geo-ny.com

VERANTWORTLICH FÜR DEN REDAKTIONELLEN INHALT:
Peter-Matthias Gaede

VERLAGSLEITUNG: Dr. Gerd Brüne, Ove Saffe

ANZEIGENLEITUNG: Anke Wiegel

VERTRIEBSLEITUNG: Ulrike Klemmer, DPV Deutscher Pressevertrieb

MARKETING: Julia Duden (Ltg.), Anja Stalp

HERSTELLER: Oliver Fehling

ANZEIGENABTEILUNG: Anzeigenverkauf: Ute Wangermann, Tel. 040/37 03 29 32, Fax 040/37 03 56 04; Anzeigendisposition: Nadine Steckmann, Tel. 040/37 03 29 23, Fax 040/37 03 57 18. Es gilt die Anzeigenpreisliste Nr. 3 vom 1. Januar 2007.

Der Export der Zeitschrift GEO WISSEN und deren Vertrieb im Ausland sind nur mit Genehmigung des Verlages statthaft. GEO WISSEN darf nur mit Genehmigung des Verlages in Lesezirkeln geführt werden.
Bankverbindung: Deutsche Bank AG Hamburg, Konto 0322800, BLZ 200 700 00.
Heft-Preis: 8,50 € · ISBN-Nr. 978-3-570-19741-7

ISSN-Nr. 0933-9736
Druck: Prinovis Itzehoe GmbH & Co KG
Printed in Germany

GEO-WISSEN-LESERSERVICE

FRAGEN AN DIE REDAKTION
Telefon: 040/37 03 20 84, Telefax: 040/37 03 56 48
E-Mail: briefe@geo.de

ABONNEMENT- UND EINZELHEFTBESTELLUNG

ABONNEMENT DEUTSCHLAND
BESTELLUNGEN:
DPV Deutscher Pressevertrieb
GEO-Kundenservice
20080 Hamburg
Telefon: 01805/861 80 00*

Heftpreis im Abonnement: 7,50 €
KUNDENSERVICE ALLGEMEIN:
(pers. erreichb.)
Mo–Fr 7.30 bis 20.00 Uhr
Sa 9.00 bis 14.00 Uhr
Telefon: 01805/861 80 01*
Telefax: 01805/861 80 02*
E-Mail: geo-service@guj.de

24-Std.-Online-Kundenservice: www.MeinAbo.de/service

ABONNEMENT ÖSTERREICH
GEO-Kundenservice
Postfach 5, A-6960 Wolfurt
Telefon: 0820/00 10 85
Telefax: 0820/00 10 86
E-Mail: geo@abo-service.at

ABONNEMENT SCHWEIZ
GEO-Kundenservice
Postfach, CH-6002 Luzern
Telefon: 041/329 22 20
Telefax: 041/329 22 04
E-Mail: geo@leserservice.ch

ABONNEMENT ÜBRIGES AUSLAND
GEO-Kundenservice, Postfach, CH-6002 Luzern
Telefon: 0041-41/329 22 20, Telefax: 0041-41/329 22 04
E-Mail: geo@leserservice.ch

BESTELLADRESSE FÜR GEO-BÜCHER, GEO-KALENDER, SCHUBER ETC.

DEUTSCHLAND
GEO-Versand-Service
Werner-Haas-Straße 5
74172 Neckarsulm
Telefon: 01805/06 20 00 (14 Cent/Min.)
Telefax: 01805/08 20 00 (14 Cent/Min.)
E-Mail: service@guj.com

SCHWEIZ
GEO-Versand-Service 50/001
Postfach 1002,
CH-1240 Genf 42

ÖSTERREICH
GEO-Versand-Service 50/001
Postfach 5000,
A-1150 Wien

BESTELLUNGEN PER TELEFON UND FAX FÜR ALLE LÄNDER
Telefon: 0049-1805/06 20 00, Telefax: 0049-1805/08 20 00
E-Mail: service@guj.com
*14 Cent/Min. aus dem dt. Festnetz, Mobilfunkpreise können abweichen

GEO WISSEN VORSCHAU

Das neue Heft erscheint am 14. April 2008

Wenn die Sexualität erwacht, beginnt der langsame Abschied von der Kindheit

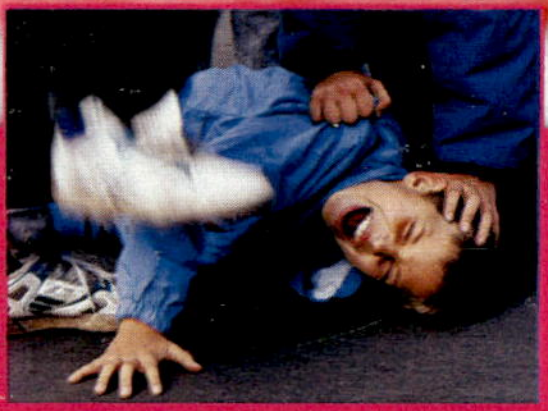

Vor allem Jungen gehen in der Pubertät oft neue Risiken ein, prügeln oder betrinken sich. Rührt dies vielleicht auch daher, dass es hierzulande keine Initiationsriten mehr gibt, wie etwa bei den Aborigenes in Australien?

DIE PUBERTÄT

AUF DER SUCHE NACH DEM NEUEN »ICH«

Die Übergangszeit zwischen Kindheit und Erwachsenenalter ist ein oft dramatischer Einschnitt im Familienleben. »Umbauarbeiten« im Gehirn, Hormonausschüttungen und eine reizüberflutete Umwelt stürzen Teenager in ein Chaos der Gefühle, verändern sie körperlich und seelisch. Ein neues »Ich« entwickelt sich, das experimentiert, oft provoziert. Und die Eltern fragen sich dann oft, ob alle Erziehung nutzlos gewesen ist.

GEO WISSEN beschreibt, wie in der Pubertät die entscheidenden Weichen für das künftige Leben gestellt werden. Erklärt, weshalb diese Jahre gerade in intakten Familien besonders turbulent verlaufen. Wie sich manche Probleme fast von selbst lösen, und wie Eltern dabei nachhelfen können. Weshalb das Loslassenkönnen so wichtig ist – und die Pubertät eine wertvolle Zeit für die Eltern-Kind-Beziehung sein kann.